Biography of
Tang Enbo

汤恩伯全传

李洪文 著

团结出版社

图书在版编目（CIP）数据

汤恩伯全传 / 李洪文著. -- 北京 ： 团结出版社,
2018.11
ISBN 978-7-5126-6388-6

Ⅰ．①汤… Ⅱ．①李… Ⅲ．①汤恩伯（1898-1959）
—传记 Ⅳ．①K825.2

中国版本图书馆CIP数据核字(2018)第138859号

出　版：团结出版社
　　　　（北京市东城区东皇城根南街84号　邮编：100006）
电　话：（010）65228880　65244790　（出版社）
　　　　（010）65238766　85113874　65133603（发行部）
　　　　（010）65133603（邮购）
网　址：http://www.tjpress.com
E-mail：zb65244790@vip.163.com
　　　　fx65133603@163.com（发行部邮购）
经　销：全国新华书店
印　装：三河市东方印刷有限公司

开　本：170mm×240mm　　　16开
印　张：17.75
字　数：291千字
印　数：4045
版　次：2018年11月　第1版
印　次：2018年11月　第1次印刷

书　号：978-7-5126-6388-6
定　价：55.00元

汤恩伯全传

· Biography of Tang Enbo

引　言

1937年8月，日军7万精锐，为侵略中原，进犯察、晋、绥三省，他们在板垣征四郎的率领下，向汤恩伯率领的第13军防御的"绥察之前门，平津之后门，华北之咽喉，冀西之心腹"——南口，发动了疯狂的进攻。

南口战役从1937年8月8日打响，至8月26日中国军队撤退结束，共毙伤日军约1.5万人，给日军以重创，并粉碎了日军"三个月灭亡中国"的臆想。

1937年8月31日我党的《解放》周刊（第1卷第15期）有这样一段短评：南口战役这一页光荣的战史，将永远与长城各口抗战、淞沪两次战役鼎足而三，长久活在每一个中华儿女的心中。

第13军的军长汤恩伯在此战中，指挥若定，表现尤佳，被誉为"抗日铁汉"。这位"抗日铁汉"祖籍浙江，出生在1900年这个注定不平常的年份里。

在这风云激荡的一年里，义和团运动蓬勃发展，八国联军也曾攻克北京，当年的10月，孙中山先生还率领兴中会，在惠州举行了起义。

腐败的清廷即将被推翻，社会要发展，思想要解放，政治要改革……就在新旧势力大交锋的1900年，汤恩伯出生在浙江武义县的汤村。谁也没有想到，这个在9月9日出生、虎头虎脑的小男孩，就是后来国民党军队中重要的人物——陆军二级上将汤恩伯。

汤恩伯本是土生土长的农村娃，他不甘心自己被"无提携、无前途"的魔咒所禁锢，他不能忍受自己的理想陷落"农家娃、难出头"的泥塘，1921年，他和童维梓东渡日本，来到当时军事强国日本的东京都，并考入日本明治大学法科，主修政治经济学。

生逢乱世，民不聊生。汤恩伯入学不久，即失去了经济的支持，无奈之下，他只有暂从日本辍学归国，归国后的汤恩伯不但没有被挫折感打败，而且心中萌生了一个想法：何不再去日本陆军士官学院学军事？只要手中握有枪杆子，就可以砸烂旧世界，建立新政权。在当时，如果想要再次到日本留学去学军事，在国内必须要有两个省级的高官推荐才成，然而，彼时的汤恩伯，一没有钱，二没有权，三没有人脉，他这个"三无"青年虽然游走权门，但却处处碰壁，就在快要绝望的时候，他遇到了自己命中的贵人——浙江第一师师长陈仪。

对于汤恩伯而言，陈仪的举荐和资助就是飞跃龙门的两只翅膀，汤恩伯终在1924年如愿以偿，进入日本陆军士官学校第十八期步科学习，并专修炮兵专业。经过两年的系统学习，1926年，成绩扎实的汤恩伯学成归国，他初在陈仪手下做了一名学兵连连长，汤恩伯领兵甚严，精研操典，在同级的军官中，出类拔萃，超越同群。

泰戈尔曾这样说：蜜蜂从花中啜蜜，离开时"嘤嘤"地道谢。陈仪为了汤恩伯的前途，将他推荐到南京国民革命军总司令部参谋处任中校参谋，当时，汤恩伯的心中充满了感激，并尊陈仪为恩师和义父。要知道，南京毕竟是民国的权力中枢，靠近首脑机关，就会得到官运的青睐，因为机会总是给有准备的人而留。

汤恩伯是个有心人，他在离开总司令部，在中央陆军军官学校做军事教官之时，曾写过一本《步兵中队（连）教练之研究》，而中央陆军军官学校为了提高战斗力，不惜重金聘请了德国的教官，并且使用德军的步兵操典，但国外的练兵操典，在国内军校的教学中，毕竟有"水土不服"的毛病，故此，蒋介石见到了汤恩伯所书的《步兵中队（连）教练之研究》，对其实用性、技术性和独到性不由得大为赞赏。

受到蒋介石青睐的汤恩伯，随后开始步入人生的快车道，他因"围剿"有功，升任陆军第2师师长，后在1935年率先攻入瑞金，获陆军中将衔，同年任第13军军长。

1937年7月7日，卢沟桥畔响起的日军侵华的枪声。在这一年，对日抗战全面爆发。面对着华北危矣、国家危矣、民族危矣的险恶局面，汤恩伯曾向蒋介石递上了一份请战书：凡是人家不愿做的难事都交给我做；凡是人家所不打的难仗都交给我打；凡是人家所不肯去的险地也让我去。

汤恩伯的"忠诚"，得到了蒋介石的首肯。不久之后，汤恩伯率部参加了南口战役，虽然敌众我寡，但第13军仍凭借着地势之利给敌军以重创，南口之役后，被蒋介石称为"抗战英雄"的汤恩伯，就肩负起第20军团军团长的重担，参加了漳河战役、台儿庄战役，并取得了不俗的战绩。

1943年，汤恩伯任第31集团军总司令，参加武汉会战，并在随后的随枣会战，再次重创日军，冈村宁次在回忆录中称，此次汤部使日军受到"歼灭性打击"。汤恩伯的军队，亦被日军称为"天字第一号大敌"。

抗日战争胜利后，在蒋介石和汤恩伯等人的联手包庇下，冈村宁次等日本战犯逃脱了战争罪的惩罚，有句军事名言这样说——最了解你的人往往是你的敌人，冈村宁次与汤恩伯为敌多年，他在自己的日记和札记中，谈得最多的抗战猛将就是汤恩伯，谈到汤的性格，冈村宁次这样写道："他是非常勇敢的将军。我知道他的性格，如果他的一部受到攻击，便亲自率领大军进行反击。"

冈村宁次还这样写道："我任第11军司令官时，曾与汤恩伯两次交锋，再综合其他情报来看，他是蒋介石麾下最骁勇善战的将领。"冈村宁次还对胡宗南和汤恩伯做出过比较：汤恩伯与胡宗南同是蒋介石嫡系中最杰出、最受信任的将军。蒋介石经常把汤恩伯军调往第一线，胡宗南军却不常在第一线出现，始终驻守在西安附近，监视延安……

汤恩伯在抗日时，有功于国家，可是他在国共内战时，甘当蒋介石的"马前卒"，不惜与人民为敌，亦有行为失范、较大过错和不佳的口碑。

1949年1月，汤恩伯任京沪杭警备总司令，凭借长江天险固守京沪杭等地区，妄图顽抗到底。可是在人民解放军百万雄师横渡长江之后，汤恩伯只能困守上海，但在人民解放军强大的攻势下，上海很快便被解放，汤恩伯只能黯然兵败，溃撤去台。

汤恩伯作为蒋介石嫡系中的嫡系，为蒋氏政权的延续，可谓效尽了犬马之劳，可是汤恩伯因背负"常败将军"以及出卖恩师陈仪的罪名，他在台湾地区也逐渐失去了利用的价值，他虽然在金门战役中昙花一现，但短暂的闪光，真的无法照亮他昏暗的前程。1950年，

　汤恩伯手迹

汤恩伯出任台北"总统府"战略顾问之职，成了一个赋闲在家的军界"边缘人"。

1954年5月，汤恩伯赴日本东京都庆应义塾大学医院医治胃病。可是因手术事故，于6月29日去世，后被台蒋政府追赠"中华民国"陆军二级上将。同年7月15日，汤恩伯灵柩在台北县南宫壶山下葬，后迁葬于五指山公墓。

蒋介石曾经用惋惜甚至是怨怼的口气说：若（汤恩伯）牺牲于前线将是何等的壮烈。何应钦给汤恩伯题写了"国失干诚"。于右任给汤恩伯题写的挽联是：南口余威思大将，东方再造失长城。

战火已远，斯人久逝。汤恩伯兼任第一战区副司令，以40万军队进驻河南之时，竟将全省弄到"水旱蝗汤，河南四荒"、民怨沸腾的地步。汤恩伯在抗日战争中的表现，做的是"排头兵"和"急先锋"；但在国共内战中，对于全国解放，他做的就是"开倒车"和"绊脚石"；而溃败到台湾地区之后，他就成了"没人理"和"老多余"。汤恩伯一生努力维护伦理纲常，人臣本分，可是在上海解放前夕，对他有知遇之情和栽培之恩的陈仪，却被汤恩伯"有条件"地出卖，让他"孝悌忠信、廉耻礼义"的形象一夜崩塌。汤恩伯在"愚忠"的路上一路飞驰，在"错选"的海洋中扬帆起航，在"黑暗"的梦吃中苦寻光明，他最终只能走进一条可悲的人生死胡同。

汤恩伯为给蒋氏政权效命到底，从来不管脚下是否濒临悬崖，他每有行动，都以胡林翼的名言"菩萨心肠，屠夫手段"为其座右铭，他的所作所为，基本和菩萨心肠不挨边，连年的屠戮、征战和杀伐，让他赚得了一个"汤屠夫"的不光彩绰号。

汤恩伯作为一位抗日有功、内战有错的历史人物，究竟是瑕不掩瑜，还是瑜不掩瑕，相信看完这本传记，读者自有一个公正的评价。

引　言

第一章

东渡日本，留学异国坎坷路

第二章

从军入伍，羽檄争驰战火纷

第三章

南口之战，抗日铁汉显神威

第八章

坐困孤岛，凄凄惨惨空悲叹

第九章

惨兮落幕，离开这片"伤心地"

参考书目

汤恩伯 全传

·Biography of Tang Enbo

第一章

东渡日本，留学异国坎坷路

人生在勤，不索何获——东汉·张衡《应闲》

　　汤家在武义县的汤村，只是一个经济条件中等的家庭，但汤恩伯自小就有"世界这么大，我想去看看"的不羁之心，作为一个籍籍无名的农村"三无青年"，他要打拼出一个属于自己的天地，真是要多困难有多困难。

　　为子孙富贵作计者，十有九败。汤家并不能给予汤恩伯走出国门的金钱支持，但却给了他以后飞黄腾达所需的最初资本——良好的启蒙教育。

　　当汤恩伯的所学积累到一定程度后，他出外闯世界的心就更迫切了，随后，一场变故让汤恩伯远离了自己的家乡——汤恩伯性情刚烈，敢作敢为，他的一个朋友遇到了官司，可是在法庭上，法官贪赃枉法，判决不公，汤恩伯眼睛里不揉沙子，他对无良的法官掷石猛砸……就这样，汤恩伯成了通缉犯，他被迫远走异乡，并走上了一条漫漫的从军之路。

　　汤恩伯虽然知道人生伟业的建立，不在能知，乃在能行。但他所在的浙江陆军第一师在战斗中被打散，汤恩伯成了一个"散兵游勇"，他在外面懵懂地转了一圈后，只得满脸"灰尘"地流浪归家，重新又回到了努力的原点。

　　1921 年，汤恩伯在好友童维梓的力邀之下，两个人共赴日本东京，汤恩伯凭自己之才，考进了东京的名校——明治大学（周总理曾经留学的学校）。

　　在留学期间，汤恩伯遇到了自己的真爱——学习桑蚕养殖的王竞白小姐，汤恩伯在武义的家中已经有妻室，这时，面对旧爱新欢的汤恩伯该何去何从，该如何取舍？

1. 武义，少年之心在远方

心有多远，你就能走多远——励志名言

小康的定义是，吃穿不愁，略有结余。其实这是一个略显尴尬的生存状态，因为这种状态，进不可以攻，退不可以守，正巧汤恩伯的家庭便是如此情况。

困难在别人面前叫障碍，但在性格倔强，从不知道困难为何物的汤恩伯面前，反而激发了他战胜困难的决心还有取得成功的动力。

武义县建县史可以追溯到唐天授二年（公元691年），故老相传，武则天在执政时，新设郡县均冠以"武"字，因该县东有百义山，故以武义做了县城的名字。

武义县位于浙江省中部，南靠金华、东接永康、东北与义乌市毗连，西与遂昌县为邻。在武义县的中部大田乡境内，有一岭下汤（村），又称"枣岩古里"，在县史典籍中，这里曾是一片"箬叶丛生"之地，因该村位于大殿岭之下，汤姓原住民居多，故此得名。在南宋建炎年间，汤姓始祖默庵（公）自丽水碧湖迁到此地，并在枣岩之下结庐，悬壶济世，妙手回春，声名远播，称为汤姓始祖。

汤默庵的次子汤泰三（公）颇有出息，曾经官拜迪功郎（又称宣教郎，宋代属于正九品官员，相当于现代乡镇政府科长级别的官员），汤泰三去世后，葬于汤鲍衕坑谷山脚，自此，汤家的族谱中，汤氏子孙多游离于仕途之外，亦农亦商，用辛勤的汗水浇灌着汤氏一族的血脉；用肩膀上的力气，延续着汤氏族人的活力；用聪明的头脑，促使汤氏一族兴旺发达。

岭下汤经过千年的荣衰发展，人口繁衍，渐成为一方的大镇。在清末民初时，从丽水到金华，只有一条古道相通，此路必须经过岭下汤，而聪明的商贾们，在古道（平安街）的两旁，修建了销售木材、水产、粮食和本地特产的各种商铺。

传说汤姓传自上古名君商汤，故此，岭下汤民风淳朴，商人颇讲究诚信。曾有一位本地海货商人，他在收购一批虾皮时，少付给3位温州客商20个铜圆，当他发现计算有误，急忙去追已经上路走远的客商，那3位温州客商感其诚恳，并在这位岭下汤商人的店铺中，设了一个收购点，诚信带来了财源滚滚，岭下汤也成了远近闻名的仁义之地。

汤默庵子嗣后代，支脉繁衍，到了清末时，他的后人多经商、务农或走仕途，汤氏家族呈现一派欣欣向荣之景象，随着岭下汤人口的不断增多，岭下汤就变成了三个村子。

汤李乾是汤氏家族的忠恳男丁，他从岭下汤，搬到现在的汤村，娶妻群妹（人称乾婆婆）。汤李乾认为，经商需要有一个灵活的头脑，走仕途需要有人提携，而最稳当的职业便是在乡下务农。

汤李乾名下累积了可观的土地后，又将这些不动产传给了自己的两个儿子汤家喜和汤家彩。汤家彩娶妻林秀凤，林秀凤为汤家生有一女名永球，三子名字分别为寄法、永法和永通。

汤寄法就是汤恩伯的乳名。当然，寄法的乳名，还有祁法和其法两种写法。此乳名的由来，是与林秀凤在娘家生了汤恩伯有关。汤恩伯本名克勤，字恩伯，其外祖父名叫林金炉，林家原本是武义县人，因为到张村开了一间酒肉南北杂货店，故此，才举家搬迁到了张村。1900年，嫁给汤家彩的林秀凤已经怀胎十月，她之所以

要回娘家生产，应该有三点原因：一是因为没有生产经验；二是娘家是开杂货铺的，生意兴隆，在坐月子期间，很多必备的用品可以更方便地取用；三是张村距离汤村只有两三里的距离，也方便汤家彩往来照顾。

林秀凤回到娘家没有几日，便发觉腹痛，并于当年的9月9日（农历八月十六日），在娘家一个名叫黑房的屋子里，生下了汤家的长子——汤恩伯。

在当地的一个传说里，林秀凤被临产的阵痛折磨得死去活来的时候，恍惚间忽然有一头摇头摆尾的黑虎，从天而降，一下子扑到她的怀中，随后，汤恩伯就来到了人世间。

汤恩伯生得虎头虎脑，一哭起来，就声震四邻，可是林秀凤因为初次生产，心情紧张，故此，奶水不足，林家经过联系，便让汤恩伯到隔壁的章家媳妇那里去吃奶。

作为汤家的长子男丁，汤恩伯的出生，自然是汤家的一件大喜事。

汤家彩看着襁褓中的汤恩伯，自然满面喜色，他说："这孩子，生得虎头虎脑，长大一定有副好身板，将来绝对是一个种田的好把式！"

汤家彩真的说错了，汤恩伯对于种田，并不怎么感兴趣，后来，他从军入伍，走上了一条与父辈截然不同的道路。林秀凤临产前的错觉，也被越传越神，以至于有不少人认为，汤恩伯是黑虎星托生，将来必定有一番大作为。

汤家彩虽然没有名商巨贾的头脑，可是他却有乡土士绅的坚韧，他娶妻生子，父辈传给他的家业经过一段时间的经营，汤家就建起了高大宽敞家宅。

汤宅宅门朝西，面向村子的水口位（风水学上的重要内容，指某一地区水流进或水流出的地方，凡水来之处谓之天门，水去处谓之地户），山管人丁水管财，依水而居，即是伴财而眠。虽然这种封建迷信，早已经没人相信，但却满足了汤家彩期盼汤家能够早日兴旺发达的心理。

汤宅的内部型制是一个回字形的砖木建构，正房一排五间，中间为敞式的正堂，左右各有厢房，占地共有一百平方米左右，汤家的门额上，写着"正本清源"的楷书，从这四个字就可以看出，汤家彩对雨读晴耕的封闭式小农生活方式，抱有强烈的认同感，在他看来，有了土地，有了房子，有了子嗣，就等于乾坤在手有了一切。

1908年，汤恩伯9岁之时，他开始发蒙受教，到普岭殿私塾读书，教汤恩伯的私塾老师就是驮妹先生。

汤恩伯在读书的时候，表现得确实不尽如人意。根据史料记载：（汤恩伯因为口吃，背书不流利，长大后成为显赫的上将，结巴的毛病也没改过来）因厌恶读书，汤恩伯时常逃学，躲进田垄捉蛙取虫玩乐，被塾师驮妹先生发觉，欲以戒尺教训，汤竟抢先用桌子上的裁纸刀疾刺塾师……用刀子刺老师，别说在清末民初的时代，即使在现代，这也是被学校开除的大错。

驮妹先生意气难平，他怒气冲冲来到汤家，准备告汤恩伯一状，可是汤家彩不在，汤恩伯的祖母乾婆婆，非常溺爱自己的孙子，她对私塾先生说："我的孙儿年幼无知，您就宽容他一点好了！"

驮妹先生可以说告状未成，却碰到了一鼻子灰，他思前想后，没有办法，只得摇头叹气，讲了句：斯文扫地。就黯然地离开了汤家。很显然，驮妹先生告状是找错了人，如果他遇到了汤家彩，那绝对是另外一种局面了。

汤恩伯这次拿刀刺师，驮妹先生打牙往肚子里咽之事，绝对是汤家彩士绅的身份以及他在县里任自治委员的地位，帮了汤恩伯的大忙。否则他就不是在私塾继续修学，而是面临被开除的命运了。

汤恩伯以后不管在课堂上如何捣乱，驮妹先生是再也不敢拿戒尺跟他打招呼了。随着1911年辛亥革命爆发后，武义县亦掀起了男割辫、女放足的新风尚，汤恩伯对封建社会的旧礼教充满着不屑，在叛逆性格的作祟之下，他毅然抄起了一把钝重的牛刀，将自己脑后的大辫子狠狠地割掉了。

汤家彩是一个守旧的人，他对儿子汤恩伯私自剪辫的反应，已经无据可考，但相信定会有一番激烈的口角纷争，据曾经在汤恩伯军队当过上校军需主任的知情人回忆，少年汤恩伯绝对是一个个性强的孩子，他不仅不会讨父亲喜欢，而且还经常触怒父亲，有一次在汤家后面的山坡上，汤恩伯因事触怒了父亲，汤家彩抢起巴掌，将儿子一掌打到了山脚下，汤恩伯跌得遍体鳞伤，奄奄一息，后经过母亲的精心照顾，他才伤口结痂，血脉通畅，逐渐恢复了健康。

1921年，汤恩伯终于熬到了私塾毕业，在父亲的安排下，他来到了武义县的壶山小学读书，因离家较远，汤恩伯吃饭和住宿，一时间都成了问题。

汤家彩虽然对不听话的汤恩伯非常不满，但毕竟是亲生骨肉，他就找到武义县育婴堂的堂长陈开明，经陈堂长的同意，汤恩伯就借宿在了育婴堂，成了壶山小学的一名走读生。

汤恩伯虽然解决了吃饭和住宿的问题，但如何上学也是一个大问题，要知道武义县的育婴堂到壶山小学，毕竟还有一段距离，正巧，汤家彩在育婴堂养有一匹大白马（也有一说，此马为汤恩伯干姐姐李玉珠所赠），汤恩伯就开始苦练骑术，并骑着这匹白马上下学。

经过一段时间的锻炼，15岁的汤恩伯终于成为骑术高超的小"骑士"，当时在武义县城到汤村的土路上、壶山小学到育婴堂的官道上，经常会有人看到少年的汤恩伯背着书包，加鞭赶路，纵马飞驰的情景。

汤恩伯骑术不错，可是却不知道规避行人，他一路驰骋，横冲直撞，路上的行人如果规避稍慢，不是被溅了一身的泥水，便是被吓出了一身的冷汗，躲闪不及的人们呆若木鸡者有之，摇头苦笑者有之，呼喊抗议者更有之。

甚至还有人为少年轻狂、纵马横行的汤恩伯起了一个"铜锅柄（读麦）"的绰号。此绰号有出处，当时武义一带的大户人家，为了种田、伐竹、做工的需要，都会雇用数目不等的下人，下人吃饭的大桌饭中常有一道咸菜豆腐，这道菜一般会放在台桌中央，而且会连铜锅一起端上桌，最讨人厌的便是油脂麻花、烟熏火燎的铜锅柄，它不仅挡着人无法伸筷夹菜，而且谁瞧着它黑脏油滑的样子，谁就吃不下去饭，故此，铜锅柄对着谁，谁就会嫌它碍事，便把它不停地推到一边。后来人们便将招人烦的混混称为"锅铜柄"了。

汤家彩对骑马横行的汤恩伯是否严加管教，这已经无文字可查，但从道理上说，汤家彩作为县里的自治委员，一方士绅，也不会允许汤恩伯如此惊扰路人，横行无忌；再从感情上说，骑马是有风险的，他也不希望自己的儿子因为速度过快，一头从马身上栽下来，出个一差二错，故此，这种背地里的管教，一定少不了。

汤恩伯脾气暴躁，也许是受了父亲的管教后，他心气不平，有一次，他骑马上路后，这匹大白马，竟然有些不听他的驱使，汤恩伯气得跳下马来，一手牵着马缰，一手挥起拳头，对着马首"砰砰砰"便是一顿铁拳。

汤恩伯含怒出拳，力道甚重，本来白马皮糙肉厚，揍几拳也没有关系，可是汤恩伯一拳发出，正打在马耳后的要害部位，白马被这铁锤般的一拳打中，"咴咴"地发出了几声惨叫，踉跄着倒在地上，随后浑身抽搐，口吐白沫，气绝身亡。

汤恩伯本想教训这匹不听驾驭的白马一通，谁曾想竟失手打死了它，汤恩伯气得狠狠地踢了马屁股两脚，然后迈开双腿，到壶山小学上学去了。

汤恩伯挥拳殴毙白马，确实够凶悍，而且他很有"占村为王"的心态，汤恩伯对本村赌钱的人非常憎恨，一旦听说谁赌钱，他都会直奔赌场，将赌资全部掠来，收归自己的腰包，而赌钱的人因为惧怕强横的汤恩伯，还有汤家彩的势力，没有一个敢吱声，只能自认倒霉。

汤恩伯的顽劣，曾一度让汤家父子关系紧张，作为惩罚，汤家彩经常不给汤恩伯零花钱，虽然育婴堂的财务理事汪瑞庚时常接济他，但毕竟是杯水车薪，后来，汤恩伯在壶山小学读书期间，交到了一个气味相投的好友——童维梓，两个人都在1900年出生，汤比童大37天。两个人上学读书、下学玩耍都在一起，几乎好成了一个人。童维梓的父亲是武义县白溪乡童庐村的大财主童望赢，童家家大业大，除了祖上的积蓄外，靠着每年丰厚的地租，就可以让童维梓过上非常殷实和富庶的生活。

汤恩伯在读书期间，一旦缺钱少物，都会去童家索取，童家在当时，等于是汤恩伯的"私人银行"，甚至有一段日子，汤恩伯为了躲避父亲的管教，还成了童维梓家的"食客"。

这一段时间，汤恩伯基本上是处于"叛逆"的状态。换句话来说，汤恩伯就是"不良"教育的牺牲品。他一米六五的个子，方圆脸，微胖，浓眉，阔口，两臂一晃，力气过人，这样的一个少年，最适合舞刀弄枪，走从军之路，可是汤家彩却认为"万般皆下品，唯有读书高"，偏偏逼着汤恩伯精进学业，到不喜欢的学校去当书虫。

汤恩伯原本就口吃，在读书方面，天生就有器质性的障碍，面对他不喜欢的学堂，不得意的先生，不待见的课本，逃学、旷课、打架、毙马、挥刀刺向先生，便成了他反抗社会现实的一整套不良行为。

既然整个社会都不喜欢我，那我索性就做一个让整个社会都不喜欢的人，汤恩伯也许是基于这种"以暴易暴"的观念，才在少年的时代，表现得如此顽劣、叛逆、浑身充满戾气。

但不管汤恩伯如何"折腾"，他在少年时代，始终也没有跳出父辈给他划的圈子。要知道，没有经济实力的支持，妄谈人格和人身的自由，那纯属是不切实际的臆想。

17岁的汤恩伯在壶山小学高小肄业后，他考入了浙江省立第七中学，还得继续走未竟的求学读书之路。汤恩伯离开家乡闭塞的山村，离开武义稍显偏远的县城，来到位于金华市的浙江省立第七中学读书。

此地是宋代抗日名将宗泽的故乡，盛产美味食品——金华火腿的城市，汤恩伯的眼界也随之开阔了起来。当时国内爆发了第一次护法战争，孙中山就任国民政府的大元帅，再接下来不久，又传来了俄国十月革命胜利的消息，汤恩伯作为一个年少气盛的青年，很容易就接受了当时的革命思潮，他决定在这风起云涌的岁月里，也一定要做点救国救民的事儿——经过他观察，他发现武义县汤村一带，吸食洋人鸦片和红丸的人比比皆是，这些人被毒品所害后，不仅身体每况愈下，而且典房当地，卖儿鬻女，沦为赤贫，汤恩伯做了一个决定，那就是利用寒暑假，进行禁毒的宣传，为桑梓尽绵薄之力。

自鸦片战争以来，列强们就通过对国人倾销鸦片，大发其财，鸦片的泛滥，不仅致使大量的白银外流，而且鸦片之毒，还侵害国人强壮健康的肌体，更侵蚀了国人抵敌不屈的精神。1838年，林则徐在给道光皇帝的奏疏中写道："烟不禁绝，国日贫，民日弱。十余年后，岂唯无可筹之饷，抑且无可用之兵。"

自1813年，清朝嘉庆皇帝颁旨命刑部制定《吸食鸦片烟治罪条例》开始，到1912年3月2日，孙中山颁布了《大总统令禁烟文》，鸦片红丸之害，在神州的大地上，已经整整肆虐了100年。当时汤恩伯的很多同学，都对他的能力充满了怀疑，可是汤恩伯却凭着初生牛犊不怕虎的精神，在放假期间，回到了武义，他除了四处游说演讲，宣传鸦片和红丸的危害，还在烟馆中的烟枪上，刻上了诸如：愿食红丸死，甘做亡国奴等等的警示语，告诫那些整日吞云吐雾的瘾君子，如果不远离红丸，毁身败家倒还其次，亡国灭种皆在眼前。

汤恩伯的奔走呼号，大声疾呼，是否真的有作用，根本没有人知道，但作为一个眼界开阔，心存忧国忧民的青年，汤恩伯从一个人见人烦的"铜锅柄"，已经开始转变成为明理懂事的"好小伙"。

一年后，汤恩伯离开不喜欢的第七中学，准备私自报名就读位于杭州兰溪的浙江体育专门学校，这是一家私立的学校，创办于1912年，创办人为王卓甫。

这所学校与汤恩伯就读的学校有本质上的不同，他以前的学校，极其重视孔孟的儒教教育，以习字、背书、通达经典为主要的教育内容。而这座私立学校，特别注重军事体育，尤重兵式体操和拳术的教育，学员在这座学校毕业后，大多毕业生会进入保定军校、黄埔军校继续深造，或者进入警官学校学习，走上从军、从警等道路。

可是在这所私立学校读书，学费绝对不低，虽然浙江体育专门学校的学费标准，已经无据可查，但从有据可查的公立大学和私立大学的对比上，就可以推断出这所私立大学的收费情况。

当时，国立北京大学学费每年为20银圆，而私立南开大学的学费每年为60银圆，而著名的私立教会大学如辅仁大学、上海圣约翰大学，每年的学费可高达160银圆。如果取南开和教会大学的中间数——100到120银圆，应该就是浙江体育专门学校的学费标准。

汤家彩作为一个并不十分富有，靠种地收租为生的小士绅，很显然负担汤恩伯的学费比较吃力，但汤恩伯实在太想到这所学校读书，为达目的，他就回家去闹，甚至还砸坏了母亲房间的一些东西，汤家彩面对翅膀已经长硬的儿子没有办法，便通过族长，将汤家祠堂四房头的一处山林的树木卖掉，得到了一千块左右银圆，有了这些钱，汤恩伯终于不愁学费了。

如果汤恩伯是鱼，那么浙江体育专门学校就是水，该学校的《学校应用体操法》《行进游技步法初探》和《太极拳板凳操八段锦合编》等课程，让弃文习武的汤恩伯有了一种如鱼得水的畅快感觉。

很显然，汤恩伯只要坚持学习，在这所学校毕业，不管是从军、从警或者是从政，都会有一个跳出农门，通达畅顺的美好前途。

汤恩伯在浙江体育专门学校终于所愿得偿，自身的长处和教育方向对路，令他不再有厌学的情绪，学业顺遂的同时，他人生的第一桩婚姻，也开始对他频频叩门了，到汤家提亲的人是马振南，准备许给汤恩伯当媳妇的姑娘就是马振南的女儿。

马振南家住永康县，是清末时的一个秀才。在科举当先，读书唯命的时代，才子们必须习学六经，即：《诗》《书》《礼》《易》《乐》《春秋》，其中易为《易经》，即预测之术。

马振南通晓《易经》，但他的预测之术并不精到，使用起来，基本上是按照书本上的神煞和格局，进行生搬硬套。当年发明这套迷信之术的预测高人，为了方便双目失明的盲弟子们混碗饭吃，便创立了很多的神煞和格局，可供套用和对比。汤恩伯生下来，即虎头虎脑，身体强壮，迥异一般的襁褓之婴，汤家彩觉得自家的长子定非凡俗，便携带着汤恩伯的八字去找马振南（马曾经做过汤家彩的私塾老师）问卜。

马振南用格局一套，发现汤恩伯竟是——双鼠夜游格，这可是非富即贵之命。马振南无法生出汤恩伯这样的儿子，但他却有办法让汤恩伯变成自己的女婿。

马振南这么多年，一直在暗中观察和留意汤恩伯，当汤恩伯被乡人称之为"铜锅柄"之时，他确实对自己的预测之术产生过怀疑，可是汤恩伯在浙江体育专门学校学业精进，一跃从差等生，变为优等生的时候，他这才肯定了自己的预测之术，绝对没有错。

要知道，汉高祖刘邦在年少的时候，也曾经"好酒色、吃白食、打架斗狠"，可这并不影响他当一个好皇帝，汤恩伯除了少年时的那一段叛逆的青葱往事外，并无其他劣迹。故此，马振南毅然做了个决定，那就是要和汤家联姻。

马振南的女儿名叫马阿谦，他就托媒人，到汤村给马阿谦和汤恩伯说媒。汤家彩名下土地阡陌，家底殷实，但他苦于文化水平不高，故此他对读书人有一种天生的敬仰。马阿谦生在书香之家，虽属小家碧玉，但也比普通的农家之女要知书达理，更何况，马振南还当过汤家彩的塾师，故此，他非常痛快地同意了这桩婚事。

八字命局真是害人不浅的东西，马振南也不找个真正高人查查汤恩伯和他女儿的婚姻，是否能白头到老，他就脑袋一热，将自己的掌上明珠嫁了过去，汤恩伯后来和马阿谦离婚，这绝对是马振南做梦都想不到的事儿。

马阿谦生得不漂亮，但手脚勤快，很会做家务，不管是到场院晒谷，还是下厨房做菜，都是拿得起来放得下的勤劳和贤惠的角色。汤家的祖训就是勤俭持家，汤家彩的父亲汤李乾去世后，由祖母群妹就是乾婆婆掌家，汤家从不雇用仆人，家事餐饮都有媳妇们轮流操作。直到乾婆婆去世后，汤家彩当家，汤家才开始雇用长工和牧童，而家里也雇了女佣。

对于汤家彩来说，汤家长子大婚，这可是汤家的大事，他决定大操大办，好好地风光一下。武义县娶媳妇，例有一套烦琐的民俗礼节。根据清朝嘉庆九年（1804年）《武义县志》卷三所记：

婚礼凭媒妁定议，男家先下求书，如古"问名"之意，用启二封，附以白金钗镯之类，女家收讫，回楮（即纸）墨事不答启，择日过聘，略如古者"纳彩""纳徵"。用礼匣二，一置聘启庚帖，一置银若干封。女家受聘，回庚帖，迎娶有日，男家馈盘盒，谓之后礼。至请期复送盘盒数肩，获多至数十肩，有送全豕者，谓之猪香腊，女家所受盘盒鸡鹅肉糕之类，分馈亲族、乡党。受者咸备物赠嫁，亦有送银钱者，谓之折盒，前期数日，仍馈盘盒，谓之上轿担。至期备彩轿，鼓吹，婿不亲迎，第于到门时，轿前三揖，拜堂后并有启帏、传席、牵红、交拜、合卺诸仪。三日庙见，拜翁姑，次及家众，各有见面礼。越三日，妇即归宁，谓之转面，或以明年归宁。

武义的婚庆礼仪，套路程序，自然在汤家一样不少，汤家在鼓乐班子的连番吹奏之下，竟连请了五日五夜的酒席。如此排场的婚宴，至今让一些汤村的老人们提起来，还有深刻的印象。

马阿谦嫁进汤家后，任劳任怨，勤于劳作，并于1919年12月，生下了汤恩伯的长子汤建元。可是汤建元出生之时，当时汤恩伯却不在汤村，因为1919年夏季汤恩伯的身份是"通缉犯"。

2. 出国，遭遇感情的归宿

世界那么大，我想去看看——社会名言

汤恩伯曾经非常讨厌学习，可是他走出了浙江体育专门学校，这才知道，凭着自己在国内所学的点墨之术，根本就无法掀起人生的滔天巨浪，这时他的脑海里，涌起了一个去日本留学的念头，可是面对令人望而生畏的巨额留学费用，汤恩伯并没有裹足不前，因为他找到了一个"金主"……

1919年夏季，汤恩伯终于从浙江体育专门学校毕业了，他身负行囊，急匆匆地回家。武义的汤村，不仅有自己的父母，还有怀孕待产的妻子马阿谦，可是在半路上，他得知一个朋友的父亲，正和当地的一个劣绅在打官司，急功好义的汤恩伯决定前去助阵——虽然不能帮着朋友的父亲辩护，但是到法庭上帮个人场，以壮声势他还是可以做到的。

汤恩伯也是受过高等教育的人，以前的时候，他办事总喜欢用拳头解决问题，通过学习，他明白了拳头虽然可以解决一些矛盾，但遇到纷争，求助法律，可以说是最文明的一条途径。

这场官司，汤恩伯朋友的父亲明显是占理的一方，可是那名劣绅却对法官使了黑钱，庭审开始后，贪赃枉法的法官，不仅不主持公道，反而颠倒黑白，一力偏袒那名劣绅。

汤恩伯气得血往上涌，弯腰在墙角捡起了一块狗头大小的石头，他对着坐在公案后面椅子里，脑满肠肥、坑乡害民的法官叫道："狗法官，吃我一石！"

那名法官干这种贪赃枉法的事太多，他自认左手握有唬人的法律，右手握有吓人的枪杆子，谁也不敢对他的判决指手画脚，他本来要宣判汤恩伯朋友的父亲诬告入狱，然后回去关上门来，仔细地算一算这单判决，那名劣绅会孝敬自己多少大洋，这笔钱能够买多少亩好地，能否置办一个阔绰的宅院，能否再娶一房如夫人……想完这些，再美美地烫一锡壶黄酒，用土鸡煲、豆腐丸，拔丝宣莲和红烧小溪鱼当下酒菜，那简直就是神仙过的小日子啊。

那名法官正在想着好事，万没想到汤恩伯突起发难，一块重达五六斤的石头，像炮弹一样对着他的脑袋飞来，吓得他"妈呀"一声怪叫，忙一歪脖子，可是右肩膀却没躲开，只听"通"的一声响，汤恩伯那块恨世界不公、怨法律不明的石头，就狠狠砸在了法官的肩头之上。

汤恩伯血气方刚，膂力过人，再加上他含怒飞石，那块石头，力道犹大，法官被直接砸翻于地，看他倒地不起呼号惨叫的样子，不是骨折，就是筋断，汤恩伯这一石头砸得实在让人解气，至少在这名法官伤筋动骨的三个月内，他再也不能祸害人了。

法庭的工作人员一起冲到了倒地负伤的顶头上司面前，五六名法警端枪在手，"嗷嗷"怪叫着就向着汤恩伯冲了过来。汤恩伯好汉不吃眼前亏，他二话不说，转身就逃，观庭听审的商贾士绅，乡梓百姓们也是恨"民国的法庭朝南开，有理无钱莫进来"，他们见投石掷佞的汤恩伯转身逃走，众人"呼啦"一声，自发地为"英雄"闪开了一条路，那帮法警追来，人群自动聚拢，形成一堵不肯让路的人墙。

那帮法警平日里薪水不多，主要油水是靠欺压百姓，吃拿卡要所得，汤恩伯用飞石伤了法官，他们保护不利，绝对是有责任的，至少要为之付出罚没这月薪水的代价，故此，他们才会不惜汗水地一窝蜂似的冲向前，并将枪栓拉得震天响，面对人群的阻隔，眼看着汤恩伯逃命，法警们觉得应该做个样子，好对法官有个交代，便枪管冲天"砰砰砰"地连开数枪。

枪声暴起，看热闹的百姓们受到了惊吓，一时间人影乱晃，四散奔逃，审案的大堂前，就好像刮起了一股强大的龙卷风，"呼啦"一声，人群挟裹着汤恩伯一下子消失，只剩下了"无头苍蝇"似的法警，和发出"痛苦呻吟"的法官，还有"四顾茫然"的法院工作人员。

汤恩伯的飞石，并没有影响到整个案件的最后判决，徇私舞弊的法官也并没有受到教训，而是"伤狼赛恶虎"，肩胛骨折创愈后，更加变本加厉地鱼肉百姓，唯一改变的是：刚刚从学校毕业，前程一片大好的汤恩伯成了通缉犯。

那位挨了一石头的法官，为了报仇，他立刻对汤恩伯发出了通缉令。幸好，由于当时交通不便，信息闭塞，各个县市的官员都关起门来，各自为政，汤恩伯在朋友的帮助下，一路离开了犯事的县城，他暂时脱离了危险，免除了牢狱之灾，生命的安全也得到了保障。

汤恩伯并没有什么经济来源，朋友给他的路费很快也花光了，为了生存和生计，他就来到了浙江省警察巡官养成所，当他拿出浙江体育专门学校的毕业证书时，招生处的处长立刻对他开了绿灯，汤恩伯就成了巡官培养学校的一名学员。

1920年，已经21岁的汤恩伯很快便完成了巡官学校的培训，并被分配到湖州任巡官，按照当时警察所的建制，所内最大的官吏是所长，下设警佐1人，巡官2人。接下来就是内务警、保卫警和负责抓捕罪犯、解决纠纷的小片警，直到1927年前后，警察所才改为公安局，但基本的岗位设置还是"换汤不换药"。

巡官的职务，就是兵头将尾，可以唬住普通的老百姓，但在派出所里又得受所长和警佐的气，每个月只有区区的几块大洋不说，每天下去巡逻，两条腿都走细了。巡官那点工资，如果不去欺压百姓，搜刮民财，简直就活不下去，微薄的工资让汤恩伯感到很苦恼……根据汤恩伯的秘书后来回忆，汤恩伯嫌工资过低，曾向上级提出了每月增加大洋五角的要求，可是上级却碍于财政预算，未予批准，汤恩伯气得一甩袖子，从湖州警察所辞职，跟巡官的职务彻底说"拜拜"了。

就在汤恩伯当巡官，还为自己的前途苦恼发愁时，当时的社会大环境，正处在更为激烈的变革时期，不仅北洋政府的教育部发出了训令，一、二年级的国文改成白话文（两年后，即1922年，将全面废止文言文）。而且3月13日，中东铁路工人全线大罢工，抗议黑心的资本家霍尔瓦特拖欠工人工资（工人运动兴起）。更重要的是8月的时候，陈望道翻译的《共产党宣言》中译本在上海问世。10月，李大钊、张申府、张国焘3人，在北京大学成立了北京共产主义小组（孕育了反帝反封建的种子）。

在这务新求变、新思维、新潮流和新政治体系面向陈腐的社会制度宣战的不平凡的一年中，汤恩伯为了发展，亦是为了出路，他萌发了从军入伍、吃粮当兵的念头，要知道当时正是乱世，直皖大战爆发，吴佩孚和段祺瑞打得乱成了一团。汤恩伯作为一个堂堂的七尺男儿，如果为了增加大洋五角薪水，而跟上级继续婆婆妈妈，这岂不是太愧对自己"千里之外觅王侯"的人生理想？汤恩伯决定先去军校读书，然后参军入伍，他要在乱世之中，建立一番彪炳千秋的事业，随后他来到了前浙江省督军、省长吕公望开办的援闽浙军讲武堂学习军事。

汤恩伯学文不成，可是学军事却是一把好手，在乱世之中，每座讲武堂都是速成班，很快汤恩伯就以优良的军事学科成绩毕业了。该校的校务长因知汤恩伯是一个领兵的人才，故此，将他推荐到了浙江陆军第一师，汤恩伯成了该师的一个班长，不久之后，又升任少尉排长。

民国的旧军队中，完全是一个等级森严、关系复杂的小社会，官大一级压死人，吃空饷，喝兵血，抽大烟，玩女人，简直见怪不怪，而且这些事儿不精通，就很难获得上级的提携，若要凭本事高升，只有到战场上用命去赌，用血去换。

汤恩伯在浙江陆军第一师只是一个小排长，他无力改变军队的风气，只能领着一个排的弟兄们好好训练，不管是投弹射击，行队列阵、强健体魄，还是武器使用等等的操演，都开展得科学有序，井井有条，可是一个陆军师，近万名官兵，某一个人、某一个排的军事技术高超，并不代表着整个陆军师就能够所向披靡。

在一场军阀和军阀互相倾轧的火拼中，浙江陆军第一师就好像鸡蛋壳遇到了硬石头一样，被"哗啦"一声打垮了，汤恩伯这场"懊糟"的仗打完，甚至都不知道是如何惨败的。汤恩伯离开了军队，他辗转颠沛，流浪街头，每天听着自己肚子"咕噜噜"乱叫，晚上席地而眠，望着天上的孤星残月，汤恩伯对自己过去的人生、现在的理想和将来的命运确实想了很多。

他考入浙江体育专门学校，进入浙江省警察巡官养成所，直至最后到援闽浙军讲武堂学习军事，他几次求学上进，由文转武，其目的还不是不甘平庸、准备出人头地，希冀将来能建立一番事业。可是浙江体育专门学校的一纸文凭，被自己飞石除奸的火爆的脾气打飞；在浙江省警察巡官养成所毕业后出来当巡官，被人吃人的严苛现实所伤；而他在援闽浙军讲武堂学习军事，吃粮当兵的从戎之旅，又被不可改变的败局击成了碎末。

黄夜的寒气，侵入了汤恩伯的肌体，让他"瑟瑟"地打着寒噤，汤恩伯忽然意识到自己只是一个蝼蚁般的小人物。他在武义汤村的时候，鲁莽孟浪，以力欺人，就是想证明，汤老大不是一个孱弱之辈。汤恩伯来到了社会上，当他从一个念着"子曰：学而时习之"的学生，转化为高唱军歌"昔有赵子龙，银枪破曹兵"的军人之时，他感觉自己似乎能够主宰命运，其实他又一次犯了想当然的错误，两军对垒，兵败如山倒，他作为长河中的一滴水，真的无法改变河流的方向；他作为戈壁滩上的一粒沙，真的无法影响大漠的温度。

如果想做人生的主宰，成为命运的主人，他只能换一个活法，重新找到一个努力的方向，如果更具体一点说，那就是寻找一个新的起点，然后"论成败，人生豪迈，咬牙忍痛，从头再来！"

可是新起点在哪里，汤恩伯用一双黑色的眸子，在漆黑的夜里真的无法感知到黑锅底般的未来方向。汤恩伯彻夜未眠，在第二天晨曦初露的时候，他做出了一个艰难的决定，那就是回家，他要回武义汤村——因为那里是他的根，最原始的根，找到了根，也就有了再次奋发的力量。

时局纷乱，战民如犬。军阀为了私利，而妄自挑起战争，让武义县还有周围的县市官员换了好几茬，汤恩伯飞石砸伤的法官，因政府的更迭而去职很久，而他对汤恩伯发出的通缉令，早就已经失效。

汤恩伯几经辗转，甚至是怀着"近乡情更怯"的心理，回到了老家汤村。

要知道，汤恩伯在同村人的眼中，他就是个"铜锅柄"般的强梁，在妻子的眼中，他就是个"不靠谱"的丈夫，在塾师的眼中，他就是一个"不成器"弟子。

最让汤恩伯难过的关就是要面对汤家彩，因为在父亲眼里，他就是一个"不肖子"，父亲要他读书，他干了不受待见的丘八；父亲要他种田，他对锄镰家什，弃之如蔽屣，一个劲地惹父亲生气。

汤恩伯本想将自己努力的成果，让父亲看看，用以证明汤老大绝非池中之物，但严苛的现实给了汤恩伯一个响亮的回答：他这样一无金钱，二无背景，三无才学的农村青年，想要在讲究门第、依靠裙带、比拼资源的社会取得成功，必须要付出比那些资源丰富的竞争者几倍的代价。

瞻前顾后的汤恩伯回到了汤村，面对家人，虽然没有具体的文字记载，但根据汤父在汤恩伯读书时不给他零花钱，还有他到童维梓家做食客的往事，可以想见，汤父并不会给他什么好脸色。

汤恩伯不仅已有妻室，而且也有了长子——汤建元。马阿谦只是一个传统的妇女，她并没有盼望汤恩伯当大官，然后封妻荫子，自己也能飞上枝头变凤凰，在她的心中，平平安安，衣食不缺，夫妻相敬，老此一生，她也就心满意足了。

马振南不愧是当过县长的人，他早就看出，汤恩伯有野心，而有野心的人，绝对不会一辈子窝在家乡，他定会出去闯，即使四处碰壁，碰得头破血流，他也不怕。

父亲既然没有好脸色，视自己为"不肖子"，汤恩伯索性住进了童维梓家，毕竟童家家大业大，根本不在乎多添一双筷子。汤恩伯有文凭在手，又有当巡官的经历，故此，他很顺利地在武义的东皋警察所谋到了一个巡官的职位。

此时的汤恩伯当上巡官后，他便开始履职，对于聚众赌博、吸食毒品等等的丑恶行为，因为性格使然，他就比同僚们管得厉害。汤恩伯目前的状态，只是暂借巡官的职位栖身，他绝对没把巡官的职业当成自己一生的"铁饭碗"，故此，在抓赌查毒的闲暇，因为耐不住声色犬马的吸引，就偷偷跑到武义县城的戏园子去看蹭戏。

正巧与汤家彩交好的陈鼎彝也在戏园子为演员捧场，陈鼎彝不仅是汤家的世交，也是汤家的亲戚，看到了汤恩伯"不务正业"，他语重心长地规劝道：

"你身为巡官，怎么能自由出来看戏？"

汤恩伯本来就对现实和遭遇不满，他一肚子都是气，便对陈鼎彝说："当个小巡官就不能自由看戏，那我不干了！"

当个巡官，也许在普通老百姓的眼睛里，那是非常堂皇的事儿，可是稍稍有点身份和地位的人都知道，巡官官卑职小，无非是领着警察们干活的小头头，侥幸取得一星半点的成绩，那都是上司的，可一旦出了乱子，就全都归他自己背。

汤恩伯思前想后，觉得真的不能这样被人瞧不起，他就来到东皋警察所，又一次辞了巡官的职位，接下来一口气来到杭州，找到了自己在军队中认识的朋友吕师铭，然后自填了一张出国证，而吕师铭帮他偷偷地盖上了吕公望的官印。

汤恩伯准备东渡日本去读士官学校，他就不信自己从国外有名的军校镀金回来后，不能在军队中有一番大的作为。可是汤恩伯拿到了出国证后，一个非常现实的问题就摆在了他的面前——学费，他如何能筹够去日本读士官学校的高昂费用？

汤恩伯转学浙江体育专门学校的时候，他父亲将汤家祠堂四房头的一处山林的竹木卖掉，用所得的1000块银圆，给予汤恩伯学费上的支持，如今他学成毕业，读书的事情，本应该告一段落，他目前应该做的事是好好工作，赚钱养家，他这次想出国留学，纯属是脑袋一热，半路起意，想去借学费，谁肯借他这样一大笔钱？找自己的父亲去要，汤家彩除了卖房子卖地，否则绝对凑不齐所需的数目，汤恩伯真不好意思再让父亲犯难了。

汤恩伯一路琢磨，回到了童维梓的家，他正不知道如何向自己的好朋友开口，说赴日留学、筹款借钱的事情，没想到，童维梓一把拉住他的手，然后满面春风对他说："克勤，你到我房间来，我有件事要告诉你！"

童维梓吩咐厨师在自己的房间中摆好了一桌家宴。桌上的家宴，菜肴丰富，不仅有酒有肉，更是有鸡有鱼。汤恩伯纳闷地问："今天是你生日，还是府上有什么喜事儿？"

童维梓满脸喜色，他变戏法似的从衣兜里一掏，竟取出一张毕业证书来。童维梓有实业报国的志向，故此，他一直在浙江甲种蚕业学校学习，经过几年努力，目前他以全部优等的成绩毕业了。

汤恩伯听童维梓讲完话，他端起了酒杯："祝贺你获得蚕业学校的毕业证书，为童老弟学业有成，我先干为敬了！"

童维梓三杯酒入肚，他兴奋得满脸红光，不自觉话就多了起来，汤恩伯试探地一问童维梓，他毕业后，是否有办个桑蚕养殖场的计划，童维梓摇摇头道："我想去日本留学！"

民国的时候，日本的桑蚕养殖，一直走在了世界各国的前列，童维梓心中确有办一家桑蚕养殖场的想法，但只有学会日本最先进的桑蚕养殖技术，才会在国内缫丝市场有竞争力。

汤恩伯听到这里，他强行按捺住心头的兴奋，不露声色地提醒道："我听说日本遍地都是狂妄的浪人和凶悍的武士，他们对中国留学生不十分友好，你远渡重洋去异国他乡，衣食住行可都要小心点！"

童维梓脸上的笑容敛去，他放下筷子，伸手抓住汤恩伯的胳膊，郑重地说："克勤，这不仅是我踌躇的难点，也是家父担心的最大问题！"

童维梓想去日本留学，学习先进的桑蚕养殖技术，童父是支持他的，可是儿子的安全问题，却让其深深担心。童父和童维梓经过商议，最后做出了一个决定，那就是在国内雇一个知根知底的"保镖"，跟随着童维梓远渡重洋，当然最合适的人选，除了汤恩伯，没有第二个。

汤恩伯也没有想到，自己刚刚弄到了出国证，童维梓就想领着自己去日本，运气真要是来了，城墙一定都挡不住。汤恩伯将杯中的残酒一饮而尽，然后一拍胸脯说："既然老弟如此看得起为兄，那么不管东洋西洋，水里火里，汤某就走这一遭了！"

童维梓一见汤恩伯答应得如此痛快，他心里也是非常高兴，两个人一边喝酒吃菜，童维梓一边委婉地问汤恩伯需要多少工钱，汤恩伯将手一摆道："凭咱们兄弟的关系，还提什么工钱！"

童维梓满意地点了点头，说："请克勤兄放心，童某一定有周全的安排！"要知道，汤恩伯是有妻儿的人，童维梓领着汤恩伯去日本，怎么也得让马阿谦在国内的生活有着落。

童维梓不愧是武义富商之子，他非常有经济头脑，当时民国赴日本东京等地留学的学生好比过江之鲫，而啖生食鲜为主的日本料理他们大多吃不惯，童维梓有个以商养学的想法：他在留学的同时，可在东京开一家中餐馆，不仅可以赚到学费，而且也解决了他们吃饭的问题。

汤恩伯对童维梓的建议连声说好，接下来童维梓办出国证的时候，他又做了两件事情，一件事是：采买3000银圆的绍兴老酒、金华火腿等物，送上邮船，输运日本；另一件事是：他邀请好朋友徐乙威，让他一同到日本，帮着自己管理餐馆。

1921年春，汤恩伯、童维梓和徐乙威三个人上了直航日本的客轮，他们伴随着海风，畅谈着人生；听着鸥鸟的鸣叫，规划着未来。三个好朋友在海上颠簸几天后，客轮靠岸，汤童徐三个人走下悬梯，便踏上了陌生的异国国土。

民国时，很多国内的学子，都首选去日本留学，这道理被晚清重臣、洋务派的代表张之洞讲得很明白："至游学之国，西洋不如东洋：一路近省费，可多遣；一去华近易考察；一东文近于中文，易通晓；一西书甚繁，凡西学不切要考，东人已删节而酌改之，中、东情势风俗相近，易仿行，事半功倍，无过于此。若自欲求精求备，再赴西洋，有何不可？"

"同文、同种、省费"这就是留学生选择日本的三大优势，国内第一次派遣的留学生，张之洞还曾用激励的口气，临别赠言："将来学成归国，代国家效力，戴红顶，做大官，可操券而获，生等其勉之！"

留学不仅可以报效国家，更可以升官发财，留学不仅是成功的捷径，更有最光明的出路，故此，这帮学子们才趋之若鹜，乐此不疲。

三个人经过努力，很快开了一家名叫"追分楼"的料理店，这家料理店在汤恩伯和徐乙威的打理下，很快在中国留学生中树立了口碑，汤恩伯等人本想好好做，吸引附近居住的一些日本人，也到"追分楼"用餐，但他们却想错了。

"追分楼"的料理店很难吸引日本人光顾，他们开的这家料理店，只能是针对留学生圈子的一家小众餐馆。这应该有口味上的原因，比如中国餐馆可以食用大蒜，因为食用大蒜，不仅可以强身健体，也有增进食欲的作用，这就令素爱洁净的日本人很难忍受。

日本曾有一个学者这样说："中国料理店的顾客除了中国人，只有很少一部分日本人，其原因是整个社会都弥漫着蔑视中国的气氛，将吃中国料理的人视为贱民。"

日本当时的媒体对留学生聚集的中华料理店，有如此评价：一到周日，留学生皆三五成群，狼吞虎咽。他们在店里拍手，大声喊叫，不仅敲碟子，还又跳又唱。每逢聚会，留学生狂态毕现，调戏店中女佣，淫笑之声不绝于耳，各种声音直震邻家屋瓦。

当然，中国留学生中，不乏有一些害群之马，但日本人确实有喜爱清静的"病癖"，他们甚至将两个人交谈时的正常声音都当成噪声，萧红在留学日本时，曾经住在趣町区，她在描写居住环境的时候，写道："特别是一到晚上，家家户户的窗子上，都上了木板，黑漆漆的一片，几乎听不到一点声音……"

而在中餐馆中，中国留学生可以一边吃东西，一边畅快地谈笑，让日本人感到非常不习惯，故此，中餐馆吸引不到日本食客，也就可以理解了。

"追分楼"中，有黄酒，有火腿，有来自家乡的美食，在这里留学生可以不用顾忌地谈话，开心地交流，故此，"追分楼"料理店的生意甚是红火，虽然不能说日进斗金，但三个人在日本的生活费是绝对够了。

"追分楼"的生意稳定后，童维梓就考上了帝国大学，汤恩伯本想读日本陆军士官学校（简称陆士），可是一打听才知道，他想读的那所学校，必须有国内军界的高官保荐才可以。

随着甲午战争的惨败，国内很多军界人士意识到落后就要挨打，为了学习日本的先进军事经验和技术，国内很多省的督军，就开始陆续向日本派遣留学生，最早的一批留学生是在1900年进入陆士就读，一开始的时候，既有清朝官费派遣，又有各省的督军派遣，当然也偶尔有一些自费生，直到1904年，形成了禁止自费，必须由官费派遣的制度。

汤恩伯想进日本陆军士官学校无望，便经过努力，考上了东京明治大学法科主修政治经济学。

"追分楼"料理店的生意，就暂时交给徐乙威打理，而汤恩伯留学所用的学费，就全从这家料理店的利润中支取。汤恩伯跨进明治大学校门不久，他的心里很快就升起了厌倦的情绪，要知道，汤恩伯只对军事感兴趣，政治经济学他根本学不进去，更让他头痛的是，该大学非常有政治倾向，他们采用的是日本君主的专制教育课程。

要知道，国内从1921年5月5日，孙中山就任中华民国非常大总统开始，就标志着中国已经结束了延续了两千多年的君主制度，可是这种过时的腐朽制度，在日本还在延续，总之一句话，日本君主专制的课程让汤恩伯感到非常讨厌。

正在汤恩伯踌躇着是不是要退学的时候，童家一封电报拍到了东京，童维梓的父亲病故，童维梓只得选择从帝国大学退学，坐船回到国内，继承父业，并开始打理自家的生意。（童维梓回国后，曾任浙江省实业厅第三科主任、陆军第十七军上校军法官、浙江省政府存记县长、还曾两度出任童庐东四小学校长等的职务，中华人民共和国成立前，汤恩伯曾动员他去台湾，童维梓还是坚持留在了国内。）

"追分楼"被童维梓交给了汤恩伯手中，并叮嘱徐乙威一定要助其好自经营，毕竟汤恩伯在日本留学，需要一大笔费用。童维梓回到国内，已经是远水难解近渴，汤徐二人能否在日本"混"下去，只能靠他们自己了。

汤恩伯学军事是一把好手，这样敢打敢冲的人，上战场应该是一名令敌胆寒的军人，但让他独自一个人经营餐馆，这可有些勉为其难了。

"追分楼"虽然名叫料理店，可却是不折不扣的中餐馆。童维梓来日本之前，曾运到日本东京价值3000块银圆的火腿、黄酒等可以长期久备的食材，当地的留学生们长期在外，他们都对家乡有着深深的眷恋，能够吃到家乡的菜肴，也能对游子的心理产生绝大的慰藉。留学生们纷纷光顾这家餐馆，故此，生意火爆，童维梓离开日本后，火腿和黄酒等食材断供，上门吃家乡味道的留学生日渐减少，再加上"追分楼"被当地料理店的排挤，很快，生意就开始冷淡了起来。

徐乙威对生意冷落的"追分楼"并没有好的解决办法，汤恩伯为了让"追分楼"生意重新火爆起来，他竟采用了一个饮鸩止渴、让"追分楼"更快"寿终正寝"的"歪招"，那就是广交朋友，他豪爽地请这些新朋友，免费到"追分楼"喝酒吃饭——汤恩伯的想法不错，这些免费到"追分楼"吃喝的朋友们，以后一定就会成为他的固定顾客。

免费是在做长线生意，如果资金雄厚，可以借用免费的办法，为将来的盈利买单，可是汤恩伯经营的"追分楼"入不敷出，已经站在了破产的边缘，用千里取水的办法，解决燃眉之急，汤恩伯在经营方面的欠缺，可见一斑。

1923年，徐乙威一见"追分楼"破产在即，已回天乏术，他便向汤恩伯提出了回国的要求。徐乙威来日本已经两年有余，汤恩伯见徐乙威去意已决，也不好深留，便买了一张船票，将徐乙威送上客轮，然后挥手自去，只听汽笛鸣了。

"追分楼"风雨飘摇，让汤恩伯在日本的学费成了问题，但事情往往有一弊就有一利，汤恩伯的豪爽，在中国的留学生中也传出了名，汤恩伯在经营餐馆的过程中，结识了一位来自浙江新昌的王竟白小姐，要知道，王小姐可不是一般人物，她竟是陈仪的干女儿。

陈仪早在1902年，就到日本留学，并与蒋介石是同学。1911年辛亥革命时，陈仪参加浙江独立运动，1912年任浙江都督府军政司司长。汤恩伯得知王竟白非同一般的背景后，不由得眼前一亮，他想要出人头地，没有人提携不成，如果能借助王竟白的关系，搭上了陈仪这趟"顺风车"，那么他日后不管是走仕途，还是混军界，都会如鱼得水，助力倍增。

陈仪早在1902年，就到日本留学，并与蒋介石是同学。

王竟白是一个典型的江南女子，皮肤白皙，模样漂亮。她原籍嵊县黄泽镇，父亲名叫王桂堂，是"王同兴"杂货店老板。她之所以能成为陈仪的干女儿，还得从她的兄长身上说起——王家的长子名叫王绍全，王绍全私塾毕业后，转到杭州求是书院读书，毕业后，因为成绩优秀，故此，就留在杭州的惠兰中学，开始授业解惑，教书育人。

而陈仪是杭州求是书院的老学长，故此，王绍全和陈仪两个人来往不断，关系甚密。王绍全在杭州教书期间，父亲王桂堂已去世，王竟白的母亲名叫竺桂凤，王竟白读完小学后，王母便不准她再读书，而是要为她寻个好婆家嫁掉。

王竟白志向远大，想到杭州继续求学深造，她对母亲给自己安排的亲事执意拒绝，王竟白为了达到目的，她写信向自己的大哥求助，并请求王绍全一定要帮自己渡过难关。

王绍全最心疼自己的妹妹，他以承担王竟白在杭州读书的全部费用为条件，这才说动了母亲。王竟白来到杭州后，经过王绍全的悉心辅导，她很顺利地就考上了杭州蚕桑女子学校。

通过王绍全的关系，王竟白结识了陈仪，陈仪的妻子是日本人，他虽然地位显赫，可是却有一样不尽如人意之处，那就是膝下无子女，陈仪一见王竟白聪明伶俐，特别喜欢，便收她做了义女。

王竟白虽然不能说一步登天，但却从此被改变了平凡的命运，如果她当初不能坚持选择，一生只能做一个山村俗妇，在相夫教子中，寂寂无闻地终老此生，她成为陈仪的义女后，吃住都在陈家，陈仪不仅全部包揽了王竟白读杭州蚕桑女子学校的全部费用，1923年陈仪还大手笔地送王竟白去日本留学，就读东京一家有名的蚕桑学校，以求王竟白能够学得世界上最先进的蚕桑养殖技术，做一个能够主宰命运的新时代女性。

王竟白来"追分楼"就餐时，她明显地感觉到汤恩伯对自己的殷勤和关切。王竟白作为一个留洋见过世面的女性，她在读书的同时，也在暗中留意是否能够觅到人生的"另一半"，汤恩伯性格豪爽，自己去"追分楼"就餐，从不用付账，而且汤恩伯为其准备的食物也比其他人精细。汤恩伯的盛情，确实让王竟白心生感动，但汤恩伯身材并不伟岸，而且相貌粗狂，绝非白面书生，更让她心生芥蒂的是，汤恩伯在武义已经有妻有子，让她做小，这绝对不可能，让汤恩伯离婚，她岂不是成了拆散别人家庭的"第三者"？

王竟白那一段时间和汤恩伯的关系，可以说是若即若离，摇摆不定。两个人之间的感情局势不明朗，可是有一件事却已经非常明朗了，那就是——"追分楼"办不下去了。

汤恩伯做事有魄力，他很快就将"追分楼"卖掉，换来的钱仍然不够他缴上学费，汤恩伯告别了东京同学，然后向王竟白辞行，汤恩伯看着伊人眼中的恋恋不舍，他在心中暗暗发誓，自己一定要想尽办法，尽快回来。汤恩伯很快买了一张船票，坐船颠簸几日，并以"非成功者"的身份回到了国内。

汤恩伯在日本明治大学法科读的是政治经济学，毕业后应该走从政的道路，可是他对从政一点都不感兴趣，汤恩伯这次回国，打定了一个念头，那就是从军，他一定要读日本陆军士官学校。

在民国的时候，有一个指导留学生们的名言，叫"政治学西洋，军事学东洋"，想要从政，留学欧美，想要从军，留学日本，"师夷长技以制夷"，而名声在外的日本陆军士官学校就是中国留学生的首选。

汤恩伯在国内军校曾经学习过一段时间，而且还有实际参战的军事经验，他进入陆士学习应该是驾轻就熟，可是想要留学这所学校，却有两个非常难迈的门槛，一个是须有两个省级高官的推荐，另外一个就是要有一笔庞大的留学经费。

汤恩伯随后，就踏上了寻找举荐人的道路，可是这一圈转下来，真是令汤恩伯非常恼火，很多军阀高官，对一没举荐信，二是籍籍无名的汤恩伯根本不见，即使大军阀孙传芳万般开恩，给汤恩伯一个见面的机会，但汤恩伯不管是身高、相貌还是谈吐风度，都没能入这位孙军阀的法眼。

当时的民国，正是军阀割据、战火四起的年代，每个大军阀举荐留学生到国外留学，美其名曰"提携后进，为国举才"，其实谁心里都明镜似的，军阀们这样做，都是在为自己培养可以冲锋陷阵、开疆扩土的打内战的后备人才。

如果军阀们送到日本读书的人才，不能为己所用，那很可能等同于养虎为患，更可怕的是，留洋的人才一旦学成归来，恩将仇报地调转枪口帮敌人来打自己，那可就是悲催至极了。军阀们识人，有一个通行的标准，即是：管你有才没才，只要顺眼，有可能成为自己人了，才有接着往下谈的必要，看着不顺眼，端茶送客，一点都不客气。

汤恩伯四处碰壁，最后他只得一横心，找到了自己的老熟人吕公望，他在吕公望处得到了一个推荐，吕公望为他介绍了陈仪，陈仪现在已经是浙江一师的师长，手握军权，绝对是一方实力人物。

在恒一的《五任省主席见闻杂记》是这样描写陈仪的：

> 继19路军主闽者为陈仪，我们小职员自然接触不到省主席，只能在纪念周中见到他。陈仪是五短身材的胖子，头颅很大，圆脸光顶，满面红光，三角眼，阔嘴巴，留着两撇日本式胡子；走路脚步很重，一顿一顿地，是个典型军人模样；说话时满口浙江土腔，那斩钉截铁的语气流露出自信与专断，一望而知是个固执的人。

汤恩伯因为有吕公望的举荐，很容易就见到了陈仪。汤恩伯二话不说，见面跪地就磕头，陈仪也是直性子，他一下子喜欢上了办事痛快的汤恩伯，一番开诚布公的谈话后，陈仪不仅愉快地当了汤恩伯的举荐人，而且还每月官费资助他50块大洋。汤恩伯对陈仪的感谢溢于言表，从此之后，便视陈仪为恩师、义父，并一直尊称陈仪为先生。汤恩伯还将自己的名字汤克勤，改为汤恩伯，意为不忘陈仪之恩，永记在心，以图将来回报之意。

1924年5月，25岁的汤恩伯终于如愿以偿地回到了日本，他拿着举荐书，终于达成自己的心愿——成为日本陆军士官学校的一名学生。

想要进入陆士学习，需要一个缓冲，须先到东京振武学校读预科，这座预科学校成立于1903年，是专门为来自晚清和民国的中国留学生所立。其作用是让留学生们熟悉日军的军训条例与日语。

经过15个月到3年时间不等的教育，也就是说，该名留学生能听懂日语教师的授课后，便可以用"士官候补生"的身份，到日本陆军的基层部队实习8到12个月，实习开始时，授予一等兵军衔，直到实习结束后，授予军曹（中士）军衔，只有得到军曹军衔的留学生，才可以进入到日本陆军军官学校开始正规的学习。

日本陆军士官学校的前身是1868年成立的京都兵学校，又被称为陆士，该校不仅开设了战术学、兵器学、射击学等实用的军事学科，而且还开设了战争史，军制学和教育学等理论课程。

中国留学生在陆士经过一到两年的学习，以曹长（上士）的身份毕业，这样镀金成功，回到国内的毕业生，就是军队中都抢着要的精英，这就是"士官系"毕业生的由来。

这所士官学校教授学员们军事技术的同时，他们还侧重向学生们灌输"效忠天皇"的思想。他们还用非常残忍的方法，培养学员的武士道精神。当然，外国留学生和日本本国的学生，是分开授课的，因为该学校的有些军事科目，被日本列为军事机密，像是汤恩伯这样的外国留学生是没有资格参研学习的。

在日本陆军军官学校学习，更不是一件简单的事儿，比如吃饭就很让中国留学生受不了：有一个赴日留学生，曾在日记中，这样记录下了当时的伙食：

一汁一菜，颇为简单，味至清淡。一小碗汤、一个鸡蛋、一小碗米饭。初次食用，甚觉不快。日本食物总体概括为六个字：清淡、简素、量少，在《日华学堂日志》中记载：午餐以一尾八钱的香鱼为菜，学生中往往有发不满之声者，曰在吾国此乃人不食之猫食也。

香鱼在日本甚为名贵，可是在中国却是猫食，可见两国在文化上就存在着极大的不同，冲突自然也就难免了。

汤恩伯因为开过餐馆，对日本的饮食有所了解，他一旦嘴里淡得没味儿，也会到神田町、本乡町、麴町一带的中餐馆去打打牙祭，故此，他对陆士的伙食有着超强的承受能力。

早期进入军校学习的留学生，因为都留着辫子，因此会受到日本籍师生的嘲笑，而到了汤恩伯入学时，留学生们早已经都剪去了辫子，平日出门，西装革履，在陆军士官学校上课，可以穿着日军的军服，可是在当时的日本社会中，弥漫着强烈的民族高傲情绪，特别是在军校中，日本籍学生，被教师灌输了"武士道"精神后，在大和民族优越感的"驱使"下，他们就会用一种居高临下，甚至是盛气凌人的态度与中国留学生交往，更让中国留学生感到反感的是，日本军校的教师，也不能一碗水端平，他们傲慢的态度，也令中国留学生十分讨厌。这就造成了他们回国后，留日反日的最主要的根源。

文化之间的冲突，还有人为造成的隔阂，让在陆军士官学校学习的中国留学生无不倍感屈辱，虽然罢课、罢学的事情时有发生，但汤恩伯还是一路忍耐了下来。

日本陆军军官学校的教学内容，绝非在课堂上，读懂几本军事理论著作，然后熟悉一下枪械知识就算完事了，学生到了一定的阶段，将由教官带领着，到富士野、高师原和天伯原，接受班、排和连长的指挥训练，这些中国的留学生们，轮流着充当班长到连长的指挥员，指挥其他学员进行攻防演练，当然，这种演练有时候就是实弹射击，意外误伤时有发生，这种近乎实战的锻炼，也让汤恩伯等人的军事技能和理论得到了稳步的发展和提高。

汤恩伯脾气虽然火暴，做事冲动，有时候甚至不计后果，但为了自己的前途，他也只能暂时忍耐了，如果他不能忍耐，拿不到陆士毕业文凭，汤恩伯永远都是一个小人物，一旦他有了这张文凭，他以后的人生绝对会不一样。

可以这样说，日本陆军士官学校的教育，对汤恩伯影响极其深远，汤恩伯的后半生，不仅一直保持着日本军人的习惯，而且他原来的思想也已经被彻底改造了，他现在的思想是一种"殉道"般的"愚忠"，外加"荆轲刺秦王"的"血勇"，还有对"秦皇汉武"功业的无限"崇拜"，这三种思想的结合体，成了汤恩伯以后行事、立足还有立身社会和军界的目标和指导。

汤恩伯在陆士学习的具体情况如何，时过境迁，已经不可细考，但他在习学炮兵之时，有一次日本教官让他在室内沙盘上，模仿野外作业，进行虚拟演练，汤恩伯竟将己方的炮兵，摆在了沙盘的山顶之上。汤恩伯心里也许这样认为：将重炮架在山顶，因为视野开阔，敌人还未等排兵布阵，便会被他的巨炮"轰"得狼狈逃窜。

日本教官看罢布置，便责问排兵布阵不切实际的汤恩伯，如何能将重炮运到山顶上，汤恩伯瞠目不能回答，日方教官又问，重炮前方无步兵掩护，一旦敌兵摸到阵地，他将如何处置？汤恩伯亦不能回答。

能否留学陆士，是财力和机遇的问题；能否从陆士毕业，这是努力和坚持的问题。这四方面汤恩伯都不欠缺，至于从陆士是否学到了带兵打仗的真本领，这可就是个人悟性、成就高低的本质问题了。

1925年，王竟白在日本的桑蚕学校毕业了，汤恩伯也向她表露了心迹，并踌躇满志地说："竟白，我马上就要毕业了，等我回国建功立业，统率千军万马之时，一定要娶你！"

王竟白真不知道该如何回答汤恩伯，她搪塞地说："等我回到杭州，禀明义父，一切由他做主吧！"

王竟白先行坐船回到了国内，因她有国外镀金的经历，而且又有陈仪干女儿的背景，故此，她从几年前，还在杭州桑蚕女子学校读书的学生，竟身份一变，成了这所学校的校长。

1926年，27岁的汤恩伯从日本陆军士官学校正式毕业，他手拿这份沉甸甸的毕业证书，踌躇满志地回到了国内，这时候，他首先要办的事儿不是要找工作，而是要先行搞定自己和王竟白的婚事。

要知道，王竟白不仅生得貌美，更兼之有女校校长的身份，还有陈仪义父的背景，那绝对是飞在枝头的凤凰，如果汤恩伯再不抓紧时间，那必将悔之晚矣。但汤恩伯现在只是一个籍籍无名之辈，他家里又有妻子，如何能够让陈仪答应他和王竟白的婚事？

汤恩伯 全传

Biography of Tang Enbo

第二章

从军入伍，羽檄争驰战火纷

这个时代的重大的问题不是演说和决议所能解决的……这些问题只有铁和血才能解决

——俾斯麦

裙带关系这四个字每每被人提起，往往都带有贬义的色彩。好男儿不依不靠，不拼妈不拼爹，凭着自己的本事，在这世间成就一番事业，确实是受人尊敬。而依靠裙带关系，成就高位，然后开创出一番事业天地的人，怎么说都比拼本事的人，差了一个层次。

汤恩伯坚信，一个宰相的女儿，会很容易地嫁出去，而一个有官场或者在军界背景的男人，会很容易在仕途或者在军队中取得成功。汤恩伯目前就是想通过迎娶王竟白，改变命运……

汤恩伯和王竟白结婚后，他果然借助陈仪的关系，一跃成为军队中的高官，别人也许努力5年才能走通的路，他只用一天便走完了，陈仪为了在蒋介石身边安插一个亲信，不久之后，他就将汤恩伯推荐给了蒋介石——果真，运气来了，大江大河都挡不住，一条在军界飞黄腾达的金光大道，在汤恩伯的脚下，已经像是地毯一样徐徐地展开了……

1. 贵人，获得提携得夙愿

战争是骄傲之子，骄傲是财富之女——乔·斯威夫特

汤恩伯也许真的没有想到，迎娶娇妻、升官得位等好事，竟一股脑地来到了他的身边，看来这些年的付出终于有了回报，而且这种回报，绝对是超乎他的想象。

在民国的时候，一个女孩子往往十四五岁就嫁人了，王竟白读书多年，又留学海外，现在俨然已经是一个老姑娘了。陈仪在杭州楼外楼为干女儿摆酒，洗去国外的风尘，并把桑蚕女子学校的事情安排好后，他将王竟白找到了自己的书房。

陈仪当年曾经两次留学日本，并毕业于日本陆军士官学校炮兵第五期，同时，他也是日本陆军大学第一期毕业生。由于他的各科学习成绩均是第一，因此深得日本教官的青睐，那位教官认定陈仪将来一定会出人头地，便把自己的女儿许配给他为妻。

陈仪的日本妻子倒也聪明贤惠，对于王竟白的婚姻，她因为不了解情况，故此，一切都由陈仪做主。

王竟白对陈仪叫了声义父，然后就将最近发生的事儿，简单汇报了一遍，接下来问道："您喊女儿回来，不知道有何吩咐？"

陈仪呵呵笑道："哪有什么吩咐，我不是替你的终身大事着急嘛！"

王竟白脸色一红，双手捻着衣襟不说话了。

陈仪一摆手，他的日本妻子拿出了一叠陆军第一师青年军官的照片来，陈仪的意思是让王竟白挑一个，只要自己的干女儿相中了哪个青年军官，陈仪就出面做月佬、牵红线，保证她能找到一个如意郎君。

王竞白毕竟留学东洋，见过世面，她被"逼"之下，只得委婉地说出了自己和汤恩伯的关系，汤恩伯是经由陈仪举荐，获得了留学日本的机会，陈仪虽然对其有依稀的印象，但具体的情况，他就不清楚了。

陈仪听王竞白讲完话，他非常关切地问："竞白，你的意愿如何？"

王竞白回答："心里倒是很矛盾，他家里已有妻室，不知如何使得。"

"家里有妻室，可以通过离婚解决。"陈仪在书房中踱了一阵，说："会嫁的嫁儿郎，不会嫁的嫁田庄，最关键是看他的人品如何！"

陈仪作为王竞白的义父，随后做出了这样的安排：首先要和王竞白的大哥王绍全通通气，然后过几日，他会摆个家宴，宴请汤恩伯，陈仪自信凭着多年的阅历和修为，一眼就能看清汤恩伯的才学、人品和将来是否有事业和前途。

陈仪先找王绍全，王绍全知道自己的妹妹有主见，他便来了一个一推六二五，王竞白的婚事全凭陈仪做主。

几天之后，王竞白就将汤恩伯带到了义父家，陈仪是一个曾经留学日本的军人，他观察汤恩伯"行走站坐，风度谈吐"自然是从军人的角度出发，汤恩伯虽然身材不高，但却全身肌肉，他穿着笔挺的西服，见到陈仪后，先是敬了一个标准的日式军礼，然后说："陈师长好，学生汤恩伯向您报到！"

陈仪面露微笑，热情地招呼汤恩伯，入席落座，他看着汤恩伯端坐不动，双腿并拢，上身挺直的标准的日式坐姿，陈仪暗暗点头，他已经从心里喜欢上了汤恩伯。

两个人三杯酒下肚，陈仪就和汤恩伯聊起了自己当年留学日本，在日本陆军大学取得了第一名，并抱得美人归的传奇经历。汤恩伯脸上带着三分惊诧、三分敬佩，四分羡慕的神情站了起来，他双手端杯，用充满崇拜的口气说道："晚辈心里充满对陈师长的敬佩之情，但话语苍白，难表吾衷，这杯酒我先干为敬了！"

陈仪之所以如此迅速地接纳了汤恩伯，是因为他和汤恩伯都有一个共同的起点，那就是陆士毕业，陈仪并没有什么显赫的背景，更无多少给力的后台，如果不是当年他将脑袋别在裤腰带上参加了辛亥革命，他也不能坐到今天浙江陆军第一师师长的位置上。

陈仪隐约地从汤恩伯的身上，看到了自己当年"热血澎湃"的身影。一场家宴开罢，陈仪对汤恩伯表示满意，他接下来亮出了底牌——需妥善处理家里的原配问题。

汤恩伯借着酒劲，说道："请您放心，恩伯定不会让您失望！"

王竟白送汤恩伯离开了陈家，汤恩伯坐在黄包车上，迎面被清凉的街风一吹，他发热的头脑便逐渐清醒了过来。随后，一片愁云在自己的心头弥漫——休妻这两个字说起来容易，可是做起来，却难上难。

在民国时代，想要休妻，当看妻子是否犯了七出之条，即：不顺父母，为其逆德也；无子，为其绝世也；淫，为其乱族也；妒，为其乱家也；有恶疾，为其不可与共粢盛也；口多言，为其离亲也；窃盗，为其反义也。

七出又称七弃，七出之条是从男权的角度所定，是封建社会的法理习俗中，规定夫妻离婚时所要具备的七种条件，当妻子符合其中一种条件时，夫家便可以要求休妻。七出之条对男人百般有利，甚至是对妻子的一种压迫，但同时，这也是划出了对女性最低的保护条款，也使女性最低限度地免于被夫家任意抛弃的命运。

汤恩伯的结发妻子马阿谦勤俭持家，对汤恩伯言听计从，还给他生了一子汤建元，即使鸡蛋里挑骨头，七出之条也是要一条没一条，要说硬挤出的一条就是，汤恩伯贪慕权贵，嫌弃老妻不上台面，他想攀高枝，他要学陈世美，他要娶大城市的新派女子王竟白为妻。

汤恩伯想着王竟白的美貌和才华，想着陈仪能给自己带来的官运和助力，他咬定牙关，终于下了休妻另娶的决心。汤恩伯想要休妻另娶，必须要过三关，第一关就是马阿谦；第二关是汤家彩；第三关就是马振南。

汤恩伯知道，他一点道理都没有，绝对是一关比一关难过。汤恩伯并没有什么好的理由说服马阿谦，跟自己离婚，逼到最后，他决定用万能的金钱摆平这件事，他将300块"叮当"乱响的大洋，放在了马阿谦的面前，作为弱势一方的马阿谦还能说什么？一哭二闹三上吊，那是对付别人，马阿谦和汤恩伯多年夫妻，她深深知道自己丈夫的性格——一条道跑到黑，撞了南墙都不回头。

汤家彩气得浑身颤抖，他本来盼望着汤恩伯从陆士毕业后，能够在军队谋得高官，然后光宗耀祖，没承想他回国后干的第一件是就是休妻另娶，为汤氏家族抹黑，让汤家彩在汤村族人面前抬不起头来。

更何况，马振南是汤家彩的朋友兼老师，汤恩伯这样胡闹，他有何面目再见马振南？汤恩伯在来的路上，已经就想好了对付自己父亲的点子——不反驳，不招架，赶快撤。他向自己的父亲讲明了自己回家休妻另娶的原因后，便在父亲的叫骂声中，迅速地离开了汤村，将无法收拾的烂摊子，丢给父亲汤家彩处理。

马振南得到消息，他急匆匆地来到了汤家，马振南看着已经气倒在床、喝着苦汤药的汤家彩，他满腹的怒气，真不知道该向哪儿发泄了。汤恩伯读体校、当巡官、从戎入伍，一顿"穷折腾"时，他们尚且左右不了汤恩伯对事业的选择，如今汤恩伯手中握有陆士留学的烫金文凭，就等于鸟儿羽翼已丰，他们更是控制不了"天马行空"一样的汤老大了。

虽然马汤二老见面，没有留下具体的文字记载，但很可能是汤家彩对怒火冲天的马振南一个劲地道歉，而马振南却反过来安慰愧疚难当的汤家彩。

最后，这两位汤恩伯的长辈达成了一个共识——即汤恩伯和马阿谦虽然离婚，但女方并未犯七出之条，故此不能离家，更何况在七出之条外，还有一个"三不去"，（"三不去"包括：有所取无所归：指妻子无娘家可归；与更三年丧：指妻子曾替家翁姑服丧三年的；前贫贱后富贵：指丈夫娶妻时贫贱，但后来富贵的）基本不用看，马阿谦就属于第三种情况。

马阿谦需留在汤家，帮家务，做些力所能及的事情，后来，全国解放土改时，汤村曾经分过房屋给马阿谦居住，再后来，她改嫁张村，丈夫是个裁缝。

历史是强者书写的历史，马阿谦作为了一个为衣食生计忙碌的小人物，没人关心她是否幸福，日子过得是否如意。她的生老病死，喜怒哀乐，只能自我感受了。

汤恩伯和马阿谦离完婚之后，他兴冲冲地领着王竟白去找陈仪，陈仪看罢汤恩伯拿来的离婚手续，他点了点头，郑重地说："竟白就托付给你了，愿你们死生契阔，与子成说。执子之手，与子偕老！"

汤恩伯激动的心情溢于言表，他说："请先生放心，恩伯定当珍惜这段婚姻，不辜负您的殷切期望！"

在陈仪的主持下，汤恩伯和王竟白举办了一个非常堂皇、也非常气派的婚礼，婚礼结束，汤恩伯也就成了陈仪的心腹，陈仪为了提携汤恩伯，首先让他暂时到新一师，去当学兵连的连长。

很显然，作为官场老将的陈仪深通提携后进之道，如果他一下子将汤恩伯安排到很高的位置，他手下的军官，即使嘴里不说，心里面也会不服气，他这种曲线提拔，一是为了考察汤恩伯真正的实力，二是堵住那帮军人们的流言蜚语。

以汤恩伯的军事才华，很显然做一个学兵连的连长，能力是绰绰有余的，果然很快，学兵连的新兵们，在他的调教之下，不仅个人军事技术得到了提高，而且操练队列也变得整齐划一，更可喜的是新兵们在汤恩伯的激励下，变得斗志昂扬，浑身上下充满了蓬勃的朝气。

陈仪一见汤恩伯在新一师的军官中赢得了口碑，便运用手中的权力，将汤恩伯调任到师部。几个月的时间，汤恩伯就从一个籍籍无名的青年，摇身一变成了肩膀上抗着两杠一颗星的少校参谋。

汤恩伯成了不大不小的少校之后，他对能助自己高升的妻子王竟白就更敬重有加了。总之一句话，汤恩伯和王竟白的关系，好得如胶似漆，一日不见，如隔三秋。

有一次，汤恩伯和前妻生的孩子从乡下到杭州来看他，他表现得很不亲热，根据坊间传言，汤恩伯冷淡地将这孩子送走之后，还曾经对属下说过这样一句话：这小孩哪像是我生的哟。

试想，一个失去父爱，在农村长大的孩子，到了杭州就是个没有见过世面的乡下娃，汤恩伯是违心地讲出这句话给王竟白听，让她觉得自己跟前妻已经划清了界限，还是真心嫌弃眼前的孩子，觉得他不成器，不能继承自己的衣钵事业，还真的不好假设。

汤恩伯经过这两级跳的升迁，陈仪还担心，汤恩伯会表现出骄傲自大的情绪，或者因为有了靠山，而变得对同僚颐指气使。但令他感到欣慰的是，汤恩伯非但没有轻狂无状，反而对待工作更加勤勉了。

陈仪找来王竟白，侧面一问两个人的关系，王竟白坦诚地告诉义父，汤恩伯不仅在生活上对她体贴入微，而且时常在背后念陈仪的好，并说将来一旦有机会定会报答他时，陈仪听了这些话，好比在炎热的夏天，一口气喝了三碗加冰的龙井茶一样，感到通体舒坦，看样子他栽培汤恩伯果然没错。汤恩伯扎实努力，勤勉谦虚，虽然在工作中，有一些急躁的情绪，但他毕竟年轻，一旦经过磨砺，成熟老练起来，他的前途绝对不可限量。

陈仪统帅浙江陆军第一师，并兼任浙江省省长的职位，他在大军阀孙传芳

陈仪

手下做事。随着北伐战役爆发，蒋介石成为国民革命军的总司令，南昌战役打响后，孙传芳的主力基本上都被蒋介石的革命军消灭殆尽。

陈仪在日本留学期间，曾早于蒋介石毕业于陆士（有学者质疑蒋介石学历造假，这里不做讨论，以蒋介石在陆士毕业为准），陈仪不仅是蒋介石的学长，而且大家志向相近，故此，陈仪和蒋介石的关系，绝对比草莽出身的孙传芳要走得近。

陈仪在北伐形势的感召之下，他策划并参与了浙军的倒戈，浙江陆军一师也正式在绍兴改组成为国民革命第19军，而陈仪被推举为该军的军长。

追随陈仪的汤恩伯水涨船高，职务也从少校升到了中校副团长，虽然团副并无实权，但他已经很近地感知到了权力的魅力。

1927年是一个城头变幻大王旗的年份，随着中山先生逝世，蒋介石于1927年4月18日在南京成立国民政府，并开始与汪精卫为首的武汉国民政府对峙，后来汪蒋政府合并，这就是宁汉合流，结束了国内两个政府对峙的局面。

1930年5月至11月，合并后的政府出现了矛盾，蒋介石与阎锡山、李宗仁、冯玉祥等在河南、安徽和山东等省份，展开了一场新军阀混战，即中原大战，张学良出于爱国之心，积极响应南京国民政府的号召，决定在东三省易帜，即将五色旗变成了青天白日满地红旗。

蒋介石在名义上统一了全国，并借张学良之力，打败了冯阎联军，蒋介石在中原大战获胜后，也确定了他在各地军阀中"天下共主"的地位。

蒋介石在南京成立国民政府的时候，陈仪觉得蒋介石有战胜各路军阀、大权独握的态势，他便向蒋介石推荐了汤恩伯。

陈仪此举，有两个意思，一是蒋介石新成立政府，百废待兴，急缺人才，让汤恩伯靠近权力的中心，他会有一个更好的发展前途；二是汤恩伯作为自己的嫡系，一旦打进蒋介石的权利中枢，他对于蒋的一举一动，就会有一个更加全面的了解，这将对他的仕途，大有裨益。

汤恩伯对陈仪的举荐，真有些感激涕零了，他当时跪拜在陈仪面前，声泪俱下地说："生我者父母，知我者乃陈老也，学生愿拜您为恩师，生死与共！"从此之后，汤恩伯果然非常有孝心，不仅每遇大事，都找陈仪商量，而且把陈仪当作亲生父母一样来服侍，唯恐陈仪不能体会到自己的对他的尊崇和敬仰之意。

蒋介石成立南京政府，确实正在用人之际，但他想用的都是自己的心腹，对于陈仪，他是放心的，而且也不想、更不能得罪，对于陈仪举荐的汤恩伯，蒋介石并不了解，为了考验一下他的才能，故此，便让他到总司令部的参谋处二科科长盛世才手下任中校参谋。

汤恩伯在陈仪的手下做得是中校团副，而到了蒋介石是手下，他职位一点没变，干得还是中校，可是军权却没有了。

因此，汤恩伯非常怀疑他这次来南京，是否犯了一个错误，他时常一个人面对桌子上小山一样的文件，发出这样的叹息：要斩将搴旗，立功沙场，安能局促辕下，仰人鼻息？

别看汤恩伯身材不高，可是他身强体壮，还特别喜欢体育锻炼，故而精力充沛，每天他一个人看的文件，两个混事的参谋根本看不完，蒋介石得到盛世才的报告后，这才知道汤恩伯是一个人才，不久之后，汤恩伯被提升为作战科长。

汤恩伯成为参谋处二科作战科长之后，他这才感受到接近南京权力中心的妙处——这里有更多的机会，更多的选择，可以让他"海阔凭鱼跃，天高任鸟飞！"

蒋介石完成北伐"大业"之后，这才有时间开始处理广州黄埔学校名存实亡的事情——北伐战争中，军阀张发奎悍然出兵占领了黄埔军官学校，几千名学生四散逃亡。既然广州已经不再适合办学，蒋介石决定将黄埔学校搬到南京，并将其易名为中央陆军军官学校。这所军官学校刚刚传出复建的消息，汤恩伯就在作战科长的椅子上坐不住了，他心里萌生了到军校当教官的念头，他随后就给陈仪打了一个电话。

陈仪也觉得让汤恩伯干文职，确实是大材小用，委屈了他，他就给张治中打了一个"通融"的电话，张治中随后出面，向蒋介石举荐汤恩伯到中央陆军军官学校任教官一职。

蒋介石在当时，不仅是国民革命军的总司令，1929年，还担任南京国民政府的中央政治委员会主席和军事委员会主席。同时，他还兼任着中央陆军军官学校的校长，可以说权势通天，显赫一时。蒋介石手下的政府官员、军界人士，可以说是成千上万，他对于汤恩伯还是有一些印象，故此，张治中说了话，他不能驳其面子，让陆士毕业的汤恩伯去新建的军校，应是学以致用，换句更通俗的话说，汤恩伯不管到哪儿干，也都是为蒋介石效力。汤恩伯这次调动，没费多大的劲，就很顺利地离开总司令部，到中央陆军军官学校走马上任去了。

中央陆军军官学校筹设于1927年11月，地址位于南京城内原马标、炮标及小营的旧址，于1928年3月正式开学。蒋介石任校长，李济深任副校长，何应钦是教育长，1929年以后，张治中接任教育长。

这座民国当时官办的最高军事学府，主要是任务有两个：第一个是培养陆军基层军官；第二个是对部分在职的军官进行短期的培训，从而建立起一支以"黄埔系"为骨干的现代化武装，打造为蒋政府统治服务的"排他化"班底。

后来，蒋介石还根据形势的需要，开办了一个中央军校军官研究班，他采用"拉过来"的办法吸收杂牌军队中的中层骨干，以期在该校学习后，脱胎换骨，成为自己"忠实"的学生，达到控制、分拆和同化杂牌军的目的。

比如当时独立四十六旅旅长鲍刚，就曾经参加了研究班学习，他来军校之前，因为是杂牌军，处处受到了黄埔系同僚的排挤，当他毕业时，蒋问他有何感想，他当即这样回答："现在有了高教班的学历，以后我就不怕了，因为我已经是校长的学生，不会有人再排挤我了吧？"

鲍刚的一番话，虽然令蒋介石啼笑皆非，但恐怕也代表了大多数学员的心声，学到了什么并不重要，最关键是在这所军校里，混一个黄埔系出身，并融入黄埔的大关系网，为日后升官发财做好铺垫和准备。

中央陆军军官军校一年招收一批学员，而且招考的标准非常严格，经考试合格的学员入校后，第一年为入伍生教育，年底考试合格后，根据学员的志愿，还有考试成绩，将其分到步、炮、骑、工、辎重等各兵种学生队，实行为期两年的正式军事教育。

该军官学校的教育内容共分学科与术科两大类。学科为军事学、政治学和普通学三个部分；而术科包括战斗教练、野外演习和实弹射击与小部队指挥练习等科目的训练。

1928年4月，汤恩伯到中央陆军军官任教官，仅仅过了两个月，训练得法的汤恩伯官职就得到了提升，他一跃成为这所军官学校第六期学员第一大队的上校大队长。

汤恩伯在中央陆军军官任职期间，这所军校第六期（该校的前身是黄埔军校，黄埔军校从1924年肇始，从已经毕业的第一期学员算起，到1928年为第六期）的设置是这样的：四个步兵大队，炮兵、工兵和交通大队各一个。

汤恩伯军装照

汤恩伯练兵方法，师从陆士，经过他在军官学校实践中的不断摸索，竟总结出自己练兵的一套独特方法。比如：其他大队的学员在大队长的带领下，每日清晨晨练，都是在军官学校的大院里完成。

可是汤恩伯经常带着学员们，早早地起床，然后一路跑出学校的大门，沿着黄浦路、中山东路和中山门晨跑，有时候，他们也会跑向鸡笼山。这样做有两大好处：1. 呼吸新鲜空气，对身体有益；2. 可以向民众展示军校学员的风采。

而这时候的蒋介石，就住在鸡笼山的北极阁中，每天早晨，蒋介石都有早起散步的习惯，时间一长，他就看到了汤恩伯领着一大队的学员们，朝气蓬勃地跑步的情形。看着那些步履轻快、浑身充满力量的学员们，蒋介石也觉得心情振奋，他找张治中一打听，才知道了这队学员的大队长是汤恩伯。

蒋介石也牢牢地记住了"肯苦干"的汤恩伯的名字，不久之后，蒋介石和张治中视察了军官学校，还特别对汤恩伯的第一步兵大队，提出了表扬。汤恩伯在中央陆军军官任职，也是他人生一段非常重要的经历，后来汤恩伯成为

"中原王"之后，他手下的重要军官，都是从第一大队挑选出来的。

当时民国的军事院校，一开始是师从德国，而这座军校中，亦有不少的德国教官，德国的军事教育，到了中国就有水土不服的毛病，汤恩伯训练之余，秉烛而书，他编写了一册《步兵中队（连）教练之研究》，这本教材，不仅取德日之长，更兼顾了本土的教学实践，是一本比较创新和实用的练兵之法。

汤恩伯将这本书反复修改完善之后，然后找个恰当的机会，交到了蒋介石的手中，蒋介石看罢这本练兵手册，不由得对汤恩伯大加赞赏，蒋介石将汤恩伯编写的这本书交给了张治中，张治中也没有想到，看似一介武夫的汤恩伯，竟有编书立说的才华，张治中也有爱将之癖，他心中已打定主意，将来有机会一定要好好对汤恩伯进行一番提携。

汤恩伯在军校的职务，很快得到了荣升，他同时也获得了向蒋介石递送手本的"特权"，汤恩伯向蒋介石献的手本，不仅有军事，而且有政治、经济、教育甚至还有党务等方面的内容，根据蒋介石侍从室的工作人员回忆，汤恩伯的手本在蒋介石的面前最吃香，他提的很多建议，都被蒋介石所采纳。

汤恩伯写的手本之所以受到了蒋介石的重视，绝对是有原因的，因为他写手本的时候，直接是用钢笔书写，写了就交，根本不用斟酌思考是否用毛笔誊写清楚，这样的手本，表达的意思直接，思维更单纯，可以让蒋介石从中看到更多有用的建议和想法。

蒋介石也认定汤恩伯腹有良谋，便经常向汤恩伯催要手本，可是在1944年，由陶希圣执笔，以蒋介石之名准备发表的《中国之命运》，稿样送到了汤恩伯的手中，汤恩伯并不知道这是蒋介石亲自改定、即将付梓的得意之作，汤恩伯就写了一个手本，批评这篇文章重点不明、篇目不清、文字拖沓，结果自然是触了蒋介石的逆鳞，被蒋委员长撕碎手本，并将汤恩伯叫去，将其狠狠地训斥了一通。

汤恩伯这才知道，有时候手本也不是乱写的，比如能体现了治国方略的《中国之命运》，汤恩伯就不应该妄言，因为在政治方面，就是汤恩伯的短板。汤恩伯从此之后，写手本也变得有选择、有侧重起来，而且再也没有惹蒋介石生气，而随着手本的含金量增高，汤恩伯在蒋介石的心中也是一天比一天地重要起来。

1929年1月，已经30岁的汤恩伯终于在军校干出了一些的名堂，他升任军校教育处的副处长，此副处长已经是少将的军衔。5月的时候，汤恩伯的伯乐张治中，正式成为了中央陆军军官学校的训练部主任。

第六期学员毕业后，这所军官学校开始招收第七期学员，蒋介石为了加强军官的教育，特命张治中设立了一个军官教育连，设置教育连的目的有两个：一是对下级军官们进行强化补习；二是为第八期准备干部。

张治中兼连长，汤恩伯任副连长（9月实任连长），下设六个排，由祝

汤恩伯的伯乐张治中

绍周、惠济和胡琪三等六个人分别任排长。在张治中的指导和提携之下，汤恩伯进步更快，特别是他当了军官教育连的连长之后，对张治中感恩戴德，并称其为自己的三大恩人之一（另外两大恩人分别是陈仪和蒋介石）。

那些下级的军官经过军官教育连的回炉再造，不管是军事理论，还是军事技能，都有了立竿见影的提高；而第八期的干部，经过汤恩伯等人手把手的训练，一个个也变得有模有样了。

1929年12月，该军校决定将军官教育连扩大，变成军官教育团，其目的是加大在职军官以及杂牌军军官的再次训练。一开始的时候，汤恩伯兼任该团的步兵营营长，因得张治中的赏识，后来直接升任副团长。

1930年5月，军校教导部队和特种兵合编为教导第二师，经张治中提议，他想任命汤恩伯为教导师的团长，可是却未获蒋介石的批准。蒋介石给出的理由是，团是一个独立核算的单位，团长不仅要会管人，而且还要会管钱。汤恩伯管人成，管钱不成。

汤恩伯对于蒋介石给出的牵强理由，心里真的三分恼怒，三分羞愧，剩下是四分就是一种酸溜溜的醋意了。但此时的汤恩伯已经绝非在乡村土路上，骑马纵横，唯恐路人不对自己侧目的少年了。他在中央陆军军官学校的时候，曾经听一些老教官谈及蒋介石，他们说蒋介石在重用某人之前，都会进行一番探查和考验，比如，给其一项艰巨的任务，察看此人的办事能力；比如该升职时

41

候不升职，借以考察此人是否可堪大用等等。

汤恩伯觉得这是蒋介石在考察自己，故此，他对于没有得到的团长位置，表现在外，不仅不闻不问，而且不愠不恼，他在训练之时，认认真真，勤勤恳恳，他在给蒋介石写手本的时候，篇幅也是条条框框、洋洋洒洒地有意拉长。

果然不久，蒋介石突然召见汤恩伯，劈头就问："前次文白提你做团长，我不同意，你是否有意见？"

汤恩伯立刻挺身回答："军人自当报效国家，至于个人进退是委员长的事情，不是我应该问的。"

蒋介石看着回答流利，态度诚恳，绝对没有矫揉造作迹象的汤恩伯，他的心里不由得连连点头，这样肯吃苦、能干事，而且还能忍辱负重的干才，岂不正是自己需要的吗？

汤恩伯是否窥准了蒋介石的内心，真没人知道，但不久之后，汤恩伯官升两级，顺利地提升为了教导第一旅的旅长。

教导部队在国民党的军队中，是一支特殊的部队，如果讲得通俗一些，就是示范部队，或者是模范部队的意思，蒋介石成立教导部队，就是要以此部队为"龙头"，为"榜样"带动后进部队迅猛精进，一改军队的萎靡不振之风，争取全军的整体风貌为之一变！

蒋介石当时名义上虽然掌握了国民政府的军政大权，但"党外无党、党内无派"的目标远未实现，蒋介石为了彰显自己治军严明，同时也为了增强实力，培养亲信，并牢牢地抓住枪杆子，教导二师部队不仅武器装备一律是德国货，而且还从德国请来了军事顾问，负责军队的日常训练。

可是根据同样在教导一师（师长冯轶裴，教导一师和教导二师同为蒋介石的最嫡系部队）中，担任教官职务的孙立人（后来在缅甸战场上取得抗日的辉煌战绩，成为新一军，也就是天下第一军的军长）回忆，当时教导师的工兵营一共分三个连，孙立人曾经在第三连中任排长，除去孙立人，剩下的三个排长中竟有两个在偷偷地抽大烟。

而所谓的教导师，并没有欣欣向荣的气象，却显得处处死气沉沉，虽有德国教练，但那十几个德国教练，在教导师中，就像是一方湖水中，撒进了一把咸盐，根本就无法彻底改变旧军队的军人们腐朽、懒散和官僚的作风。

汤恩伯当时就是这种情况，他在一群碌碌无为的军官队伍中，因为积极和

"肯干"，故此成绩显得比较突出，让蒋介石非常欣赏，让他比旁人更快地接触到了军权，也为他开始掌握枪杆子铺平了道路。

按照孙立人在教导师中，先干排长，接着做连长的缓慢的成长轨迹，很显然，汤恩伯在教导师中，直接就从旅长做起，他不仅借了陈仪和张治中的力量，更主要的还是得到了蒋介石的赏识。

汤恩伯的旧部葛天在回忆文章中，曾经写下了汤恩伯说过的一句话："我只知跟蒋委员长的，我只听委员长的，我对其他人一概不理。"

汤恩伯有一个留学日本的同学名叫张文心，他对汤恩伯的评价是：面似菩萨，性实嗜杀。

汤恩伯后来得势，在蒋介石面前红极一时，因其性格使然，让他变得目中无人，不可一世起来，不仅是李宗仁、陈诚等实力派和汤恩伯的关系不好，他在平级和下级面前，也是人缘颇差，在汤恩伯的心中，也许是这样认为的，只要一心忠于蒋介石，他一辈子都能够顺风顺水，官职也能够步步高升，可是他没想到的是，一旦在蒋介石面前失宠，他会怎样……

2．"围剿"，内战之燹频频燃

战争使多数人流血，却养肥了少数人——威·申斯通

"兵圣"孙武曾对持兵权的后辈做过如下的告诫：兵者，国之大事，死生之地，存亡之道，不可不察也。意思是战争是生死存亡的大事，可是在民国时代，军阀们为了自己的利益，他们根本不顾战争的危害，而妄兴战火，他们通过战争，一手得到了钱财，一手得到了权势。

蒋介石指挥国民革命军在北伐胜利后，而左派领导人汪精卫不甘心失势，他联合西山会议派，并和地方军人阎锡山、冯玉祥、李宗仁、张发奎联合发起了一场反蒋之战。

这场战争，以挑战和颠覆蒋介石的南京中央政权为目的，被称为蒋冯阎战争，或蒋冯阎李战争，这场战争从1930年5月开始，到当年的11月结束，因为发生地在河南、山东和安徽等省，故此又称为中原大战。

中原大战，历时7个月，支出军费5亿元，死伤30万人，有110万名士兵参战，兵燹战祸，让老百姓流离失所，苦不堪言。

这场声势浩大的中原大战的过程是这样的：首先，汪精卫联合军阀阎锡山、冯玉祥、李宗仁等起兵倒蒋。接着，中原大战到了排兵布阵和激烈交战阶段。蒋介石为了应对多路倒蒋军的进攻，做出了如下安排：韩复榘为第一军团总指挥，负责领兵据守黄河南岸，使晋军无法沿着津浦路南下；第二军团总指挥为刘峙，他负责防守的地方为徐州、宿县和砀山；何成浚为第三军团总指挥，许昌以南各地、平汉路等关键地区，为其战略防御要地；陈调元为总预备军团总指挥，负责阻挡石友三的部队……

最后，蒋介石获得了张学良的拥护，从而奠定了中原大战的胜势，接下来各路大军，斩获连连，捷报不断，终于取得了中原大战的胜利。

盘点这次大战的胜败得失，蒋介石的兵力不过40余万，而冯阎李联军则有70万人，蒋介石即使武器装备先进，可以得到财政的大力支持，但因为兵力的缘故，在战争初期占了劣势，为何蒋介石偏偏能战胜冯阎李联军，这其中确实有很多原因，比如，蒋军的指挥系统统一，而冯阎李联军看似铁板一块，其实内部矛盾重重，当时，《申报》曾经发表过一幅漫画，泄露出了蒋介石之所以能战胜阎锡山和冯玉祥的根本原因：蒋介石是一手拿大洋，一手拿炸弹；冯玉祥是一手拿大刀，一手拿窝头；阎锡山则是一手拿算盘，一手拿杆秤。

冯玉祥打仗，不仅缺少军饷，吃饭都成了问题；而阎锡山精于算计，总想让别人当炮灰，自己占便宜。这些人组成的联军，怎么能打过政治观点鲜明的蒋介石？

而蒋介石就是通过一手"银弹"，一手"炸弹"，搞定了张学良，让张学良有了通电支持蒋介石的举动。

蒋介石手中的"炸弹"（军事实

力），因那是摆在桌面上的东西，故此很容易让人一眼看清；而"银弹"，有很多都是在幕后交易，故此，这"银弹"的威力，就很容易让人忽视，可事实上，"银弹"的威力却比"炸弹"还要大。

张学良雄踞东北，东北军的实力仅次于蒋介石，若单论海空两支军队，甚至超过了蒋介石和阎冯联军的总和。可以这样说，不管是张学良支持哪一方，哪一方都将占尽优势。

阎锡山、冯玉祥和汪精卫，当时他们都派出人马，坐车到东北，极力拉拢张学良反蒋。可是冯玉祥从心里，根本就瞧不起张学良。他在一次会议上，曾经这样轻蔑地说："胡匪儿子何足介意，将来北平新政府成立后，给东北一两个阁员就行了。"

阎锡山派贾景德为游说张学良的代表，并给他1000元的活动经费，而冯玉祥派薛笃弼为代表，只给了可怜的500元，阎冯二人想要拉拢张学良，但是却不肯付出相应的代价，这种小家子气，绝非能干大事的作风和表现。

再看蒋介石派出的代表吴铁城，吴铁城代表蒋介石在张学良的东三省兵工厂订购了步枪5万支，当时日本三八式步枪每支25元，而东三省兵工厂开价却在50元以上，随后，又续购了5万支，这就等于曲线送给张学良250万元。

这就难怪贾薛二人费尽力气，见到张学良，张学良"精神萎靡，总是闭着眼睛打瞌睡"了，最后，还是敢下本钱的蒋介石占据了上风，让二十万东北军入关助蒋，促成了阎冯联军的彻底失败。

中原大战爆发，蒋介石调兵遣将，全力尽施，当时作为蒋介石宝贝的教导一师和教导二师都参加了这场声势浩大的战斗。当时教导一、二师的编制如下：

教导第一师冯轶裴，下设的三个旅长分别是：第一旅张诚、第二旅杨步飞、第三旅王敬久；教导第二师师长是张治中，下面的三个旅的旅长分别是：第四旅汤恩伯、第五旅关麟征、第六旅张联华。

张治中在当时，都已经湮灭在烽烟战火之中，更何况是一个小小的旅长汤恩伯？但是汤恩伯却得到了蒋介石的特别照顾与重用。汤恩伯率领四旅官兵，死守归德。归德是中原重镇，又是蒋介石指挥部的所在地。

归德在中原大战时，距离阎冯联军占据的亳县、鹿邑等地区不过百里，而且经常会遭到阎冯联军骑兵的骚扰，故此，汤恩伯丝毫不敢懈怠，严防死守，生怕出一点闪失。

关麟征

汤恩伯后来当上军长，他在自己办公桌的玻璃板下压了一张小纸条，上面以清末名将胡林翼所说的"要有菩萨心肠，要有屠夫手段"为自己的治军座右铭。汤恩伯重用黄埔军校毕业生的同时，也不忘引进保定士官学校、贵州讲武堂等地毕业的军官，当然后面两处学校毕业的军官，来到汤的部队后，他不会授予军权，多安排其去做幕僚和副职，这样做的目的，就是力求在自己的军队中不会出现山头，使各派势力互相制约，彼此牵制，以防出现尾大不掉的情况。

而汤恩伯领兵作战初期，也是在遵循着"有功必赏，有过必罚，不识亲疏不计近远，战时使部下均畏威怀德，乐为效命"。甚至在行军时，每个连队的后面，他都会派一名亲信的军官手持"执行革命军纪"小旗，在后面压阵，一旦有士兵违背军纪，那一定是按律行事，该打则打，该杀则杀，绝不客气。

在这次靖卫归德的行动中，曾经有一个士兵看到老乡果园的李子树上，挂满了通红的李子。他按捺不住口渴和眼馋，偷偷地溜过去，摘下了两个李子，还没等往口里塞，就被骑马路过、巡查部队防务的汤恩伯发现了。

汤恩伯翻身下马，抽出手枪，用黑洞洞的枪口，指着那名士兵的脑门叫道："本旅长三令五申，你却置若罔闻，明知故犯，现在我要执行军法军纪，以儆效尤！"

那名士兵吓得手中李子滚落于地，还没等跪地求饶，汤恩伯手里的枪就响了，随着悠长而凄厉的枪声，那名士兵的脑门上出现了一个汩汩冒血的窟窿。

汤恩伯一枪索命，杀人立威后，让手下的官兵无不感到了军法的可怕，那些对汤恩伯阳奉阴违、心有二念的手下，亦不敢敷衍，皆乖乖地听话，汤恩伯的每一道命令，都得以顺利地贯彻和实行。汤恩伯觉察到开枪杀人的好处后，以后就更加变本加厉的杀人，杀伐和屠戮竟成了他管理军队提高威信、让手下惧怕的最直接的驭军的方法。

汤恩伯"固若金汤"的保护，让蒋介石感到了一种安全感，当然殚精竭虑、卫戍领袖的汤恩伯，也因为指挥得力、军纪严明，而受到了蒋介石更大的赏识和嘉许。

当时，蒋介石已经稳操中原大战的胜券，但对于蒋介石来说，他还有一个心腹大患，那即是中国工农红军。

1927年12月11日凌晨，爆发了震惊中外的广州起义。参加起义的领导机关，当天就打出了"工农红军"的旗帜。1930年8月24日，红一和红三军团在湖南浏阳永和会师，组成红一方面军（也称中央红军），当时的总司令为朱德，总政治委员就是毛泽东。

1928年1月，方志敏参与领导弋横暴动，创建赣东北苏区。并先后任红10军、红11军政治委员，中共闽浙赣省委书记。赣东北根据地位于江西、浙江、福建和安徽四省边区52个县，总面积10多万平方公里，这里地势险要，山高林密，河湖纵横，这片根据地不仅物产丰富，而且与井冈山根据地遥相呼应，更能威慑到杭州、上海和南京等重要城市。

汤恩伯在靖卫归德的同时，就曾经派出一个连的人马，会同浙江省保安队进驻武义，当然汤恩伯派兵去家乡武义"围剿"红军，不能说他不存在着一点私心，因为他毕竟是汤村人，他在前线和军阀打仗，如果自己后方的家被红军给一窝端了，这可就是损失惨重了。

1930年10月28日，中原大战结束，蒋介石集党政军权于一身，为了建立独裁统治，便开始紧锣密鼓地调集军队，集结力量，妄图消灭红军，剪除革命根据地。

1930年的秋后，蒋介石调集10万军队，对井冈山中央根据地，还有赣东北根据地展开了大规模的"围剿"。汤恩伯奉蒋介石之命，率领陆军2师第10旅和浙江教导团，兵力为一万多人，从衢县、江山沿着浙赣线进入赣东北苏区的玉山、广丰等地，开始对横峰、弋阳和德兴等中心根据地进行"围剿"，时间长达半年。

对于赣东北根据地的不断壮大，蒋介石早已经如坐针毡，急成了热锅中的蚂蚁，有一份江西省清乡报告，曾载有蒋介石这样一段无奈的话："对于磨盘山区，历次军队进剿不但不能肃清，往往为其折损武器，增其势力，于是势益猖獗……"

蒋介石将"围剿"赣东北苏区中心的重任交给汤恩伯，汤恩伯也是分外地卖力，因其建制完整，武器装备精良，故此，"围剿"一开始，汤恩伯的部队便成了对我赣东北苏区的威胁最大、破坏力最强的一支队伍。

汤恩伯这次"围剿"，将其行动方针，定为三步，首先是军事开路：在"围剿"行动中，他害怕受到工农红军的攻击，强迫苏区的百姓为其军队开路，攻入苏区的村镇后，烧杀抢掠，使苏区生灵涂炭，百姓遭灾。

接下来进行政治宣传：他指令白区各县政府，对我苏军工农红军进行污蔑性的宣传，一时间"共产共妻""乌合之众""蛊惑民众"等谣言不绝于耳，而且还实行了"清乡""移民并村""五户联保"等策略，妄图孤立工农红军，使工农红军变成无本之木，无水之鱼。

最后在经济上进行残酷的封锁：蒋军不仅在通往赣东北苏区的各个路口设置管卡，对来往行人严格盘查，一经发现有西药、食盐、布匹、粮食和钢铁等违禁物品，不仅一律没收，而且还按照《封锁"匪区"纲要》对违禁物品携带者进行严厉处罚。

经济、政治和军事上三管齐下，汤恩伯在"围剿"中确实十分卖力，并且手段用尽，蒋介石为了表彰"可堪模范"的汤恩伯，不久，就一纸令下，擢升他为第二师的师长。

当时，赣东北的根据地的主要领导是方志敏，他曾经写过一篇《我从事革命斗争的略述》，在这篇文章里面，他对率领工农红军，粉碎敌人的"砍树运动"，开辟赣东北根据地，还有反"围剿"等的行动，做了这样的记述：

（1929年5月）为要一举扑灭这一小块革命根据地（赣东北苏区），广信、饶州十余县的豪绅地主反动派，组织联合"围剿"。他们认为我们藏身之地为山林，如果树木砍光了，红军和群众都没有藏匿之所，那就不难一网打尽了。因此，这次联合"围剿"，特别注重砍树！……他们准备组织好几万人的砍树队，几天工夫就把九区的树木一齐砍光。

（因为砍树队不是敌人）我们对于砍树队的策略，是派了很多人打入砍树队，从内部去活动。一面宣传同阶级相残杀的错误，工农不打工农，穷人不打穷人，启发他们的阶级同情；另一面即宣传红军打仗，十分厉害，进九区去砍树，一定要被打死，难有生望。砍树队经过这样的宣传，十分的劲头，已软下了八分，都怕有进无出，有去无归……

不久之后，因为带队的白军遭到了伏击，吓得砍树队几千人转身便跑，几个月的砍树运动，就这样偃旗息鼓了。蒋军面对"围剿"不利，竟会想出砍树这样荒唐、饭桶和可笑的点子，可见所谓的"围剿"行动，确实已经到了黔驴技穷的地步。

（赣东北工农红军）独立团势如破竹地连续攻下河口、景德镇、弋阳、余江、乐平、德兴等城市，缴获不少。袭击景德镇的行动，算是执行得很好的。独立团在一日夜间，行军140里，晚间又是倾盆大雨，洪水骤涨，桥梁冲倒不少。红军冒雨悄悄地前进，行过各村镇，居民都睡着。当红军到达景镇时，商团还不知是什么队伍，有几个商团士兵，在街上买东西，见到红军，还举手敬礼。只打了几十枪，就将在镇队伍完全缴械了。红军在镇，纪律极好，公平买卖，没有扰民之事发生。那时，红军禁吸烟，几千人没有一个人吸纸烟，这不能不使镇上的人惊奇起来，为什么在乡村能训练出这样的军队来……蒋、阎、冯还在酣战，无力顾及我们，我们就在这时，得着了极大的胜利；在三个月内，独立团发展实力三倍以上，占领了好几个城市，苏区纵横五百余里，人口有一百余万。

为了行军打仗，不暴露目标，几千名独立团的战士竟没有一个吸烟的，可见赣东北工农红军的军纪何等严明。再看汤恩伯竟因一个士兵吃了老乡的李子，而将其枪毙，恐怕他再多枪毙十倍的士兵，也无法达到工农红军的令行禁止、令出必行的秋毫无犯的纪律，勇猛杀敌的士气。

白军有一团兵进驻贵溪周坊造碉堡，已造了一丈多高。周坊与贵城，距离五十多里，都是苏区地方，他这团兵无联络无接济的孤军深入，自然容易打坍他。红十军开去贵溪行动，两日打了两次埋伏仗，都取得了胜利，周坊的白军就动摇退走了。第三天，红军又开去攻击余江、横山徐家的保安团，干保安团占驻横山徐家村背的三个山头，山头上都挖了立射散兵壕，扎了鹿砦工事颇称强固；红军须通过一个大田坂，才能进攻到山县下。接火后，保安团伏在壕内向着在田坂上冲锋前进的红军快放，的确是弹如雨下，红军接连倒下来十几个，仍冒弹跑步前进，将冲到山脚下时，保安团动摇了，翻身就跑，红军脚挨脚地追去，追了十余里，将其一营消灭，才集合回来。红十军这次在贵、余三日三仗，三仗皆捷，将贵、余苏区巩固下来。

汤恩伯虽然"雄心勃勃"，率领"精兵强将"想要"占领"赣东北苏区"剿灭"工农红军，可是赣东北工农红军的战士们，他们借助崇山峻岭上的有利地形，采取出其不意，攻其不备，充分利用地雷、换丝炮、柳树炮等武器，"以打得过就打，打不过就跑"的游击战术，巧妙地打击敌人，汤恩伯"剿匪"半年，损兵上千，最后不得已，只得退出了赣东北的苏区根据地。

1931年9月，蒋介石又发动了第三次"围剿"，汤恩伯这次率领第二师，进攻鄂豫皖苏区，并在豫南潢川遭遇新四方面军的徐向前部，两军一经交手，汤恩伯的部队就被打得"稀里哗啦"，损失惨重。

在《徐向前回忆录》中，曾经记录下了汤恩伯这次兵败的经过：

> 战斗打响。作战对手是蒋介石嫡系部队第二师等部，装备好，战斗力不弱。我们硬着头皮，以正面部队死死顶住敌人的疯狂进攻，激战至下午，红十、十一师从左侧迂回成功，抵刘寨包围了汤恩伯第二师和曾万钟第十二师的两个指挥部，并抢占傅流店渡口，切断了右路敌人的后路。敌方军心动摇，全线慌乱，我正面和左翼部队亦乘势向敌猛攻。兵败如山倒，数万敌军纷纷向北夺路逃命。我军一气追到潢川附近，共歼敌四千余人，缴枪两千余支。商城敌军见援军溃败，即将炮栓卸掉，扔下大炮和笨重物资，连夜弃城突围，经商城逃往麻城，我军遂克商城。这次战役，我军发扬英勇顽强、机动灵活、猛打猛追的战斗作风，以十多个团的兵力击败优势装备的敌人19个团，打断了蒋介石嫡系第二师的脊梁骨，很有意义。汤恩伯因此而被撤了职……

蒋介石一怒之下，就将汤恩伯撤了职，让其赋闲在家，闭门思过。汤恩伯当时就是想不明白，自己指挥有力，手下武器精良，这些"能打能杀"的官兵，怎么一遇到"土枪土炮"的红军，就丢盔弃甲成了残兵败将？

若说汤恩伯军纪不严，他绝对不会承认，曾有一个江西铅山县河口警察局的局长，将搜刮来的300块大洋送给汤恩伯，面对行贿者，汤恩伯勃然大怒，当即传令，将此人枪毙。二师的官兵，看着营门口的尸体，无不警然。

当时汤恩伯正处在建功立业的初期，他严格主张"经济公开，廉洁守法"，不置产业、不买洋房、不办家族企业，并带头和官兵同甘苦、共患难。他身上的将军服，基本都是由不同颜色的布拼凑而成、灰黄色彩不一，好似丐帮的百衲衣，士兵们都亲切称呼他为"伙夫头"。因此，汤恩伯当师长的时候，确实在军中享有威信，并被赞曰：清正廉明。令蒋介石刮目相看，并对之赞誉有加，汤恩伯的部队亦是一支战斗力很强的嫡系部队。

1937年7月7日全面抗战爆发，为了抗日的需要，国共两党再度合作，并于1939年春夏之间，在湖南衡山开办了游击干部训练班（简称南岳游干班），正、副教育长分别为汤恩伯与叶剑英。

当时，游干班共有学员一千多人，大多是来自蒋部队带职来学习的中下级军官，他们的任务是，学习红军的游击经验，坚持抗战，消耗敌人，并取得抗日战争的最后胜利。

汤恩伯谈及当年被徐向前部打得落花流水之事，他曾对叶剑英说，"过去我们打你们，为什么老打不过？一个原因就是你们同群众的关系是鱼水关系。"

红军之所以能在政治高压、经济封锁、缺衣少食、匮枪乏弹的状态下打胜仗，就是因为得到了群众的支持……可见国民党军队亦并非全部都是昏聩之辈，但这些明白人为何争取不来民心，这就很值得玩味了。

另外还有一点，徐向前在回忆录中，曾写有这样一句"我们硬着头皮，以正面部队死死顶住敌人的疯狂进攻"——这一句，完全是在讲战斗信心的问题。而国共双方的作战信心，却大相径庭，鄂豫皖根据地的红军战士，是在为生存而战，是在为抗日而战，同时也是在为民族的独立而战；可是汤恩伯手下的军队，却在为命令而战，为升官发财而战，前者可以流血牺牲，而后者绝对是保命要紧，两相对比，胜负自明。

汤恩伯怎会甘心因一次"围剿"的失败，而终身成为弃臣，他要东山再起，重掌兵权。1932年5月，经陈仪向何应钦疏通，汤恩伯重新被蒋介石起用。

关于汤恩伯重新被蒋介石起用，还有另外一个说法：汤恩伯被撤职后，他就在南京高门楼附近的临时住所住了下来，过了一段惶恐不安的日子后，见蒋介石并没有再追究他战场上失利的事，他也就逐渐放下了心来。

汤恩伯闲极无聊之下，便向一位认识的将军借了一辆汽车，他在南京的一条马路上练习开车的时候，前方突然蹿出了一条小狗，汤恩伯新学驾驶，来不及踩刹车，"呼"的一声，这只小狗就被轧得血肉模糊，成了车轮底下的冤魂。

汤恩伯并不知道，这条小狗非常名贵，竟是孔二小姐的爱犬，孔二小姐大名孔令伟，她是孔祥熙、宋蔼龄之女，更吓人的身份还有一个，她还是宋美龄的干女儿，孔二小姐凭借宋美龄的宠爱，刁蛮异常，曾有一次在南京开车，因为被交警拦下，她恼羞成怒，下车开枪打死交警，然后扬长而去。

孔二小姐的爱犬被轧，这简直就是一件塌天的大案。面对孔令伟的施压，南京警察厅厅长温剑刚如临大敌一般，领人开始破案，为了尽快抓到"凶手"，警察厅还贴出告示，有能提供破案线索者，赏200块大洋。

汤恩伯虽然获知警方悬赏缉拿轧狗"凶手"的消息，但他作为军人，一开始，阵脚不乱，尚能稳住，可是这天傍晚，有一个老乞丐上门，他自称是轧狗事件的目击者，如果汤恩伯能够破财，他就将闭口不言，否则，哼哼……

图财的老乞丐也确实够悲催，他住在高门楼附近的关帝庙里，来汤恩伯寓所之前，曾经去过一次警察厅，可是不巧的是，温剑刚却下班了，他弄钱心切，这才亲自上门，准备狠敲汤恩伯一笔竹杠。

汤恩伯问明情况，当即将老乞丐轰走，然后派卫兵晚上去关帝庙，将老乞丐杀人灭口。名犬被轧身亡，证人无端死掉，温剑刚也觉得这里面大有蹊跷，他正准备深查的时候，却意外地接到孔二小姐的电话：她准备将此案私了。

汤恩伯杀掉乞丐，绝对是走了一步臭棋，事态越闹越大，他觉得纸包不住火了，忙请戴笠牵线调停，他用一把珍贵的象牙柄手枪和孔二小姐做了和解。而且两人因为一条狗，还成了朋友，经过孔二小姐向宋美龄举荐，蒋介石在枕头风的作用下，这才重新起用汤恩伯，并授予其第89师师长之职。

这段野史，记在东方明先生的著作中，若论可信度，应该比陈仪找何应钦从中斡旋更高一些。因为在何应钦和宋美龄之间做选择，蒋介石听后者的话定然会更多一些。

又有史学家称，蒋介石也并非想对汤恩伯弃之不用，要知道，汤恩伯除了"廉洁善战"之名外，他"反共剿共"坚决态度，也为他加分不少。在《上海：1949年大崩溃》一书中，曾有这样的记载：

> 汤恩伯曾经到处夸口，1932年春在河南潢川，一次就用机枪扫射青年及共产党员两三千……

要知道蒋军队伍里的战功录中，普遍存在着好大喜功、添枝加叶的偌大水分，汤恩伯是否进行过如此浩大的杀戮，这都需要仔细考证，才能得出最后的结论。

蒋介石之所以要将其冷藏，就是要汤恩伯反思，并接受教训，然后获得重新启用时，会对蒋介石感激涕零，一旦上了战场，会拼死效力。

汤恩伯被起用后，他的心里果真对蒋介石充满了感激，并在心里暗暗发誓，一定不能再让蒋介石失望。

陆军第八十九师，下辖张雪中的第一旅，陈明仁的第三独立旅，还有武汉的一支江防部队。这一次，汤的"防区"包括黄安、麻城以北，礼山以东，安徽立煌县金家寨以西，河南经扶（新集）县商城以南等广大地区。

随后不久，汤恩伯又遵从蒋介石的命令，率领陆军第89师，对工农红军进行了第四次更大规模的"围剿"。

汤恩伯在上次"扫荡"赣东北地区时，对进攻工农红军建造的土碉堡印象深刻，根据方志敏在《我从事革命斗争的略述》中的记述，当时工农红军是这样修建坚固土堡，保卫苏区的：

> （为了抵抗蒋军的进攻，保卫苏区）我们决定在各个险要的隘口上，建筑赤色堡垒。赤色堡垒的建筑，是要顾到敌人的大炮和飞机的轰炸，要建筑得十分坚固。每个堡垒，都要一万余工才能造成。群众是几千几千的动员来造赤色堡垒，抬石头的抬石头，砍树竹的砍树竹，挑土的挑土，在革命竞赛精神之下，他们忙着去做。他们虽没有学过军事，学过筑城学，但由于他们的战争热情和创造性，他们居然能够造出很坚固难攻的堡垒来。石堡在中心，堡外围有掩体的盖壕，壕外有铁丝网，网外有木城，木城外又是一道盖壕，壕外又是土城。这些近乎现代式的坚垒的筑城，真不能不令我们惊叹着群众力量的伟大！如果不是群众的力量，谁能在很短时

间内，建筑起那么多那么坚固的堡垒来呢！

赣东北的工农红军，曾经依靠这种建在险要之地的土式碉堡，给汤恩伯军队以很大的杀伤，即使汤恩伯命手下用火炮进攻，没有近千枚的炮弹，也是无法对这种坚固的土式碉堡，造成决定性的毁伤，故此，每一座土式碉堡的面前，都会留下蒋军大量的尸体。

汤恩伯这次"围剿"，采用的就是堡垒战术，即推进一段，便开始修建坚固的堡垒，一旦立定脚跟后，接着往前继续推进。

根据一位王姓的武义县干部回忆，他在16岁时，曾给在汤恩伯师部任上尉庶务副官的叔父去送腊肉、火腿、干菜和卤蛋等食品，他在第89师的师部大柏地住了几日，并用笔记录下了当时的情形：

> 大柏地是三百多户的大村，已看不到一只鸡、一只狗、一头猪，全村只有不到100个年老体弱的妇女和瘦弱的小孩……街头冷冷清清，不见人影，只见汤部的大兵正在拆民房，建碉堡。驻在会昌县的第89师同样在拆民房、建碉堡、路路设卡。对每天到会昌城里买卖东西的人都要盖三角联保章才准通行。

汤恩伯的堡垒战术是奏效的，而且在与红四方面军的战斗中，也是屡屡得利。但汤恩伯部拆了民房修碉堡，虽然压缩了红军占据的根据地，他们却严重失去了民心，因为汤恩伯沿途烧杀，对红色政权实行白色恐怖，汤恩伯还曾下令将其部所俘的200余名红军将士全部坑杀，因此苏区军民称其为"汤屠夫"。

徐向前在《徐向前回忆录》中，用笔记录下了当时双方"围剿"与反"围剿"作战的具体要点：

> 曾中生同志写的《与"剿赤"军作战要诀》，特别值得称道。全书分纲要、敌我对比、红军注意事项、作战要领、特种战斗等部分，着重阐述了红军反"围剿"的战略战术问题。作者认为，"反'围剿'已成为一时代的特种战术"，总结我们自己的经验，研究敌人对付红军的各种手段，"有系统地练成反'围剿'的全国军事艺术"，以推动革命战争的胜利，

至为必要。

"知己知彼，百战百胜"。书中对白军和红军，从政治主张、民心向背、部队素质、战斗特点、内部关系、士气等方面，作了分析和对比，说明敌人力量虽大，但存在无法克服的种种致命矛盾，故"立于根本必败的地位"；红军力量虽小，但具有优于敌人的诸多强点，"能处处得到广大群众力量的帮助与拥护"，只要不断发挥自己的长处，纠正自己的弱点，就一定能够发展壮大，战胜敌人。

作者指出，敌人"围剿"红军的主要战术是：（1）围攻、封锁；（2）分进合击，并进长追；（3）重层配备，活动"搜剿"；（4）步步为营，稳扎稳打；（5）依凭碉楼、堡垒、城寨、前进工事；（6）在各部队中挑选抽编和编组新兵部队"进剿"；（7）与我主力持久战；（8）集结优于我数倍的力量进攻；（9）利用地方反动武装，发动反革命游击战争；（10）逼我脱离根据地，然后集结力量并进长追。

而红军反"围剿"的主要法则是：（1）内线作战，各个击破；（2）专击敌人联结点；（3）前进包围，后进包围；（4）专于抄击迂回；（5）声东击西，避实就虚，专以飘忽行动击敌要点；（6）围攻一点，消灭援兵；（7）诱敌深入，集中力量而消灭之；（8）布置大的游击战争网；（9）尽力发挥夜战的效果；（10）突出外线的攻击。

此外，书中还详细介绍了红军进行山地、河川、居民地、森林及夜间战斗等，应采取的战术原则和注意事项。这是一篇渗透着军事辩证法的重要文献，对红四方面军的作战经验做了深刻总结，使之在系统化、理论化方面，向前大大迈进了一步。

汤恩伯为了在第四次"围剿"中，"剿"出成绩，"剿"出功劳，他练兵的手段无所不用，他曾创出"裸爆、裸雨法"等练兵方法，以至于经此锻炼出的士兵，皮肤被太阳晒得闪着黑黝黝的油光，脊梁上甚至不着雨，被军风考纪团赞为铁军。汤恩伯还曾与267旅的旅长王仲廉谈论读书、防务还有战斗的方法。甚至在鄂东作战的后期，因饮食不继，而突发胃病，但这一切一切，也都无法改变第四次"围剿"以失败而告终的结果。

国民党军队自以为万无一失的"堡垒战术"也被红军顽强的战斗意志给彻

底粉碎了。蒋介石绝对不甘心"围剿"的失败，他在1933年9月，又悍然发动了第五次军事"围剿"，这次"围剿"，相比上几次"围剿"，调动的兵力更多，竟有100多万人，飞机两百架，而且还聘请了德国军人塞克特为首的军事顾问团。

这次对中央根据地的"围剿"，蒋介石采取了"七分政治，三分军事"的策略，此策略的提出者，就是蒋介石的智囊，被称为"王佐之才"的杨永泰。七分政治，最厉害的一招就是"减租减息，人人有地"，这本是中共最最深入人心的政策，却被杨永泰学来，成了针对中央根据地的政治武器。

而三分军事，塞克特这位号称"德国军事之父"的军事顾问团团长，亦是非常卖力，在第四次"围剿"战中，塞克特给了蒋介石一个建议，那就是必须加强化堡垒战术的应用，在第五次"围剿"中，一定采用缓进战略：修路，筑碉，稳扎稳打，步步推进的方法，只有这样，才能在军事上占据完全主动。

汤恩伯等50万正面"围剿"部队，沿着中央苏区的周围，竟修筑了2900多座碉堡，并以碉堡为支撑点，再推进，推进后，再修碉堡的办法，逐步压缩革命根据地的空间。按照蒋介石的估计："匪"区纵横不过五百里。如每日能进展二里，则不到一年，就可以完全占领"匪"区。

对于蒋军的"减租减息，人人有地"的虚假宣传，还有"慢进稳打的堡垒战术"，中共临时中央领导博古等人，却错误拒绝和排斥红军历次反"围剿"中总结出来的正确战略方针和作战原则，竟提出"御敌于国门之外"等极端错误的指导思想，使我红军擅长的诱敌深入、借机歼之的以弱胜强的作战方法，完全变成了以弱击强的阵地战，致使10万红军，必须要在正面战场上，面对50万蒋军的疯狂进攻，正是这种进攻中的冒险主义，防守中的保守主义，撤退中的逃跑主义，最终导致第五次反"围剿"的失败。

1934年10月，红军被迫从长汀、宁化和瑞金等地突围转移，并开始了举世瞩目的二万五千里长征。10月11日，汤恩伯部进入瑞金，在驻防期间，为了显功，亦是为了邀宠，汤恩伯在瑞金还修建了中正公学、犁庭公园等设施。

1935年4月，蒋介石重新为手下的军官们颁授了将校等军衔，汤恩伯在（1949年止）国军序列共957名中将的队伍里，名列第47名。

汤恩伯 全传

Biography of Tang Enbo

第三章

南口之战，抗日铁汉显神威

身既死兮神以灵，子魂魄兮为鬼雄——屈原《国殇》

　　蒋介石一贯的主张是"攘外必先安内"，可是西安事变一声枪响，蒋介石面对全国上下，枪口一致对外的呼声，他开始正视抗日的形势，并在中共的诚意感召之下，终于使第二次国共合作变成了现实。

　　1937 年 7 月底，日寇相继占领了北平、天津。为了加速侵略的步伐，日寇一边叫嚣着"三个月内灭亡中国"，一边沿津浦、平汉、平绥三线加速进兵。日军沿津浦路进攻，为的是策应对华东等地的侵犯；沿平汉路南下，为的是夺取中原，进逼华中、长江流域；沿平绥路西进，为的是占领山西，进而控制整个华北。一时间，华东危矣，中原危矣，山西危矣。为了打破日寇策应上海，进攻中原，进而控制整个华北的险恶目的，国民政府的军委会针对日寇的三路进犯，急忙做了相应的战斗部署。

　　日军这次三路出兵，其重点在华北，第二战区第 7 集团军做出决定，汤恩伯指挥所部两个师及第 17 军 1 个师，担任南口至赤城方面的防御。保卫南口的作战任务，就落在了汤恩伯的肩上。

　　南口被称为"一夫当关，万夫莫敌"的天险之地，位于北平城外西北 45 公里燕山与太行山的交汇处，是居庸关南侧的长城要隘，被称为"绥察之前门，平津之后门，华北之咽喉，冀西之心腹"实不为过，实属兵家必争之军事要塞。

　　汤恩伯只要领兵守住了南口，即可阻止日寇占领察哈尔省，进而分兵晋、绥之图谋，从而保卫察、晋、绥三省。可是日军的兵力有 7 万，中国军队的兵力只有 6 万，面对着敌众我寡、准备仓促的不利局面，再加上日军地上有坦克大炮，天上有飞机支援的武器装备上的绝对优势，汤恩伯的南口之战，究竟该怎样打？

1. 归乡，收获中山发祥區

春来爱有归乡梦，一半犹疑梦里行——元稹

富贵不如归家。汤恩伯身为堂堂的中将，他是时候该归乡一趟了，他不仅要在乡邻面前炫耀一下权势，为父母挣来偌大的面子，他更要通过取得的地位，对自己的人生有个交代，毕竟年少时留在家乡的污点不抹去，他的心里便有一种未被洗白的感觉。

汤恩伯一直在寻找着当主角的机会，如果在社会的舞台上一辈子当配角，这样的人生岂不是太悲哀？可是这样的机会，汤恩伯真的是不好寻找，他在参加对红军苏区"围剿"的同时，还干过一阵子赣粤闽湘鄂五省国民党军队第十纵队指挥官，平定第十九路军陈明枢、蒋光鼐、蔡廷锴等发动的以反蒋为目的"福建事变"。

1933年12月下旬，"福建事变"爆发后，蒋介石命卫立煌、张治中、蒋鼎文为三路前敌总指挥，抽调进攻江西苏区的嫡系部队十余万人，在海、空军的配合下，为平定第十九路军的"叛乱"，向福建浩浩荡荡地杀了过去。刚刚成立不到百日的福建"人民革命政府"由于内部不团结，如何对抗中央军的布防甚至都没有做好，面对蒋军凶兵悍将的进攻，当时就乱了手脚。

蒋介石还是一手"银弹"，一手"炸弹"，两路进攻。第十九路军的军师长们在蒋介石"银弹"的进攻之下，"炸弹"的威胁之下，纷纷倒戈，汤恩伯第十纵队近乎"游行和演习"似的完成了既定的作战任务。

很显然，在这场平定内乱的战斗中，汤恩伯原本想建功立业，可是却让他好像成了旁观者，他的军队仿佛成了参观团。汤恩伯只捞到了一点零星的仗打。汤恩伯真的不甘心，对于一个军人来说，没有仗打就等于没有事做，而没有事干，又怎么能超越同群、脱颖而出？

1936年11月15日，绥远抗战爆发。汤恩伯又被从"围剿"的战场上，抽调而出，当时作为第二路的司令官，奉命指挥所部第13军，附第72师及炮兵第27团，直奔绥远战场。汤恩伯为了鼓舞士气，坚定官兵取胜的决心，他在行动之前，为士兵一人发了一条料子马裤。

绥远抗战的起因很简单，完全是日本侵略者为实现"满蒙计划"，而发动的一场战争。侵华日军在侵占了蒙东和热河后，他们为了实现在内蒙古等地建一个类似伪满洲国的邪恶目的，开始实施侵占察哈尔、绥远两省的计划。

1936年10月，日本关东军参谋田中隆吉为指挥，决定兵分三路，第一路：李守信第1军部署于绥东兴和一带为左翼；第二路：德王第2军部署于绥北土木尔台以北地带，并以伪蒙军第7师进驻百灵庙为右翼；第三路：以王英军为主力，进攻红格尔图和土城子。

傅作义的作风是"不说硬话，不作软事"，他早在1933年的长城抗战中，就见识到了日军装甲部队的威力，他虽然没有钱买装甲车，但却可以在汽车外面焊上铁板，组成了自己的土制"装甲汽车"部队。

在绥远战争中，傅作义就是靠这些"杀手锏"型的"装甲汽车"部队，接连取得了红格尔图战斗、锡拉木楞庙战斗和百灵庙战斗的胜利。因为百灵庙战

　1936年12月，时任第十三军军长的汤恩伯（左前）视察绥远前线

斗的胜利影响力巨大，故此，绥远抗战又被称为百灵庙大捷。

汤恩伯的先头部队赶到了绥远战场的时候，绥远抗战已经结束，伪蒙军死伤遍地，未死未伤的全都成了俘虏。晋绥军大获全胜，可是上身旧军装，下身穿着新料子马裤的汤恩伯的部队，因为没有捞到仗打，而遭到了晋绥军集体的嘲笑，汤恩伯部被讥讽为"牛裤团"。

可以想象，当时汤恩伯的心里，确实是窝着很大的火，为了鼓舞士气，在战前用料子马裤作为激发战斗勇气的奖励，这完全无可厚非，但他们赶到战场，绥远抗战已经结束，这是任何一个急于建功立业的军人都会感到耻辱的事。

百灵庙大捷，是中国军队自1933年长城抗战以来取得的唯一一次完全胜利。百灵庙大捷让汤恩伯没有捞到仗打闹心，比汤恩伯还要闹心的就是张学良。

百灵庙大捷，让傅作义成了抗日英雄，可是张学良头上却戴着一顶不抵抗将军的帽子，这场抗战的胜利，深深刺痛了他的爱国之心，面对东北军将士抗日救国，收复失地的呼声越来越高涨，张学良在11月27日，向蒋介石递交了《援绥请缨抗敌书》，接下来又分别12月3日、12月7日，向蒋介石哭谏，要求援绥和释放"七君子"，以表示自己的抗日之心。

可是蒋介石以"攘外必先安内"，目前最紧要的任务就是消灭共产党为由，他不仅拒绝了张学良的哭谏，而且将其痛斥一番，张学良回到西安后，同杨虎城将军一道，发动了举世震惊的西安事变。

而乘飞机到西安，督促张杨二位将军"剿共"的蒋介石等人被扣留，为督促其抗日的同时，张杨二位将军随后发表了一份通电，通电中，力陈改组政府，停止内战，一致抗日等八项主张，在电文最后，张杨两位将军这样写道：以上八项为我等及西北军民一致之救国主张，望诸公俯顺舆情，开诚采纳，为国家开将来一线之生机，涤已往误国之愆尤。大义当前，不容反顾，只求于救亡主张贯彻，有济于国家，为功为罪，一听国人之处置。临电不胜迫切待命之至！

汤恩伯当时正在绥远前线，他得知西安事变的消息后，急忙与同僚商议对策，随后，以汤恩伯为首，发布了"声讨"张杨两位将军的通电，通电这样写道：

值兹外交紧张，伪匪犯绥，我国人民正当精诚团结共赴国难之际，西安张学良，竟敢劫持主帅……我绥远前敌将士，愿为前驱，先靖内乱，再御外侮，并竭诚一致拥戴何部长，统一指挥……汤恩伯、门炳岳、王仲廉、王万龄、李铣、赖汝雄、马励武、石觉同叩。

有道是：功高莫如救驾。汤恩伯不仅通电表明态度，他随后组织精兵，以急行军的速度赶奔西安，可是在半路上，西安事件和平解决，汤恩伯也就只能悻悻然地率队回转驻地了。

汤恩伯现在是堂堂的中将，因为在外征战多年，已经多年没有回家尽孝了。1935年清明节，因前方无战事，汤恩伯准备回乡祭祖，并向蒋介石请假。蒋介石准假后，为示恩重，他特意题写了一块"中山发祥"的匾额，赠予汤恩伯。

汤恩伯回乡祭祖，受到了武义以及汤村等士绅和民众的欢迎，汤恩伯受到拥护，那是有原因的，1934年，武义曾遭受大旱灾，汤恩伯得知情况后，先回汤村，宴请村里的百姓，每户送12尺布，10元钱，又从邻村买回200担谷子，按人分了下去，他为家乡的赈灾出过力，特别是汤恩伯的亲戚，获得的粮食更多，故此，乡亲们对汤恩伯归乡自然是远接近送。

武义县的祭祖一般可分为春秋两祭，祭祖仪式不仅盛大隆重，而且肃穆庄严。祭祖自古以来便有一定的规矩，在清嘉庆《武义县志》记载：

> 祭礼，族无大小，各有宗祠，祠各有产。祭以二月、八月为望，并有祭冬至者。家祭则高曾祖父母之生辰忌日；墓祭恒于寒食前后三、五日或七、八日，凡祖墓遍祭焉。

武义祭祖可分时祭、节祭、岁祭、祭社、祠祭等，这里最重要的就是，墓祭和祠祭。

墓祭武义俗称"祭清明"。清明节前自春分后开始墓祭，谓之上坟，清明前十天后十天，都可以进行祭奠，上坟要培新土，插坟龙（剪纸）、压利市、摆供品、放火炮、烧纸钱。插纸龙是给祖宗送伞，压利市是为祖宗送布，烧纸钱和元宝是为死者送钱。

而祠祭是最隆重的祭祖仪式，武义的祠祭在春分秋分和冬至进行，祠祭由族长主持筹备，一般要提前数天准备各种祭品、供品等物，并设主祭、读祝贺通赞（司仪）各一人等，祭祀开始，各司其职，参祭众孙在宗祠大厅隔扇门后按长幼次序排列，主祭翁就位，引赞引主祭翁盥洗、整容、上香礼毕退班，祭祖完毕，当日中午全体参祭人员在宗祠就餐，众人要一起围着多张长5米、宽30厘米、厚10厘米的香案吃萝卜和豆腐等。餐后大家一起在宗祠看戏。

对于参加祭典者，有这样一个规定，就是必须有功名，或者是读书人（高小毕业以上），"白身"（此处特指未读过书的人）要到70岁方可入祠。有此严格的遵儒重教规定，加上"儒田儒祖"制，对激励子孙们读书很起作用，稍有条件的家庭都会送子女去私塾启蒙受教。

汤恩伯祭奠完祖先，刚刚回家休息，武义县知事金真诚得知汤恩伯回乡，他急忙携带着酒菜，前来拜见，金知事见到汤恩伯，急忙抱拳："汤将军，您为国征战，劳苦功高，回到家乡，金某接驾来迟，万望恕罪！"

汤恩伯一拱手，说："金知事，你在武义德高望重，汤某如果不是军务缠身，理应该去先行拜会！"

汤恩伯官职是中将，而金知事在武义县虽然算是土皇帝，但官职和汤恩伯比起来，简直是差着十万八千里，但在官场，有句尽人皆知的话，叫作县官不如现管。汤恩伯的手再大，他一旦上了战场，也顾不得家里的事儿，也捂不过武义这块"天"来。

汤恩伯和金知事在汤家中庭寒暄几句，金知事手下，将从武义县最大酒楼携来的菜肴，摆在了汤家上房的八仙桌子上。汤恩伯走南闯北，与名流交际，与政要会餐，可以说南甜北咸，东辣西酸，国内八大菜系，都被他尝了一个遍，他低头往桌子上一看，不由得领首说好，金知事确实是个有心人，他携带来的菜肴，竟是武义火腿、壶源莲子羹、宣平豆腐、白洋渡醋鸡、清炖昂刺鱼等竟皆是本地区的乡土名菜。

特别是猪头骨杠盆，武义人请客喜欢说"猪头骨杠盆，吃吃大老朋"，武义人过年，喜欢腌猪头肉，虽然猪头并不是什么名菜，但看到了自己从小吃到大的满桌子武义菜，这让汤恩伯也是心情大好，并感受到了浓浓乡情味道。

汤恩伯久涉官场，已经感知金知事如此盛情，绝非是想巴结自己这样简单，当即也不客气，频频举杯，杯中的武义大曲甘醇绵厚，不仅令人忘忧，也让陪酒的七八位乡绅谈性大发，众人一个劲地大赞汤恩伯解决"福建事件"的"英明"举措，还有在"绥远抗战"中的"英勇"表现。

汤恩伯被夸奖的话听得太多，他脸上笑容的背后，竟现出了几丝疲倦和不耐烦的神色，金知事是个人精，他忽然用手往外一指梅峰的方向，岔开了话题："各位乡绅，下官来武义的时间不长，我听说'梅峰归鹤'是本地绝美的景色之一，不知道有谁可知此景的由来？"

那几位乡绅停杯而笑，其中一位年龄最长的乡绅说："金知事想要知道梅峰归鹤的来历，这得从汤讳默庵公讲起！"

相传很久之前，天降陨石，落地变成一座赤红的"火星山"，汤默庵枣岩定居以后，便下决心要改造这座"火星山"，经过广植梅树，寸草不生的火星山变成了梅峰，梅峰上便开始郁郁葱葱，花开不断，白鹭栖飞，成为武义著名的"枣岩十景"——枣岩、菊水、灵洞、玉泉、妃岭、僧峰、鸡坛、石笋、咏梅峰、游双坛等景观之一。后被命名为"梅峰归鹤"。梅峰的传奇绝对能和精卫填海、愚公移山等民间传说相媲美。

宴饮过后，汤恩伯送走了喋喋不休的乡绅，他领着金知事来到了汤宅的静室，问："金知事，你今日来汤村，是不是还有其他的事儿？"

金知事急忙从椅子上站起，他先整理衣衫，然后恭恭敬敬地对着汤恩伯一揖至地："汤将军，您一定要帮我一个忙啊！"

金知事不仅遇到了愁事，而是遇到了大愁事儿，这件令他挠头的事儿是一桩官司，官司的起源，得从清朝末期讲起。在枣岩古里，岭下汤姓和朱姓是当地的两个大姓，原本两姓通婚不断，相处和谐，可因一桩争地事件，却让汤朱两姓视若寇仇，互相敌视，原本和谐的邻里，充满了紧张的戾气。

当时朱姓买了一块地修建祠堂，在平整地基时，突然发现地下埋有残墓，经过清理，发现这里竟是汤姓的祖墓，汤姓闻讯后，找到朱姓，本想将这块地赎回，然后重修祖墓，可是朱姓却拒绝了汤姓的要求。

两姓族长协商无果，最后大兴诉讼，走上了互告之路，这场公说公有理婆说婆有理的官司，从清末一直打到了北洋政府，从北洋政府打到了现在的民国，这场官司可谓旷日持久，竟一连打了60余年。

金知事为结束汤朱两姓的缠斗，便做了如下判决：将这块地划为"官地"，双方都不得动土。可是原本"息讼"的判决，却起到了火上浇油的作用，如今汤朱两姓不再互相诉讼，而是将县法院告到了省里。金知事为了这件事，不知道挨了上峰多少训斥，自己揪掉了多少的头发，背后叹了多少次气，实在没有办法之下，他就只能求汤恩伯了。

汤恩伯听金知事讲完话，不由得倒吸一口冷气，汤朱两姓的官司，他自小就知道，一开始的时候，两姓是在为义愤而斗，接下来就是在为面子而斗，斗来斗去，就变成了为仇恨而斗，斗了三辈子60多年之后，汤朱两姓竟都是在为"骑虎难下"而斗了。

60多年的官司，耽误了汤朱两姓太多的精力，也让枣岩古里充满了不和谐的气氛。这件事，汤恩伯小时候就想管，可是当时却没有能力管，现在他已经是中将，已经有了能力，但却如何管？如果倚仗权势，以暴压人，也许能将此事暂时解决，但却一定会在家乡留下骂名。这可就得不偿失了。

两个人正在商量办法，汤恩伯的副官进来送信，说武义县县长徐人骥来见，徐人骥早听说汤恩伯回乡祭祖，他今日一早就坐着马车，从武义县赶来，可是走到半路，马车却出了故障，等故障排除，他来到汤村，时间已经过了中午。

汤恩伯迎到了门口，徐汤二人互相问候一番，然后和金知事一起，三个人来到内室，汤恩伯也不客气，他话锋一转，就直奔汤朱两姓的诉讼主题，他说："汤某是武义人，自然要为武义出力，可是想要让两家息讼，却缺少一个调停人！"

徐人骥从椅子上站起，他将胸口一拍，道："徐某不才，做调停人如何！"

汤恩伯握住徐人骥的手说："徐县长是本县的父母官，而且德高望重，做此事的调停人，实在是最合适不过！"

徐人骥当下领着金知事，直奔朱家，几个小时后，两个人又都愁眉不展地回到了汤村，汤恩伯一问情况，着实不太乐观，朱姓打了这么多年的官司，虽已经打累了，但现在的形势，确实是骑虎难下，朱家也不想丢了面子。徐人骥说道："汤将军，如果汤姓不能给朱姓一个下得了台的面子，这场官司恐怕还得继续打下去！"

汤恩伯想了想说："我知道该怎么做了！"

汤恩伯让手下展纸磨墨，当下提起笔来，写下了"理学明经"四个字，派

65

人到武义做成匾额，然后选一个黄道吉日，亲自领着汤姓有名望的士绅，将这块堂皇的匾，亲自送到了朱姓的祠堂。

汤恩伯可是堂堂的中将师长，位高权重，手握生杀大权，如果借着手中的兵权，强行夺地，朱姓除了喊冤叫屈，恐怕也只有无奈的份儿了。再说朱姓的族长打了这么多年的官司，不仅花去大笔的金钱，也浪费了大量的精力，他早就有在官司中脱身的念头，可是60年的仇隙，却需要一个填平的绝好理由，他真的没有想到，汤恩伯会给朱姓这么大的面子，竟然送来了一块"理学明经"的匾额。

朱姓最让人称道的有两位名人，一位是大明皇帝朱元璋，另外一位就是理学大家朱熹。理学明经的意思就是，赞颂朱熹的后人，全都是懂理、知理和识理的社会名流。既然汤恩伯给足了朱姓的面子，朱姓的族长随后见势收蓬，大度地一挥手，让出了那块有争议的地方，汤恩伯这才有机会重修汤姓祖墓。

而蒋介石亲手写的"中山发祥"牌匾，则被高高地悬在了汤氏宗祠中，汤恩伯祭祖完毕，然后回转了部队，带兵开始多次"围剿"红军，虽然汤恩伯在第五次"围剿"中，取得了令蒋介石刮目相看的成绩，但他的军纪败坏，也确实是出了恶名。

李宗仁在自己的回忆录中，对汤军军纪废弛、骚扰百姓等种种劣行，曾经这样写道：

> 汤恩伯的最大缺点，还是他的治军无法度，军纪废弛。汤军借口防谍，凡所驻扎的村落，除老弱妇孺外，所有成年男子一概迫令离村往别处寄宿。村中细软、粮食、牲口也不许外运。壮年人既去，则妇女、财产便一任驻军支配了。以故汤军过处，民怨沸腾……汤军五个师仍奉命驻于桐柏山一带，所占村落之多可以想见，以故驻地被搅得鸡犬不宁。当地居民乃央请该地区专员石毓灵来请求我下一道命令，整肃军纪，以禁汤部扰民。在石专员诉苦之后，我便坦白地对他说，关于整肃军纪的命令，我已不知下过多少道。不过对汤恩伯的军队，我再下千百道命令也无益处。"冰冻三尺，非一日之寒"，军队的纪律，断非几道命令可以改好的。何况汤恩伯是委员长的心腹，纵使我向委员长报告，他也不会追究，徒然引起无谓的摩擦。

后来石专员又告诉我一个他目击的故事：某次汤恩伯要石专员一起去视察防地，当地有一位老举人，年约八十岁，长髯拂胸，扶了一枝拐杖，求见汤总司令。汤传见后，这老者便对恩伯说："汤将军，我久仰大名，你在南口英勇杀敌时，全国对你真是敬若神明。但是我们老百姓实在没想到你部队的纪律是如此之坏。我痴生八十余年，熟读古书，逊清时代也还有个功名，从未听说一支部队军纪废弛到如此地步，而还可以杀敌制胜的。"言谈之间，分明对恩伯以前抗日的英名表示怀疑。这老者年纪既已八十多岁，又是一位举人，汤恩伯奈何他不得，只好说："请批评！请批评！"这老人便毫无隐讳地将汤军如何占领村落，驱逐人民的事实和盘托出，语调甚为激动，说完也不管汤恩伯的反应如何，便拂袖而去。

汤恩伯听了一番教训之后，颇觉难为情，连说："我不相信，我不相信！"并立刻约石专员一同去各村巡视。所见实情，较诸该老者所言有过之无不及。恩伯便把驻军的三位连长叫来，问他们当地老百姓哪里去了。三位连长回说："因为防谍，都按照本军惯例，不许老百姓住在村内。"

汤恩伯闻言大怒，便吩咐将这三位连长绑起来，立刻推出村外，竟将他们都枪毙了。这种一怒杀人、以暴制暴的做法，简直是发疯。他受了那老举人的数落，便杀几个部下来出气。事实上，他治军皆是如此做法，相沿已久，今杀此三人，对军纪并无改进，这就是汤恩伯的作风。

葛天曾回忆，1939年，第三十一集团军总部副官处的几位军官打麻将，被汤恩伯抓个正着，他便要处决他们。葛天以那日是汤恩伯的生日为由，为几位军官求情，希望暂缓执行。汤说：我有好些日子没有杀人了，心里就不好过。那几位军官当天就成了枪下之鬼。

1940年春，汤恩伯因其部下一个团长撤退时，曾被河南的百姓缴了一部分枪，觉得此团长实在有辱军威，有辱军人的威风，就命令特务营枪毙了他。

冰冻三尺，非一日之寒，汤恩伯杀人是为了军纪好转，但事与愿违，他杀完人后，那帮擅长做坏事的军痞们，根本没有被震慑，亦没有收敛，他们只是将明目张胆地做坏事，变成在暗地里偷偷进行，手法更隐蔽，贻害更严重了。

汤恩伯受到南京政府、上级和同僚们对汤军军纪败坏的不满和指责，可是他除了杀人，并没有什么好的解决办法，1934年秋天，心中苦恼的汤恩伯骑马经过一片山野，看着满山红叶，庄稼即将收获的秋景，他忽然忆起，自己年幼，在壶山小学求学时，王申翰老师对他严厉教导的情形……王申翰曾担任过壶山小学的校长，他在省城政法大学进行过深造，担任过长兴县任检察官，后来又调到杭州地方法院任推事之职。

王申翰刚正不阿，一身铁骨，因主持公道，享有廉名，汤恩伯当年甚为顽劣，王申翰也曾经对他多有教诲，如今汤恩伯每日军务繁忙，无暇顾忌军纪建设，他心中萌生了这样一个想法——何不将王先生请来，替自己执掌军纪，相信在他的铁面无私之下，定能够令汤部军容风纪为之一变。

汤恩伯先派司令部徐参谋代表自己，到杭州邀请王申翰到自己的部队中履职，可是王先生却两次婉言回绝了徐参谋，他在杭州生活安定，工作满意，并没有到汤恩伯军队中任职的打算。

汤恩伯决意效仿刘备，他用"三顾茅庐"的精神，去请王申翰。王先生看着一脸谦恭、携带重礼找上门的昔日学生，这才明白汤恩伯确实是一片诚意，便郑重地答应了他的聘请。

第二年春天，王申翰从法院辞职，携带着行李，风尘仆仆地来到了汤恩伯的89师师部，王申翰被汤恩伯任命为指挥部上校秘书，兼师里的军法官，他手里开始执掌决人生死的军法大权。

王申翰秉公执法，不徇私情，却令89师的奸佞之辈心惊胆战，汤恩伯看着部队的军容风纪一日日地好转，他瞧在眼里、喜在心上，他认定找对了人的同时，也为自己的决策英明感到沾沾自喜。

1935年，汤部军中按照上峰指示，曾经捕获50余名"政治犯"，当时汤恩伯去南京述职，王申翰经过审理，认定这些人根本和政治犯不搭边，便都与之释放，汤恩伯从南京回来后，因无法完成上峰布置的抓捕政治犯的任务，故此，他的处境相当尴尬，同时也为王申翰的不变通和不识时务深感为难。

不久之后，王申翰突然身亡，灵柩则被汤部的士兵送往家中。王申翰究竟是不是因为秉公办案，得罪了一些军棍和高官，而遭到报复，丢了性命，这就不得而知了。而汤恩伯想借助王申翰之手，改变部队军纪之事，亦宣告失败。

1935年，在第五次"剿匪"中频频得利的汤恩伯，其所属的第3纵队，被改编为陆军第13军，下辖两个师，4师和第89师。汤恩伯正式成为该军的军长，并兼任第4师师长，而89师的师长为王仲廉，军参谋长为张雪中。

汤恩伯现在已经成为13军的军长，堂堂的陆军中将，作为蒋介石的嫡系爱将，如果居住的地方太寒酸，不仅有碍观瞻，也对不起妻子王竟白，更是对家庭不负责任，汤恩伯经过考虑，他决定在杭州的葛岭山麓23号安家。

民国时候，有很多的军政要员，社会名士都将家安在杭州，原因很简单，杭州不仅风景优美，清幽雅静，而且远离抗战前线，更因为这里位于上海和南京中间地带，交通方便，教育发达，人文殊胜，非常有利于子嗣后代的教育和成长。

汤恩伯安家的宅子原是广东李氏兄弟所有，建造于1920年，这座宅院，共占地3000平方米，主体建筑为300平方米的一栋红墙白檐，青砖垒砌，黛瓦盖顶的法式洋楼，该楼内共有十余个房间，不仅宽敞，而且立在阳台上，就可以远眺烟波浩渺的西湖美景。

1936年4月，汤恩伯不再兼任第4师师长，师长的位置由王万龄接任，汤恩伯虽然在这一年，参加了对长征红军的围追堵截，但却并不能阻挡红军长征，胜利会师陕北的大局。1937年6月，汤恩伯部奉命紧急驻防绥远省集宁县，调归第7集团军总司令兼绥远省政府主席傅作义管辖。

虽然接下来的绥远抗战中，汤部没有捞到仗打，而且还获得了一个"牛裤团"不佳的名声，这件事一直让汤恩伯很窝火，他一直在寻找机会，他要用战争这盆水，洗去"牛裤团"的耻辱，他要让同僚们知道，汤恩伯的13军，绝对不是二流军队，而是一支能打仗的劲旅。

1937年7月7日，日军在北平西南卢沟桥附近演习，可是他们无端生事，借口一名士兵（志村菊次郎）"失踪"，要求进入宛平县城搜查，遭到第29军的严词拒绝。日军遂向中国守军开枪射击，又炮轰宛平城……

"卢沟桥事变"并不是一个孤立事件，其酝酿的过程，可谓旷日持久。日军占领东三省，成立了伪"满洲国"之后，他们为了进攻华北，早已经在北平的北、东、南三面磨刀霍霍，部署下重兵：北平的北面，部署着热河和察东的关东军；西北面，有伪蒙军8个师约4万人；而北平的东面，是17000人的伪"冀东防共自治政府"的伪保安队；日军强占丰台后，他们为了占领卢沟桥这一战略要地，故意制造事端，以士兵失踪为借口，悍然对第29军发动了进攻。这就是举世震惊的"卢沟桥事变"，这标志着抗日战争的全面爆发。

卢沟桥事变的枪声，震碎了国内某些主和派认定日军不会侵略华北的梦魇；隆隆的火炮巨响，也让更多的国人看清日军不亡我中华，绝不干休的狼子野心。

卢沟桥事变的第二日，中国共产党中央委员会就通电全国，并进行了大声地呼吁："全中国的同胞们，平津危急！华北危急！中华民族危急！只有全民族实行抗战，才是我们的出路！……为保卫国土流最后一滴血！"

1937年7月17日，蒋介石在庐山发表谈话，指出，"卢沟桥事变已到了退让的最后关头……再没有妥协的机会，如果放弃尺寸土地与主权，便是中华民族的千古罪人"。

汤恩伯的第13军，陈诚的第18军还有胡宗南的第1军，都是蒋介石嫡系中的嫡系，更是他手中的王牌。当时汤恩伯第13军驻扎在绥远省东部的集宁和丰镇一带，很显然，南京军政部派这一支精兵，扼守关外，其目的有两个，一是监视中共中央陕北根据地的发展动向。第二是策应华北方面的抗日局势，对日军起到武力威慑的作用。

汤恩伯得知卢沟桥事变、日寇叫嚣着"三个月内灭亡中国"的消息后，他义愤填膺，血性沸腾，他觉得作为一个军人，以身报国的机会终于到了，他提起笔来，在7月9日，连拟了四道电文：一是要求本军北平联络站周主任"从速探明卢沟桥事变真相"，二是立刻致电呈蒋介石：卢沟桥事变传来，愈感边

蒋介石发表抗战声明

防危急，职除督饬所部坚固驻地防御工事外，并饬属随时准备待命中。关于冀察当局方面，亦正设法联络中。三是电令第13军麾下的两个师，枕戈待旦，随时做好战斗的准备。第四份电报，汤恩伯发给了傅作义："卢沟桥事变突发，必为日军有计划之行动……今后如何适应此疾风迅雷之变化，恳预为策应示为祷。"

汤恩伯这四封电报发完后，他又给第一战区的军政要人宋哲元、冯治安、秦德纯等去电："本军戍驻边陲，责任卫国。贵方如有所需，请时予指示，誓率所部，为贵军做后盾。"

很显然，这五份电报，汤恩伯分别做了调查、请示、部署、探寻和随时准备作战的铺垫，作为一个军人，在国难当头之计，他表现出了自己鲜明的立场——只要上峰一声令下，他即将奔赴火线，守土为责，甘洒热血，与敌决战。

7月10日，汤收到蒋介石的回电："所见甚是，希妥为准备应付时局外，并对于冀察方面密切联络，务期中央与地方融成一气为盼！"

汤恩伯知道自己这只精兵，被派到绥远省驻防，一旦前线有事，铁定会被第一时间调往战斗最激烈的险关恶隘，他加紧练兵的同时，又在7月16日，发出了铣午电：电呈蒋介石，军委会军政部何应钦部长……俟有明令，当咸报与倭寇以不共天日之决心。

7月24日，蒋介石召见了汤恩伯，首先，蒋介石对汤恩伯积极练兵、请战杀敌的积极态度给予肯定和表扬，接下来，给他又传下了一道严令：令第13军务必于8月初，开赴察绥和山西的咽喉要地南口，并在南口阻击日军至少死守8日，再由卫立煌部的14集团军增援。

汤恩伯接到南口的作战命令后，立刻返回了绥远省的驻地，他首先集合队伍，并向全体官兵，讲明了此次作战的重要性，接下来，他进行了移师南口的具体战斗部署。第13师的官兵们在卢沟桥事变后，国人一片抗日的舆论之中，早就憋足了一口气，官兵们得到南口作战的命令，一个个无比欢欣雀跃，他们争先恐后地写了请战书，看着一份份慷慨激昂、不惜于日寇决一死战的请战书，汤恩伯欣慰的同时，也是感觉到自己作为此战的指挥官，肩负的抗日御敌，守土有责的担子的沉重分量。

卢沟桥事变之后，曾经有国外的军事家对当时中日的军事实力，做出过如

蒋介石与汤恩伯

下的比较：中国空军飞机的数量和日军比起来是1：7；中国军舰的排水量和日军比较起来是1：12；中日陆军师级野炮和山炮的数量比起来是1：5。经过一番"细致入微"的比较，这些军事家做出这样断言：中日两国一旦全面开战，国民政府的海军在一周内就失去战斗力，国民政府的空军勉强可支持一个多月，国民政府的陆军最多也只能坚持六个月，等到国民政府的精锐集团军和军火工业被消灭后，国军除投降外别无他途。

汤恩伯从戎入伍、征战多年，基本上是在打内战，他虽然没有和日军的正规部队交过手，但对日军的战斗力，他还是略有耳闻：日军不仅单兵作战能力很强，而且训练有素，其装甲、空军和陆军地面部队之间的协同配合得几乎完美无间，甚至有和日军交过手的国军官兵，还告诉他一个所谓"三枪日军"的说法，即在战场上，面对同一个日军，不可以连开三枪，因为日军在挨第一枪后会判断大致方向、第二枪会瞄准开枪者，连打三枪，开枪的士兵，就有可能被日军还枪打死。由此可见日军单兵的素质几乎强悍到了可怕的地步。

李宗仁《八年抗战敌我优劣之检讨》中，这样具体地写道：

> 日本陆军训练之精和战斗力之强，可说举世罕有其匹，用兵行阵时，上至将官、下至士卒，俱按战术战斗原则作战，一丝不乱，令敌人不易有隙可乘。日本高级将领中虽乏出色战略家，但是在基本原则上绝少发生重大错误。日本将官一般都是身材矮小、其貌不扬，但其做事皆能脚踏实地、一丝不苟，令人生敬生畏。

国外的军事专家，计算得确实很精细，他们甚至连中国士兵平时训练时，射击子弹的年度限额为15发，而日军每年用于训练一名新兵的子弹1800发都算了进去，但他们却疏漏了一点，那就是没有将中国人民、中国军队和华夏各民族同仇敌忾的抗日决心都算进去。

子弹不够，热血可以作为补充；炮弹不足，身躯可以作为补充；实力不足，强大的精神可以作为补充。汤恩伯的军队纪律废弛，无端扰民，名声不佳，但在蒋军的队伍中，武器精良，官兵强悍，战斗力臻至一流这也是不争的事实。

汤恩伯不仅能吃苦、能打仗，他甚至还向蒋介石递交过这样一份读之令人激动的请战书：1. 凡是人家不愿做的难事都交给我做；2. 凡是人家所不打的难仗都交给我打；3. 凡是人家所不肯去的险地也让我去。

汤恩伯平步青云、飙升迅速，这跟他忠于蒋介石是分不开的，但任何事物上升到了一定的阶段，最后比拼的都是实力，如果汤恩伯没有超越同群的实力，没有死战的决心，没有不惧强敌的精神，蒋介石岂会将一个战略要地交给他，让他去死守南口？

汤恩伯当时站在第13军的官兵面前，他大声疾呼道："各位官兵弟兄们，现在外敌当前，国临危难，正是男儿建功立业、血沃沙场的绝好机会，我们要忠心奋勇，杀敌立功，报效国家，争当抗日好汉，民族英雄！"

汤恩伯经过简短而有力的战前动员后，其所属部队的保家卫国、共抗日寇、不惜血战的战斗热情，就被积极地调动了起来。

第13军将士随后从集宁地区拔营起寨，开始以急行军的速度赶到山西大同，两百多里的路程，他们只用两天的时间，便赶到了目的地，第一批先到的人马，只是简单地吃了一点干粮，便毅然从大同乘坐军列，火速直奔南口。

《大公报》战地记者方大曾（又被人称为小方）对13军将士出征抗日，做过这样报道：

> 将士们离别绥东时，大家把自己所有的一切东西全部抛掉了，除了在战场上需要的武器之外，别的什么也不带，以示决心。没有一个人的脑子里，想到抗战以外的事。卢沟桥事件尚在和战不决时，官长们每把"和平"的消息报告兵士们的时候，他们全都不言不语地低下头去，最后听到自己要开拔的消息，各个人的精神又兴奋了。南口的重要，谁都知道，绥

东的民众送走了第13军之后，大家就彼此议论着："有老汤（指汤恩伯军长）——去，我们就对南口放心了。"

2. 南口，一战成名天下扬

八百里分麾下炙，五十弦翻塞外声——破阵子·辛弃疾

南口被称为绥察地区的前门，平津之地的后户，华北的咽喉，冀西的心腹，日军叫嚣要在三天之内，拿下南口，面对南京最高军事机关下达的死守严令，汤恩伯和他的第13军官兵心里想得只有两个字——拼了。

南口到大同直线距离约为318公里，如果火车线路畅通，只需一天时间，汤恩伯的先头部队，就能到达即将死守的阵地——南口。可是13军的官兵们抗战御敌的热情，在路经柴沟堡火车站时，却被察哈尔省的省主席刘汝明当头浇了一盆冷水。

当时民国的军阀一个个占地为王，画界自治，刘汝明对乘坐着火车，准备过境的第13军，心里面怀着深深的忧虑和恐惧，他真怕汤恩伯的中央军是"假途伐虢"，心怀不轨，中途下车，用武力占了他的察哈尔省地盘。

故此，刘汝明派重兵守在了柴沟堡火车站，修筑工事，支起机枪，架上火炮，并命令手下，严禁第13军进入。刘汝明这种独善其身、只打个人"小算盘"的做法，正是民国军阀们的主流思想，在他们看来，国家民族的利益，绝对没有自己的地盘重要，刘汝明甚至认为，只要自己的地盘中，没有蒋介石的中央军，那么日军就不会跟他为难，察哈尔省的"土皇帝"，他就可以继续做下去。

当时的《大公报》记者范长江，曾经这样写下了第13军面临的危急局势：

北平失陷之后，南口一地不但关系西北沿铁路诸省，而且为整个战争战略上最重要的机动地带，当时张家口之特务机关尚在，日本素日愚弄中国一部军人之口号，所谓："中央利用抗日，消灭杂牌军队"乃至"中央军入察，将侵占察省地盘。"此等阴毒煽惑理论，深入一部人心中。故南

口天险当时对日军毫无准备……

很显然，刘汝明根本没有将眼光放在如何防御日军攻占南口，而是牢牢地盯着汤恩伯手下第13军的动向之上。

第13军先头部队的官兵一个个义愤填膺，有的士兵甚至将枪栓都拉得"哗啦、哗啦"直响，军列上的军官们强压怒火，他们联名给在大同指挥的汤恩伯发出了下一步该如何行动的电报。

汤恩伯看罢电报，也是怒火中烧，恨不立刻发出回电，命令第13军的先锋部队消灭刘汝明的手下，利用武力强行闯关。可是最后，他还是冷静了下来，要知道共抗外敌，军情紧急之时，内部的矛盾再大也需要协调，一旦中央军和刘汝明手下的军队火并起来，不仅耽误行程，白白流血，而且最后得利的还是日寇。

汤恩伯急忙拍出了两份加急电报：一封电报给13军的先头部队，命其暂时忍耐，不管遇到如何委屈之事，也不许和察哈尔当局起摩擦。第二封电报拍给了南京的蒋介石，请求协调友军，撤去铁路路障，为13军开赴前线让路通行。

事如燃眉，形同风火。1937年7月29日，北平沦陷，日军的大批部队，正在昌平集结，日军进犯南口的军事意图，已经昭然若揭。经过蒋介石和西北军冯玉祥的协调，1937年8月1日，号称"西北军十三太保"的刘汝明终于放行，同意第13军的官兵乘坐火车过境。

当时《大公报》的名记者范长江曾经随军采访，他用自己的笔，以《怀来回忆》为题，记录下他跟随汤恩伯，莅临怀来前敌司令部的情形：

当我们平日通过察境平绥路的时候，青龙桥山洞之西北数十里地方，有一座引人注意的山城。因山势自然形势，城堞向天作成弧形，在南口山脉之北所谓怀来盆地之中，在桑干河西洋河流贯的沃野之内，凭据小山而构筑的古城，特别是在青绿的夏秋之交，给人的印象是别有风致。

然而不常令人注意的怀来城，在平日是很少人在此下车专诚拜望的。怀来这次能遭全国人的重视，实在也是难逢的机遇，自它能被人重视，能被许多远客光临的观点上说，当然是怀来之幸，然而自这批远客到怀来之意义言之，也是怀来之不幸。

为抵抗日军对南口之进攻，汤恩伯军始入怀来，所以不能算是喜事，为了×××（刘汝明）不允许汤恩伯的前敌总指挥部设于宣化，不得已而来怀来，自然更不能算喜事。虽然不是可以欢迎的遭遇，而此种不可避免的遭遇，却来关照怀来。

八月中旬的午夜，三位新闻记者在平绥前线临时火车里打盹，忽然听见人声嘈杂，火车已停在一个树林荫郁的车站上，站上更夫嚷着"怀来到了！"……转过曲折的城门道，经过三重卫兵，怀来城整个入了睡乡，月光虽然那么皎洁，街上没有一个人影，全城没有一盏灯光，如果我们防空秩序能到这样程度，那就大有可观了！这时我们似乎是侦探，我们怕敌人知道我们欲拜访的司令部所在，在十字街头上遣回了那位苦力，自己分配着行李，接近了前敌总指挥部，卫兵对于我们突如其来的怪客，开始警惕地查问，然而我们如前方回来的便衣侦探，似乎亲切而随便地和他们招呼几下，我们已直入司令部了。

后来，抗战胜利后，有人写《抗日战争演义》，里面就有一章叫作"汤恩伯大战南口，刘汝明误失张垣"。刘汝明一看此羞辱性的标题，不由大怒，甚至扬言，要派人杀了作者，作者眼睛一转，马上提笔改了个名，叫"汤恩伯大战南口，刘汝明痛失张垣"，这场由笔墨引来的"杀头"官司才算完事。

张垣就是张家口。张家口的得名，最早要上溯至明嘉靖八年（1529年），守备张珍在一处军事要塞的北城墙，开了一道小门，由于门小如口，又由于是张珍开筑，一来二去这小小的军事要塞便有了一个诨名"张家口"，四百年后，张家口已经是华北北部数一数二的大城市，张家口又被称为"张垣"，"垣"者墙也，"墙"字，也是在说张家口作为军事要津，在抗日战争，还有在抵拒外来侵略中，所起的城墙一般的作用。

刘汝明阻挡汤恩伯13军，他在南口之战中，是一个"开倒车"似的人物，但他带兵甚慈，人称刘善人，这也是他的优点。刘汝明在抗日战争中，亦建功立业，事迹尚可一观，但他缺乏一种全局观念，对唇亡齿寒的关系，认识不够，这也是他军事战略格局的一大弱点。

因为刘汝明的横加阻挡，不幸的事接连而至，从8月1日开始，在北平刚刚站稳了脚跟的日军，便频频派出飞机，开始对平绥铁路沿线进行轰炸，直到8月4日时，只有第13军王仲廉的第89师3个团千辛万苦地赶到了目的地，而日军也在这同一天，幽灵一样出现在了南口。

南口北魏时称下口，北齐时称夏口，元代初年在此重新筑城。因地处居庸关以南，故此得名——南口，南口归昌平管辖，北距昌平仅15里，南距北平的德胜门76里。南口地处燕山山脉和华北平原交接处，其中接近七成的地方为山地，南口同八达岭、居庸关同属华北和塞外的交通要冲。

南口地理位置极其重要，一旦失守，日军就可长驱直入，威胁察哈尔省、华北和平绥铁路的安全。当时，罗芳珪团作为先头部队，他们坐着火车，抢在敌寇到达之前，首先占领了南口险隘。

刘汝明部在此地驻扎的军队是143团的两个营，可是他们并没有在驻防期间，构建成有效的进攻和防御的工事。南口虽然是一处易守难攻的险隘，但除了依山傍岭簇生的石块，就是一条秦始皇留下的破败长城。南口阵地上处处都是硬石，罗芳珪团抢起随身携带挖阵地的锹镐，却发现仓促之间，根本无法在坚石上挖出可以御敌的战壕。

罗芳珪没有办法，他只得命令部队垒石为掩体，修建成了简陋的阵地，可是这种不成体系的阵地，还没等垒砌完成，日军步骑炮兵联合大队的五六百名日军，就如狼群一样向罗芳珪团发起了进攻。

当时汤恩伯的部队，在国民党军队序列中，不能算武器最佳，但也是处在中上等水准，在一个团的战斗部队中，没有几门像样的山野炮，但日军却不同，别看这股日军的先头部队，只有一两个营的编制，可是却装备有多门山炮，日军冲锋之前，先是一顿炮火猛轰，光秃秃的南口山上，因为没有可供防炮的阵地，那些乱石垒砌的掩体，很快便被炸毁，在弹片横飞、硝烟弥漫中，日军"嗷嗷"怪叫着，疯狂地冲了上来。

日军攻占平津，虽遇抵抗，亦不激烈，日军往往一顿火炮的狂轰滥炸之后，紧接着一个冲锋，国民党的军队就好像羊群遇到恶狼一样，被逐出阵地，战斗在简单的追逐游戏中，戏剧般地结束了。

可是这伙日军，很快就发现自己错了，炮击过后，罗芳珪团阵地上的碎石掩体，基本已经无存，可是官兵们迎着冲上来的日军，在石头后，草丛旁伸出了黑洞洞的枪管，他们虽然子弹不足，但命中率却奇高，只要一声枪响，基本上就会有一个日军滚下山去，日军冲到距离罗芳珪团官兵二三十米远的时候，罗芳珪命令道：投弹——翻滚着的手榴弹，雹子一样，飞了过来，随着手榴弹一连串的爆炸，日军死伤一片，手榴弹的硝烟散尽，穷凶极恶的日军就端着三八大盖，冲到了罗芳珪团的阵地上，罗芳珪见形势危急，他大声吼道："即使剩下一兵一卒也决不后退！"

罗芳珪领着满身硝烟和鲜血的士兵站了起来，一场激烈的白刃战，日军丢下了一片尸体，仓皇地撤回到了山脚下。

南京军事当局面对抗战的新形势，曾将全国划分为很多分战区，汤恩伯的陆军13军被划为第七集团军，归总司令傅作义指挥，而前敌总指挥就是汤恩伯。

1937年8月8日，汤恩伯的13军终于通过铁路列车，全部赶到了南口。

第13军所属序列为王万龄第4师、王仲廉第89师，兵力共28000人，他们沿着南口、居庸关、横岭城、得胜口一线摆开了战场，而南口战役双方主力最激烈的地面交锋战，亦处在"浓云欲雨，霹雳待发"的临界点。

随后不久，第17军李仙洲第21师，高桂滋第84师陆续赶来支援，这两个师共14000兵马，在居庸关、横岭城及宁碉堡、独石口一线摆开了战场。

接下来增援的部队有，河北朱怀冰第94师，共5000余人，在永宁、延庆至宁疆堡一线参战。马延守独立第7旅，约4000人，怀来、版达峪地区参战，陈长捷第72师，共约6000人，在横岭城、镇边城参战。

最后，还有炮兵第27团，2000人左右，在怀来参战。汤恩伯可调动总兵力共计6万余人。第13军仅第89师有山炮9门，却属于陈旧的装备，射程只有4000多公尺，而且射击精度也很难保证；第4师仅有战防炮两门，剩下的都是威力不大的小炮。

而到南口参战的日军共有四支部队，主力是日军甲种机械化部队板垣征四郎第5师团全部，约25000至30000人，酒井稿次第一混成旅团，还有铃木重康第11混成旅团，两旅团共计约30000日军，最后一支队伍是川岸文三郎第20师团之一部，约10000人。日军总兵力共计7万余人，附炮300门以上，另外还有航空队的飞机，还有战车队协同日军作战。

中日南口之战，从一开始的时候，汤恩伯部的兵力和武器就处于绝对的劣势。

接下来汤恩伯执行的战略有问题，以弱势兵力，迎战强敌，应避免打阵地战，而应该诱敌深入，借助地形，避实就虚，一点点消灭日寇之有生力量，积小胜为大胜，以求达到最终消灭敌人之目的。可是战争一开始，这场战役，便被定性为阵地阻击战，如果打阵地阻击战，应给予劣势一方充足的时间，构筑坚固的阵地和碉堡，以求借助地利，弥补武器和兵员的不足，可是南口之战，准备时间仓促，汤部构筑坚固之防御阵地的想法，终于成了泡影。

最后，一场拼消耗的战斗打响后，蒋介石答应汤恩伯部队的卫立煌的援军未能及时到达。这一切的一切，身为前敌总指挥的汤恩伯也许看得很清楚，可是他在8月7日接到了蒋介石唯一要务，为固守南口，勿使失去的死守命令后，他亦下了人在阵地在的坚定决心。

汤恩伯在南口阵地部署大致如下：

一、八达岭、居庸关、南口沿铁道线正面为第89师作战地区，南口车站、龙虎台为该师罗芳珪的第529团阵地，即正面的第一线。

二、得胜口、苏林口为第89师谭乃大的第530团预备队的战地，为右翼第一线。

三、凤凰台、青龙桥舒荣的第534团预备队的战地，为正面第二线。

接下来一字排开的是横岭城、镇边城、十八家等地，为第四师等步炮兵的防御阵地，官兵们虽然一路赶来，风尘仆仆，可是抗日的热情，依然高涨。

汤恩伯知道，第13军和友军部队，在一切都处于劣势的情况之下，唯有用鲜血、肉体还有强大的精神补充上去，才有可能给敌以最大的杀伤，最终完成死守南口，阻击敌人的任务。

汤恩伯作为南口战役前敌总指挥，深深知道责任重大，他把总指挥所放在怀来城内后，自己经常深入前线，亲自去师、旅、团部的指挥所，与将士们商讨如何打击敌人的策略。

方大曾在《大公报》上发表文章，他是这样报道汤恩伯的：

　　　汤恩伯，这个铁汉子，他不要命了。这的确厉害，第13军从军长到勤务兵，他们全不要命了！大家都把一条命决心拼在民族解放战争的火线上。他不是去年冬天在绥东所见到他的那样状态，他穿一件短衬衣和短裤，手指被香烟熏得黄透了，从战争发动以来就没有睡眠的时间了，一切的精神，都用香烟维持着。瘦得像"鬼"一样，烈日把脸晒出焦黑的油光，那件衣领，原来一定是很合适的，但是现在看去已经特别的肥大了，大得足足能伸入一只手去。只有两个传令兵随身跟着他，那些卫兵勤务兵呢，早已加入火线去了。他到前方去指挥，对着兵士沉痛地说："你们好好地打呀。"

他只能说出这样简单的话了，他简直就不会再说第二句话。一看到自己的兵士，眼眶里就充满了泪水，怎么能流出泪来呢，只好从鼻子里噎了进去。兵士们见到这样一个人，猛然间是认不得他是谁了。"噢，这是军长。"当他们想过来这个人与他们的关系之时，也感动得流出泪来。

8月8日上午，一队日军骑兵先行袭扰得胜口，被第89师503团打退后，日军纠集了上千人的队伍，在飞机火炮的掩护下，向南口正面的制高点龙虎台攻来，第13军的官兵们沉着应战，让这队长驱直入，未遇敌手的日寇初次尝到了失败的滋味，日军留下满地的尸体，随后仓皇地退去。

8月9日拂晓到8月11日，日军多次集结兵力，并在大炮和飞机的火力支持下，曾一度攻占了老虎台，可是罗芳珪团经过三个小时的苦战，又将老虎台复夺了回来。

在《大公报》报道南口战役的文章中，这样记录了当时老虎台阵地激战的情形：9日，南口正面的冲突爆发了，敌人的炮火猛烈得比我们的机关枪还要密，我们的前哨，首当其冲的是龙虎台阵地。我们的战士对于炮战有相当的认识，当敌人的炮火最猛烈之际，大家就离开了阵地，但这并不是说往后退的意思，而相反的是跑到阵地前面去。炮火之下敌人是不会冲锋的，因为如果那样做，他们自己的步兵就会被自己的炮弹打死在别人的阵地上了，我们的人既跑到阵地前面，炮火空空落在没有人的龙虎台上，等到晚间炮火停止，大家又回来，我们所以能这样安全的躲避炮火，得到高粱地的帮助很大。

日军不甘心进攻失败，他们很快又组织六七千人的兵力，向南口、得胜口阵地发动猛攻。89师52团的官兵，凭着血肉之躯，面对日寇飞机大炮的钢铁攻势，英勇战斗，不退半步，让日军三日攻占南口的作战计划，成了梦幻和泡影。

虽然蒋介石在8月11日电令第14集团军的卫立煌，命他在石家庄赶来驰援南口，协助汤恩伯部共御敌军，并限10日内到达，可是直到南口之战结束，卫立煌的援军，也因故未能到达前线。

8月12日到8月13日，接连攻击失败的日军，显然已经恼羞成怒，他们竟丧心病狂地向南口两侧的第13军阵地，倾泻了5000多颗炮弹，529团的阵地几乎被炸平，面对罗芳珪团长拍来的求救电报，汤恩伯这样回电："529团罗团长芳珪兄，文电诵悉，贵团连日力挫强敌，已确立本军未来全部胜利之基石，曷胜欣慰！南口阵地，关系国家对抗战之成败，敌寇虽众而凶顽，仅将其优势之炮火，而不能尽毁此一带。尤其吾人赖以抵抗强敌者，为战斗精神，而非大兵与精良之武器，吾侪誓死决不离开阵地寸步。人生百年，终须一死，好汉死在阵头上，即为军人光荣之归宿。"

当时南口的所有战线，都遭到了日军的攻击，面对529团的求救电报，汤恩伯真的已是无援可派，而他能给529团的，也只有精神上的支持了。随后，他又给第89师王仲廉师长发去了一份电报，电报中这样写道："第89师王师长介人兄，文申电诵悉，李旅连日力挫强敌，已树本军胜利之先声，曷胜欣慰！南口阵地，即为吾侪光荣之归宿。我死则国生，我贪生则国死，吾侪宁死尽以维护此阵地，并不幸求生还也。望转告贵师全体同生死之官兵们，努力争取胜利为盼！"

方大曾在《南口抗战》一文中，从实战的角度，这样真实地写道：

12日早晨，30多辆（日军）坦克车驶入了南口。应验了美国武官给我们的忠告，坦克车简直是"铁怪"，三英寸厚的钢壳，什么也打不透它。重炮打中了它，最多不过打一个翻身，然后它又会自己把自己调整过来继续行驶。只要有一道山沟，它就沿隙而上，怎么奈何它呢？办法是有的，第×连连长带着两排人跳出阵地冲向坦克车去，他们冲到这"铁怪"的跟前，铁怪自然少不了有好多窗口以备里面的人向外射击之用，于是大家就不顾一切地攀上前去，把手榴弹往窗口里丢，用手枪伸进去打，以血肉和钢铁搏斗，"铁怪"不支了，居然败走并且留下其中的六辆，因为里面的人全都死了，所以就成了我们的战利品，两排勇敢的健儿虽然死了一半，但我们终于获得胜利，坦克车没有人能驾驶，而又没有那样大的炸弹或地雷能将它毁掉，结果这六辆宝贵的玩意儿，在我们阵地里放了两天，终归又被敌人用新的坦克车拖了回去。

为了守住阵地，13军的士兵竟要用身体去肉搏坦克，在战争中，武器的优劣，绝对不是制胜的决定性因素，但却是一项极为关键性的重要条件。以弱势兵力，劣势装备去和强大的敌人打战地战，只有血肉能填补这先天的不平衡。

8月14日到8月16日，参加南口抗战的军队战斗更加艰苦，部队严重减员，武器毁损，弹药几乎用罄，面对依然弹药充足的日军，参加南口抗战的官兵们就开始和攻入阵地的日军血拼刺刀，一天之内，甚至会发生十几次肉搏，最后，日军还能没能撼动南口这片布满尸骸、鲜血和不屈精神的阵地。

方大曾《大公报》上，这样报道了南口阵地缺少弹药、苦无给养，异常艰难的抗战形势：

> 三昼夜得不到水喝，驻马鞍山上，第×连人只剩下一个弟兄，但是他还沉着地把守阵地而不撤退，直到我们补充上去的生力军到达了，才把他接下来。一个机关枪连的班长，他指挥着几架机关枪在一座山头上作战，敌人冲上来了，他痛骂着他的机关枪手打得太慢，但随后他眼前的一个枪手阵亡了，他自己就把这架枪接过，来继续着干，一不小心，他顺山沟跌滚下去了，但机关枪却仍旧抱在怀里。他再爬上来，敌人已到面前，他凭空手把一个日本军官的指挥刀夺了来，立即还手砍去，第一下砍到对方的钢盔上，第二下才把敌人弄死。

> 敌人没有肉搏作战的能力，只要是面对面，他们十回有九回是要吃亏的。有一次我们十几个人，把敌人二百名骑兵全部歼灭了，他们只仗着大炮，我们也并非没有炮，但是炮弹缺乏，只要放出一炮，他就会对准着你的炮位回敬一百炮。在火线上，许多人的耳膜震破了，枪声根本就被埋没了，说话尽管说但是谁也没有本事去听到对方的言语，千万的人都变成了聋子。

《大公报》的记者范长江对南口战役，有如下的记述：

> 汤恩伯先生因为日夜辛劳的结果，瘦得不成样子，两个眼睛深深的凹入，整个身体剩了皮包骨头，我们惊异他消耗得如此厉害，几乎有几分

认不清楚。原来猛攻南口的日军，在优势的兵力兵器条件下，汤恩伯实遭受空前的劲敌，故日夜操劳、精密指挥，已半月未曾得一安眠机会，整天和电话、地图接近，时时注意敌人一寸一尺的移动，我们一次一次的战斗经过。而其入察抗日以来，所遭受之常人意料以外之打击，尤觉痛心，间有人提及此等伤心事，汤辄不言，但见其眼泪往往盈眶欲坠，默对客人出神。人不畏外在之强敌，而忌内在之困难，汤氏处境，唯身临其境者始能知其有难言之痛也。

怀来的遭遇中，其最刺激当地人心者，为飞机之轰炸。这座和平的山城，自古未曾经验过立体战争。日本飞机知道怀来是我们前敌总指挥所在，每天总是结队而来，三十磅、五十磅、一二百磅的炸弹，一来就好几十个的丢进城里来，城里居民从来没有防空常识，躲避飞机很不得法，所挖地洞，不合理者甚多，故常有洞口被炸塌，洞中人全部闷死者。有一妇人被炸飞越屋顶，血肉横飞。至于房屋之倒塌者，更各街皆是。

怀来作为汤恩伯的前敌指挥所，尚且受到了日军如此猛烈的轰炸，这也从另外一个侧面，反映了南口前线战斗的激烈。汤恩伯是一线指挥官，他当知指挥所驻地被暴露的可怕。虽然他进驻怀来，都是在秘密中进行的，可是如此短的时间里，日军便获悉了汤恩伯的行踪，这就只能判定为一种情况，那就是汉奸作祟。

可恶的汉奸，不仅出卖了汤恩伯司令部的位置，更可恨的是，他们将南口作战部队的编号，兵力、武器装备还有阵地的布防情况，全部画成图纸，秘报给了日军。

范长江在《大公报》发表的《怀来回忆》中，这样气愤地写道：

怀来汉奸之多，骇人听闻，敌人利用汉奸为谍报，为飞机指示，破坏通信机关，破坏交通，扰乱军队，使我们无一日安宁，而我对敌方，反不能发动民众，以做上述同样之工作，皆由冀察政治弄成之恶果。

因为汉奸之有组织，我们无民众组织与之对抗，我们军事行动总易为日军所侦悉，陈长捷师的出击计划，被日军事先牵掣而未果，且受重大的牺牲。而张家口方面×××（疑指刘汝明）因循贻误，岌岌可危，傅主席所率军队，已星夜回师，抢堵北线，南方战线始被日军于23日晚自镇边城迂回而入！而北线亦已于23日被敌军突破张家口西之平绥铁路。

大势已不可为，汤恩伯乃在防空洞中，以电话下令前方各部，缩短防线，死守据点，以待卫立煌之援军。当时汤与其临时友军参谋长朱怀冰先生同在防空洞中，一面以坚定之口气通知前方各部以危急之情况，同时指示其死守之方针；一面对于当时险恶局势，不胜其叹息。盖汤所能指挥之部队，已全部加入前线，本身已成光棍总指挥，日军自镇边城突入之骑兵，一小时可达怀来，当时人人以为必死无疑。同时深怜前方死守据点之各部队，盖其不为炮火之馀烬者，诚戛戛乎难也。唯死志已坚，中心已定，飞机虽仍不断在上轰炸，洞中人之情绪，已变为另一种之安闲，或唱歌，或谈笑话，或强为闲扯"死之方法"或转而谈张北之延误，或叹援兵之过迟。有人沉默地说："南口守不着，那就雁门关见了！"

南口之战，一开始打的时候，打的是抗日的热血，还有报国的身躯，打到最后，打的完全就是一种抗日者生、退后则亡的精神了。汤恩伯在战斗的间隙，亲自到南口的前沿阵地去视察，他接过前线指挥官递给他的阵亡将士的名册，看着上面一个个他熟悉、陌生的名字，他不由得泪水流淌，心中难过，晚饭亦无法下咽。

南口之战打得艰苦，打得壮烈，但同时也打出了第13军的威风，铸就了第13军的威名。在南口的侧面战场上，友军也发挥了自己应有的作用。

当时的《大公报》随军记者孟秋江在《南口迂回线上》一文中，写了他到横岭城观战时的情形：

（日军）一面小白旗向上一举，敌方大炮马上停放，敌方坦克车对我前进，后面跟上一大堆的蓄短髭穿皮靴的倭兵，这样照着操典的动作，三次四次后，坦克车像出水乌龟爬上我阵地，坦克车上机关枪躲在战车后面倭兵的手提机枪，同时放射，冲上去来，我们忠勇的战士，跳出战壕，手榴弹像西瓜往下掷。可怜被驱使冲锋的高丽人先吃苦头。

机关枪怎样准确向我军扫射，奋勇的第13军战士，没有一个想到枪弹会打进血肉来，短兵相接时，手榴弹是唯一可以对大炮报复一下的东西，掷手榴弹的战士，虽然一批一批地倒下来，第二批马上又跳出战壕去抵抗。

这样的冲锋，接连三次以后，机关连仅剩一个战斗兵，一个传令兵，一个伙夫了。战斗兵，传令兵把住两挺机关枪，伙夫在中间向左右输送子弹，继续对二千敌军强烈反抗！

太阳照临着整个山谷，这三位作殊死战的英雄，最后含着光荣的微笑，躺在阳光中！

抗战老兵訾安春在1937年，以通信兵的身份，参加了南口战役，他后来这样回忆：

8月8日，仗终于打起来了，日本人先是用炮轰，然后是飞机轰炸，轰炸机飞得很低，爆炸声把人的耳朵都震聋了，石头都被炸成土了。轰炸之后，日本军队攻上来，但被我们打下去了。

战斗残酷不说，天气也不好，都是雨天，战壕里的雨水都淹到大腿根

南口战役要图

了。我们就站在水里打，好多人的裤裆都被泥水泡烂了。增援部队也上不来，给养也断了，幸亏山上有村民种的玉米，还有不少沙果树。士兵们就啃玉米充饥，吃沙果解渴。可沙果毕竟有限，实在渴急了，就只能喝战壕里的雨水。

我们把日本人"钉"在了南口，他们被激怒了，连续不断的重炮声盖过了我们的机枪声，甚至还用了催泪弹等毒气弹……

在当时，还没有毒气弹的名词，第13军的将士们，都将日军发射的瓦斯毒气弹称为"熏炮"，日军不顾日内瓦禁止使用毒气弹的公约，而悍然在南口使用毒气，其后果不仅造成了第13军将士的大量伤亡，而且也误伤了很多的老百姓。

当时贾善明在第17军21师121团2营2连当兵，1937年8月21日，日军发动了南口战役的第三次进攻，上午10时，激战爆发，班长操纵马克沁机枪时，中弹牺牲，贾善明就这样成了重机枪手。

当时贾善明防守的阵地上，布满了日军发射的炮弹炸出的密密麻麻的弹坑，山坡上，已经没有了树木，阵地也被日军的炮火炸平，战争最激烈的时候，贾善明只能将战友的尸体一具一具摞起来，上面铺上毯子，架起机枪，是战友们的遗体帮他们护住了阵地……

在8月23日夜，汤恩伯得到一份紧急的军事情报，日军的一支骑兵，从镇边城迂回进入长城，如果日军骑兵攻击的是汤恩伯的指挥部所在地怀来，那么一个小时就会到达，汤恩伯没有接到南京的撤退命令，绝对不能擅离怀来，他就在这生死一线的时刻，催促《大公报》的记者赶快离开，后来证明这是虚惊一场，日军骑兵进入长城之后，直奔察哈尔省会张家口而去，但亦可想见，汤恩伯南口抗战，不仅前线部队随时要面对着死亡，而后方的指挥机关，也随时面对着即将被日军"大刀剜心"的危险。

8月25日，日军集中兵力，猛攻横岭城和居庸关，一场激战，虽然日军仗着坦克之利，一度冲入了关隘，可是最后，还是被打得狼狈不堪地退了回去。

汤恩伯面对前线第13军官兵减损严重，弹药接济不上的被动局面，他下令收缩战线，固守地势险恶的据点，没有他的命令，任何人不得退后，随后，汤恩伯又对蒋介石拍电报，急求援兵。

蒋介石在26日上午，发来复电，可是长长的电文，总结浓缩还是老调重弹的四个字：固守待援。

其实傅作义与卫立煌部，并没有忘记在南口一线，血战日军的汤恩伯的第13军将士，只是他们疲于应对日军的进攻，也已经泥菩萨过河——自身难保了。

早在8月20日的时候，第7集团军总司令傅作义就曾率领1个师和3个旅到南口支援，可是还没等傅作义将支援部队全部交给汤恩伯，察哈尔省方面，就拍来军情紧急的电报，日军绕路进攻神威台和汉诺坝，察哈尔省会张家口危矣，傅作义当即给汤恩伯留下了第72师还有独立第7旅，急率余下的人马驰援张家口。

而卫立煌增援的先头部队到达青白口附近，遭遇镇边城的日军围堵，双方展开激战，终因道路崎岖，日军阻碍，定水河涨水等原因，暂时无法到达南口，换句话说，汤恩伯的第13军救兵难至，他除了孤军作战之外，实在没有其他的办法。

鉴于第13军前线指挥部设在怀来城的秘密暴露，日军经常派飞机对该城进行轰炸，日军的步骑时时准备对之偷袭，汤恩伯在8月25日拂晓，率领指挥部的一众人马，乘卡车离开了怀来，直奔永定河西侧的桑园。由于叛徒告密，日军飞机一路追着汤恩伯等人乘坐的卡车轰炸，幸亏开车的司机躲避空袭的经验丰富，否则汤恩伯就真的危险了。

汤恩伯的司令部在转移的途中，不断有更糟糕的军情电报送到了他的手中，日军在25日猛攻横岭城、居庸关，为达到作战目的，竟丧心病狂地施用了毒气，使第89师和第4师伤亡惨重，最终南口镇失守，就在这同一天，刘汝明防守的张家口亦失陷敌手，傅作义反攻失利，亦退守柴火堡，致使南口失去大后方，第13军真正地成为了一支孤军。

汤恩伯急将南口守军所面临的危机，拟成电报，报告给了蒋介石，转移中的汤恩伯直到27日午后，才收到了蒋介石发于26日傍晚的电令：至万不得已时，可向蔚县、广灵、涞源一带移动……

13军前有日军进攻，后面作为支撑的张家口地区亦以被敌军所占，如果两方面的日军来一个"铁壁合围"，汤部岂不是被包了饺子，汤恩伯依南京的来电，传下命令，命各部撤退，逐步放弃南口的各个据点。

范长江在《察南退出记》中，这样写道：

8月23日的黄昏，在南口、张家口两头不通的情况下，我们离开怀来，但是我们又往哪里走呢？我们知道的两条路：一是走察西南向南入河北奔保定，一是由察西南向西出山西。两条路都得翻山越岭，也许能有一段汽车可坐，坐大车或徒步，恐怕就在意料之中了。

我们月夜到怀来，同样也是月夜和怀来告别。日本飞机夺去了我们在太阳光下乘车的权利。

怀来车站挤着好几列空车，是傅主席放来打算抽运南口方面之兵，以救张垣之崩溃的，然而南口阵地一个兵也抽撤不了，下来的，尽是伤兵，轻伤重伤挤满了车站，这些空车于是改为伤兵列车。爬的爬，抬的抬，上车后，坐的、卧的、站的，挤满了长长的铁板列车，他们在南口山上日夜不歇地和敌人斗争，餐风饮露，浴血裹伤，到了身体受到不能继续战斗的损害后，不得不退下阵来，然而我们救护组织太差，他们在伤痛之外，还要忍受无人照料的痛苦，毫无设备的铁板敞车又把他们如煤块木料似的无保护地装上，我们国家对于如此有功之将士，加以如此之待遇，实应负重大之歉疚……

我们背着火车前进的方向，手扶着铁棍栏杆，看看地上追步挥手的友人，看看寂寥凄楚的怀来车站……在这风月皆沉寂的夜里都要和我们不平常地告别了！

第13军死守南口，从1937年8月8日开始，到8月26日南口守军主动撤出阵地结束，一共历时18天，汤恩伯等于超额完成了蒋介石部署的阻敌时间，还有作战任务。此次南口作战，共歼敌1.5万余人，汤恩伯部伤亡3.3万人以上，伤亡比率为1∶2还高一些。

其中第13军伤亡12600人，所占该军总人数2.8万的45%以上，接近一半的减员，阻挡住"武器精我十倍"日军的进攻。可见此战的险恶，南口之战前，日军曾狂言3天结束战斗，但是铁一般的事实，让日军的进攻计划成了笑料，南口一战不仅给日军以极大挫伤，也让其三个月灭亡中国的作战计划破灭。

这次大战中，蒋介石亲自拟稿给汤恩伯发了16封电报。这是在抗日战争的所有的战役中，蒋亲自拟发电报最多的一次。对于南口大战，中共中央机关刊物《解放》发表评论，称南口战役：

> 这一页光荣的战史将永远与长城抗战、淞沪两次战役鼎足而三，长久活在每一个中华儿女的心中。

"九一八事变"的主谋，此次南口作战的日军总指挥官板垣征四郎，也曾经慨叹：第13军毕竟是"支那"军的精锐，我们在南口遇到了坚强的抵抗，南口一场战事，日军伤亡人数超过了日军侵占东北全境的伤亡人数的总和。

南口战役虽然最后失败，但却造成了日军第一次在中国战场上的重大挫折，同时，也坚定了蒋介石从被迫应战，到主动抗战的决心，南口战役中的不屈精神，鼓舞了全国民众中国不会亡、中国定能胜利的反侵略之信心，加速了第二次国共合作局面的形成，就在南口抗战打得如火如荼的8月19日，蒋介石同意红军改编为八路

汤恩伯军团长

军，9月23日，蒋介石在庐山发布讲话，最终承认了中国共产党的合法地位。

汤恩伯率领第13军官兵突围后，他现在刻不容缓的事情有两件，一件事儿：修整；第二件事儿：补充兵员。汤恩伯按照蒋介石的指示，移兵来自蔚县、广灵、涞源，后又移防至河北邢台一带修整，而南口一战，在《大公报》记者的连篇报道之下，汤恩伯及部下官兵声名鹊起，汤恩伯也被誉为"抗日铁汉"，但汤恩伯却不骄不躁，以"克己"精神，对在此一战中的立功将士，并未报请勋赏。

汤恩伯立功不贪奖，可是蒋介石却没有忘记他，他先传下一道命令：第52军暂归汤恩伯指挥，1937年10月10日，在河南新乡修整练兵的汤恩伯，接到了

蒋介石的委任状，正式任命他为第20军团军团长，下辖第13军，第52军。

军团长是介于集团军和军长之间的官职，汤恩伯经过招兵补充后，实力进一步增大，随着日军进犯中原的脚步，一场更大的会战，摆在了汤恩伯的面前。

汤恩伯 全传

Biography of Tang Enbo

第四章

铁血奋战，日军第一号大敌

烽火连三月——杜甫《春望》

南口对于日军来说，只是一个侵略中国的跳板。1938年春，日军板垣师团自胶济线南下，气势汹汹直逼临沂；而日军的另一支队伍——矶谷师团沿台枣支线挺进，他们共同的作战目标是攻占台儿庄，接着再图徐州，以期贯通津浦线，掌握对华作战的更大主动权。当时，第五战区司令长官为李宗仁，他坐镇徐州，以孙连仲部防守台儿庄，以汤恩伯部在峄北拊敌之背，准备借台儿庄抗日战场的主戏台，唱一出歼灭日军的"大戏"。

一时间，全国抗战的焦点，齐聚鲁南地区，这场历经月余"创八年抗战之伟绩，扬中华民族之雄威"的战役打响后，抗日健儿们面对敌人的飞机、大炮和装甲车，他们义无反顾地用大刀片、步枪和手榴弹，同武装到牙齿的侵略者展开了殊死的搏斗。运动战、阵地战、逐房逐巷争夺的肉搏战，每一战都是前仆后继、悲壮惨烈、气吞山河！台儿庄，一时间，成了血与火的海洋，成了抗日到底的主战场。

著名记者范长江在台儿庄之战中，深入第一线，他在《慰问台儿庄》的通讯中，曾用"炸裂了的土地"来描述当时战争的激烈。

台儿庄一役，共歼敌万人，但汤恩伯在这场举世瞩目的战役中，却得到了两个截然不同的评价，一个是逡巡不前；另一个是迂回奋战，到底哪个才是正确的，到底哪个评价才够公允，还需要用汤恩伯在战役中的实际行动，来做进一步的自辩和佐证……

1．血战，台儿庄前传捷报

在战争中，任何拖延都是危险的——德莱顿

汤恩伯在南口的时候是主战场，面对日军的进攻，他唱的是主角，而在台儿庄一线的抗日主角是第五战区司令长官李宗仁，汤恩伯能否在这场八方瞩目的战争中，演好配角的角色？

1937年12月13日，日寇占领南京，日军为了实现灭亡中国的邪恶计划，他们决定以南京、济南为基地，从南北两端沿津浦铁路夹击战略要地徐州。

第五战区副司令长官兼第3集团军总司令韩复榘，他就是徐州保卫战最初的指挥者，可是韩复榘不以大局为重，一味地保存实力，日军占领归仁镇后，韩复榘竟畏敌如虎，不战而退，日军于12月27日占领济南，徐州保卫战顿告瓦解。

蒋介石为严肃战场纪律，让那些不知道守土有责、只知道打小算盘的将领们受到震撼，他决定杀一儆百，蒋介石随后以召开军政会的名义，诱捕了韩复榘，并执行纪律，将其枪毙。而韩复榘也成了抗战中第一个被处决的高级将领。

济南失守后，日军一路急进，不仅泰安等地陷于敌手，更重要的是黄河天险亦随后失去。1937年12月中旬，日军南路华中方面军第13师团，从镇江、南京和芜湖渡江，他们沿着津浦路开始一路北上。

李宗仁为遏止这路日军北上进攻山东，命李品仙第11集团军，于学忠第51军为正面部队，他们借助淮河、沘河和浍河等有利地形，沿着津浦路阻击北进的日军。

中国共产党领导的新四军张云逸一部，按照中央军委指示，积极配合淮河沿岸李宗仁的部队，开展游击战争，截击日军北犯。

一场阻击战在淮河打响，此次淮河血战，使日军付出了巨大的代价，并将其迟滞于淮河一线，日军"南北夹击"的战略被迫流产，日军将领无奈之下，只得将战略改为"南守北攻"，这就为李宗仁的第五战区军队消灭进犯台儿庄的日军创造了良好的战机。

1938年1月12日，日军北路第五师团的师团长为板垣征四郎，他指挥手下部队，在青岛附近登陆，当时负责防守青岛的是沈鸿烈海军陆战队，他们在阵地上一见日军，立刻不战而退，青岛、高密、潍县等地相继沦陷，日军北路第十师团随即南犯，开始进攻莒县、临沂。

日军第十和第五师团共有精锐部队7万余人，他们在飞机大炮和战车的掩护下，分头齐进，他们短期的目标是占领藤县、沂州一线，而终极目标为以后进攻战略要地徐州做好准备。

板垣第5师团，在进攻临沂时候，分别受到了第五方面军第22集团军、第3军团、第59军的顽强阻击，进攻受阻。而矶谷的第10师团，沿津浦路南下，一路所受抵抗并不激烈，矶谷师团为了获得攻取战略要地徐州的头功，压制实力与之不相上下的坂本师团，他们不惜孤军深入，直奔鲁南地区的台儿庄杀了过来。

台儿庄古城建于秦汉，发展于唐宋，繁荣于明清，曾经被清乾隆御赐为"天下第一庄"，该庄地处苏鲁交界，背靠大运河，自古是南北漕运枢纽，距离战略要地徐州仅仅30公里，台儿庄可以说北连津浦，南接陇海线，如果称其为山东南大门、徐州之门户，实在一点都不为过。

如果守住了台儿庄，徐州则"风雨不动安如山"，一旦台儿庄丢失，徐州就会变得"疾风骤雨苦夜寒"了。为了固守此兵家必争之地，第五

李宗仁

战区司令长官李宗仁也做了极其周密的安排和部署。

当时，第五战区司令长官为李宗仁，副司令为李品仙，参谋长为徐祖贻。担任左翼兵团的第2集团军司令为孙连仲，下辖4个师，一个独立旅。

右翼兵团为汤恩伯的第20军团，下辖第13军，军长汤恩伯（自兼）。第52军，军长关麟征，第75军师长周碞，第85军军长王仲廉。

还有第3军团军团长庞炳勋（兼），第59军军长张自忠（该军直属第五战区），第22集团军军团长孙震（兼），第3集团军军团长孙桐萱（代）等战斗队伍。

李宗仁坐镇徐州指挥，台儿庄阵地的正面防御任务就交给了第2集团军，而汤恩伯的第20军团，担负着台儿庄外围阻援和攻击，虽然各兵团防守的阵地不同，但大家阻击日军的作战目标是一致的。

南口之战，到现已经过去了半年的时间，汤恩伯的第20军团现在可谓兵强马壮，原来在南口战役中的减员，已经得到了全额的补充，虽然入伍的新兵，培训时间较短，战斗力尚未成熟，但他的手下，已经有7.5万人，特别是南京军政部调拨给他的新式武器，其中包括二四式马克沁水冷重机枪、二十式82mm迫击炮、瑞士苏罗通S5-10620mm高射炮、德制150毫米重榴弹炮等等，虽然比照日军的火力较弱，但也相差不到哪里，一旦两军相遇，绝对可以一争长短。

汤恩伯率部在临城以西布防，面对着孤军深入的矶谷师团，他本想遵照第五战区长官部的命令，打一场有准备的阵地战，让矶谷师团知道自己的厉害，可是汤恩伯摊开地图，看着临城周围的地形，他忽然陷入了沉思：从地图上看来，临城的西面是大运河，汤恩伯的第20军团没有后顾之忧；临城东面是抱犊崮山区，山高林密，里面可以埋伏千军万马，临城四周有韩庄、枣庄和台儿庄三座镇子，而且临城和这三镇都有公路相通。

从军事学角度来说，如此靠水傍山，有村有镇之地，是打一场歼灭战的绝好战场。

汤恩伯在打南口之战时，13军将士，一字长蛇阵似的排开，面对飞机轰炸、重炮狂轰、战车碾压，只知道一味地牢防死守，结果损兵折将，损失惨重，打了一个窝囊的败仗。

当然南口的败仗，与兵器弹药、战略制定、官兵素质还有战场形势都有绝大的关系，但南京政府一开始，就为南口之役定性为阵地防御战，故步自封，不容变通的战略，就是这场败仗的根源！

再反观日军，他们不仅作风顽强，而且战术灵活，将《军事教材》上的正面攻击，侧翼突破，甚至背后包围等等的战术全都用上了。汤恩伯的部队在南口战役一开始，就陷入手忙脚乱、始终处在被动挨打的境地。

今日第五战区的司令长官又要给汤恩伯的第20军团定调子，还让他继续打一场防御战，矶谷师团虽然有15000人，汤恩伯的部队从人数上来说，是矶谷师团四五倍，但在第二次世界大战时期，曾经有外国军事专家，对各个国的单兵战力，做过比较，最后得出的结果是这样的：1个德国兵等于2个日本兵，2个日本兵相当于5个美国兵，而2个日本兵可以打赢80个中国兵。不管比较的结果是否科学，但不难看出，日本兵的战斗力是相当惊人的。

打防御战就是和矶谷师团"硬碰硬"。在当时盛产军阀的民国，有枪就有地盘，有地盘就有实力的想法在民国军阀的头脑中，简直可以说根深蒂固，最明显的一个例子就是——韩复榘。这位韩将军，宁可冒着不抗日的骂名，撤职杀头的大罪，也要保存实力、保存地盘，就已经很说明核心的问题了。

汤恩伯并不想在临城摆开战场，与矶谷师团来一场"死磕"，原因很简单，他手下有将近一半的新军，两方面真要是打起来，很可能还得重蹈南口战役的覆辙，即使险胜，恐怕第20军团也得元气大伤，一旦他手里没有了枪杆子，他汤恩伯以后还拿什么问鼎权力？

于是，汤恩伯向李宗仁提出了一个诱敌深入的作战计划。具体计划是这样的：第20军团让开津浦路正面，让矶谷师团南下，待其孤军深入后，汤恩伯军团堵住日军背后，扎紧口袋，与台儿庄的守军，里外夹击，全歼这伙气焰嚣张的日军。

第五战区司令长官李宗仁经过反复权衡，仔细考量，最后答应了汤恩伯的行动方案，并做出了更具体的布置：孙仲廉率部固守台儿庄一线，作为这次诱敌深入的诱饵，当然李宗仁给孙仲廉下的命令是死守，要知道，日军一旦突破台儿庄阵地，汤恩伯布下的口袋阵，就将变得失去意义。

一旦矶谷师团钻进口袋，最后，担任扎口袋嘴任务的就是汤恩伯部。汤恩伯目前要假装怯战，领兵退到抱犊崮山区，一旦日军钻进口袋，他则突出奇兵，在日军背后，给予致命一击。

当时，日军第二集团军司令为西尾寿造，他下辖着两个步兵师团，第五师团长为板垣征四郎中将，参谋长樱田武。目前这两个师团进攻临沂时，被张治中和庞炳勋所困，一时难以脱身。

第10师团的师团长为矶谷廉介中将，参谋长堤不夹贵，其下辖步兵第33旅团：旅团长为濑谷启少将（濑谷支队），步兵第10联队联队长为赤柴八重藏（沂州支队），步兵第63联队联队长为福荣真平大佐（台儿庄派遣队）。还有一个机枪大队，两个装甲车中队，还有野炮联队和榴弹炮联队等。

濑谷启早就知道汤恩伯部是国民党军队序列的一支精兵，他已做好了与之决战的准备，濑谷领兵一路猛攻，先占藤县，再占临城，基本没有受到过像样的抵抗，往往遭遇到中国的军队后，濑谷启令手下一顿炮轰，对面的中国军队，便让路躲避，不敢恋战。

濑谷启领兵占领临城后，他得到了一份情报，这份情报显示，汤恩伯已经率领他的主力部队，退进了津浦铁路以东的抱犊崮山区。

濑谷启也怕自己唐突冒进，孤军深入，钻进了中国军队布下的口袋阵，他正要派手下的侦察兵，去抱犊崮山区，侦查一下汤部第20军团的准确去向，他手下的机要秘书，将一封加急电报送到了他的手中。

这份电报是他的顶头上司矶谷廉介发来的，看完电报，濑谷启的脸上不由得露出了一丝的喜色——日军第五师团师团长板垣征四郎虽然占领了青岛，可是临沂之战，却打得极为不顺利，负责防守临沂的是庞炳勋的部队。

第五战区为了阻击这路日军扑向徐州方向，李宗仁调第五十九军军长张自忠领兵开赴山东，前去支援临沂庞炳勋部作战，这两支部队，都是冯玉祥西北军的旧部，以善于打防御战而出名，庞张的两支部队合并一处，已经将进犯临沂的日军团团围困了起来，矶谷廉介命令濑谷启立刻派兵前去支援。

濑谷启深深知道日军第五师团的战斗力，能将其包围在临沂，可见李宗仁的第五战区必定已经主力尽出，濑谷启接下来的进攻，必定鲜遇抵抗，获得立功受奖的好机会，故此，他的脸上才会露出了欣喜的表情。

濑谷启虽然兵力并不宽裕，可是面对上峰的命令，他还是信心十足地将手下的日军分成三路：一路驻守临城；一路继续南下直攻韩庄，造成虚攻徐州的作战假象；他领着一股主力日军，开始进攻枣庄。日军占领枣庄后，主力又被分为两路，一路5000名日军由八重藏大佐率领，向东进兵，沿着台潍公路，直奔临沂救援第五师团。而富荣真平大佐率领5000名日军，开始进攻台儿庄。

濑谷启之所以敢孤军深入，绝对是有实际原因的。首先，日军在华北战场上，基本是一路挺进，未遇敌手，甚至像样的抵抗都没遭遇过，故此，现在的日军一个个都成了骄兵悍将，仿佛真的天下无敌了。

再则，他派出的侦察兵，已经陆续送回了情报，转进抱犊崮山区的汤恩伯部并没在那里设伏，现在连影子都找不到了。濑谷启觉得汤恩伯领兵消失，无外乎两个原因，一个是消极避战，根本不敢和自己交锋；第二个是汤恩伯很有可能开赴山东战场，阻击日军第五师团。濑谷启手下的日军，面对的台儿庄必将是一座孤城，他贸然进攻，完全是立功心切在作怪。

《孙子兵法》有云：上兵伐谋，其次伐交，其次伐兵，其下攻城。可见在古代，任何一次凭借武力的攻城，都是以伤亡惨重、血流成河作为代价的。但随着现代热武器火炮的出现，攻城已经变得不再是难事！

1938年3月23日，富荣真平率领5000日军来到了台儿庄北门之外。望着巍峨的城墙，还有城头上严阵以待的中国士兵，富荣真平抽出了战刀，吼叫道："呼叫飞机，轰炸台儿庄！"

台儿庄在清顺治四年（1647年）始建土城，咸丰七年（1857年），在土城的基础上开始垒砌砖墙，城墙高4米，上砌垛口，兵士可隐身在垛口里面，对外进行防御和还击。城墙上宽3米，可行马运兵，调集战略物资。

台儿庄城有六门，在东、西、南、北4门各建有两层门楼，高约7米，城外有护城河，河宽10米，深2米，可做缓滞敌兵，保护台儿庄的作用。在台儿庄大战爆发之前，城内共有8条街道、15000户人家、20000间房屋。守城的是第三十一师，师长名叫池峰城。

日军飞机很快像乌鸦般地飞来，重磅的航空炸弹，雨点一样在台儿庄上空落下，日军军机对台儿庄进行了一番狂轰滥炸后，富荣真平命手下的日军，将20门重炮，50门迫击炮，在台儿庄前一字排开，然后就对着台儿庄进行了长达两个小时的猛烈炮击。

在这120分钟的时间里，日军的近万枚炮弹落入了台儿庄内，炮弹爆炸的"轰轰"巨响，震人心魄，弹片横飞，密如飞蝗。爆炸的热浪，引燃了民宅，"噼啪"燃烧的火蛇，四处乱窜。那滚滚的浓烟，将台儿庄笼罩了起来，台儿庄在这一刻，好像进入了人间炼狱。

炮声未停，日军的先头部队就扛着云梯，游过护城河，直奔台儿庄杀了过来。三十一师的将士们在饱受炮火洗礼的城头出现了，他们毫不畏惧地端起了步枪和机关枪，对着冲上来的日军一阵激烈的扫射，随后，雨点一样的手榴弹，就飞落到城下的日军队伍中。

富荣真平手下的日军和三十一师的守军，围绕着台儿庄的争夺，展开了胶着战，台儿庄前的阵地上，尸横遍野，血流成河……台儿庄的守军，面对着日军飞机、战车加大炮的钢铁攻击，英勇奋战，淌血流汗不流泪，丢身舍命不舍城，他们用自己的血肉，筑起了一道不可摧毁的防线，让攻城的日军受到了重创。

日军狂攻台儿庄三日，庄内的房屋，几乎没有一间完好，日军在战车的掩护下，最后炸塌城墙，攻进了台儿庄城内，随后中日军队，展开了更为激烈的巷战。

李宗仁得知日军突破台儿庄阵地入城的消息，急忙电令孙连仲派兵增援第三十一师，孙连仲接到电令后，命令在台儿庄右翼阵地的第二十七师黄樵松、独立第四十四旅吴鹏举，还有在台儿庄左翼阵地的第三十师张金照，率领部队一起行动，三支部队绕至敌后，对日军形成第一次包围，战斗变得更加白热化。

张美在《黄埔》杂志2013年第2期《喋血拼杀十六天》一文中这样写道：

3月28日黎明时分，濑谷启集中步兵第六十三连队两个大队、独立机枪第十大队、轻装甲车第十中队等数千兵力向台儿庄发起强大的攻势，为歼灭庄内日军，王冠五集中迫击炮以密集火力向大庙轰击，各突击队冒着炮火出击，与顽敌展开一墙一屋的巷战。约8时，五六百名日军突进到北站附近，中国守军以猛烈火力网阻击，杀敌甚多。战斗至上午10时，据守北站的中国军队伤亡殆尽，又调一营火速增援北站，至中午12时，台儿庄内仍在激战中，战况十分惨烈。下午，濑谷启集中全力攻取台儿庄西门及西北角，日军多次组织攻势，均被我守军击溃，双方伤亡惨重。这一天日军打破了夜间不作战的常规，天黑以后，日军仍然频繁地发起攻击，激战到晚上8时左右，有一股百余日军从城西北角豁口突进庄内与原来突进庄东北角大庙之敌遥相呼应，庄内枪声、炮声一片混战，火光四起、电话不通、战况不明，双方均陷入苦战混战状态。11时，城外日军仍不断向庄内连续发起猛攻，中国守军在池峰城的指挥下奋勇异常，屡屡击退日军进攻，午夜时分，日军停止了攻击。

现在的台儿庄战场，由单一防御战，已经变成了一场集穿插战、包围战、巷战和犬牙交错争夺战组成的"大乱战"。孙连仲部为了达到保卫台儿庄的作战目的，各部官兵，都在用各自的方法，争取给敌方以最大杀伤。

台儿庄一战，孙连仲部减员严重，两万余名守军，竟伤亡14000人，而守城的三十一师池峰城部，最后减员只剩下不到1000人。

参加过台儿庄战役的老兵于竹山，曾经率领歌曲队到火线慰问，他亲耳听到孙连仲对一个传令兵下达的命令："你去告诉黄师长，这一仗非常重要，关系着抗战的胜败，国家的命运，国家养兵千日，用兵一时，台儿庄之仗，正是我们军人报国的时候到了……我在运河桥头指挥所，没有我的命令谁如退下来就杀谁！"于竹山当时赶忙在笔记本上记下了这些话。孙说完传令兵又复诵了一遍。

他们在傍晚过了运河，在暮色中进了二十七师部指挥所黄林庄。次日下午，于老和歌曲队便冒着敌人的炮击和飞机轰炸进入阵地（抽战斗的间隙进行演出）。此时，战斗更加激烈，二十七师负责防守台儿庄的右翼……日军在飞机、大炮和战车的掩护下扑向他们，中国军队依靠着简陋的武器，同日军殊死血战。白天，二十七师守着自己的阵地，晚上派人进入台儿庄，支援三十一师……而孙连仲在此役后，甚至不愿意有人提"台儿庄"三个字，牺牲的战友太多了。

经过连日苦战，台儿庄内的一巷一院一屋，也陷入了激烈的争夺，最后，台儿庄守军的子弹打光，他们竟拔出了背后的大刀片，一经挥舞"霍霍"作响的大刀，在近战中发挥了巨大的威力，让攻进台儿庄的日军伤亡惨重，可是日军凭借炮坚枪利，还有战车的掩护，将第31师守军的阵地，逐渐压缩，日军甚至还占据了台儿庄四分之三的地方，但池峰城就是死守不退，他们利用残存的阵地，继续与日军进行苦战。

1938年4月4日，日军用燃烧弹将台儿庄烧成了一片火海，池峰城面对已经被炮火夷为平地的阵地，还有穷凶极恶的敌人，他抄起了电话，向孙连仲请示："孙军长，我们三十一师已经快拼光了，能否允许我们撤退，让弟兄们缓上一口气？"

孙连仲明知三十一师的处境已极其危险，但为了充当诱饵，完成合围作战的任务，他还是口气坚定，异常坚决地对池峰城命令道："士兵打完了你就自己上前填进去，你填过了，我就来填进去，有谁敢退过运河，杀无赦！"

孙连仲

池峰城也是一个有担当的军人，他面对军令，毅然选择了跟日军决一死战。他收缩城内三十一师的官兵，借助残垣断壁，重新构筑了简单的阵地，继续与日军周旋激战。

孙连仲给池峰城下了死守的命令后，他给李宗仁打去了电话，并用悲痛的声音说："三十一师官兵已伤亡十分之七，敌人火力太强攻势太猛，但是我们把敌人也消耗得差不多了，可否请长官答应暂时撤退到运河南岸，好让第二集团军留点种子，也是长官的大恩大德！"

李宗仁何曾不知道三十一师官兵正处在存亡绝续、危如累卵的境地，他坚定地回答："敌我在台儿庄已血战一周，胜负之数决定于最后5分钟，援军明日中午可到，我本人也将于明晨来台儿庄督战，你务必守到明天拂晓，并要组织夜袭，坚持就是胜利，待明天援军到后，我们就可以对敌人内外夹攻！这是我的命令，如违背命令，当军法从事！"

孙连仲说道："好吧，长官，我绝对服从命令，整个集团军打完为止！"

李宗仁在电话里还告诉孙连仲，说："我现在悬赏十万元，你将后方凡可拿枪的士兵、担架兵、炊事兵与前线士兵一起集合起来，组织一支敢死队，实行夜袭。这十万块钱将来按人平分。重赏之下，必有勇夫，你好自为之。胜负

沙场老将李宗仁

之数，在此一举！"

李宗仁不愧是久经沙场的将军，根据两军作战的经验，他可以得出这样的判断：第二集团军的伤亡虽已逾全军十分之七，但是火线上的担架兵，还有负伤退下的士兵一定不少，他们因为战火太猛没有回到火线上去。重赏之下，必有勇夫。李宗仁就是要利用这一点的力量，孤注一掷。

当晚，孙连仲赶赴台儿庄亲自督战，他组织了敢死队，可是他给将士们分钱的时候，那帮分到钱的将士们都将手里的大洋，丢在了地上，说："我们连命都不要了，还要钱做什么！"

孙连仲率领敢死队，对攻进台儿庄的日军进行了夜袭。第二集团军，原属西北军，不管官兵，皆是人手一把大刀，这些大刀重有四五斤，即使是碗口粗细的树，也能一劈两段。他们的胸口上还挂着手榴弹，远了丢手榴弹，近了用刀砍，面对三十一师的大刀片和手榴弹，日军真的被打蒙了，他们万万没有想到，孙连仲这一支残军，竟还有发动夜袭的勇气，一夜之间，丢失的阵地竟被孙连仲夺回了四分之三，日军死伤一片，龟缩在北门一带，做负隅顽抗。

三十一师的手榴弹虽属于近战武器，但在坚守台儿庄的时候，确实发挥了很大的作用，日军战车攻入台儿庄东北角，曾有70多名守军死于日军战车的履带之下，最终还是敢死队用集束手榴弹，炸毁了日军的战车。根据战后统计，第31师在战斗中，共使用了30万余枚手榴弹。打扫战场时候，地上的手榴弹弹皮厚有10厘米，满地都是手榴弹的木柄。

日军一名参战士兵在日记里痛苦地写道：四小时下天津，六小时占济南，小小台儿庄，谁知道竟至于这样困难！其惨状实为人间地狱。

李宗仁的处境艰难，且有不堪言的苦衷，他本来与汤恩伯定好了计策，要对日军结成一个口袋，现在三十一师在台儿庄正在跟日军鏖战，并将日军的主力牢牢地吸引在那里，可是汤恩伯竟用电报联系不上了（后来电报又联系上了）。

李宗仁在他的回忆录中，曾经这样写道：

> 我严令孙总司令死守待援。自27日始，敌我遂在台儿庄寨内作拉锯战，情况非常惨烈……孙连仲和我，仅在他奉调来五战区增援时，在徐州有一面之缘。此时我向他下这样严厉的命令，内心很觉难过。但是我深知不这样，便不能转败为胜。
>
> 在此同时，我也严令汤恩伯军团迅速南下，夹击敌军。三令五申之后，汤军团仍在姑婆山区逡巡不进。最后，我训诫汤军团长说，如再不听军令，致误戎机，当照韩复榘的前例严办。汤军团才全师南下。然此时台儿庄的守军已伤亡殆尽。

原52军25师少将参谋长韩梅林（后率部起义，中华人民共和国成立后，曾任江西军区浮梁军分区司令员等职）曾经写过一篇回忆录，在这篇回忆录中，他这样记录下当时的情形：

> 汤恩伯自恃是蒋介石的嫡系，很骄傲，也很狡猾。当时我在汤军团第五十二军、第二十五师、第一四五团任团长，徐州会战后期，任第二十五师师参谋长，对汤军团的行动都知道。他的电台有时不与战区长官部电台联络，李宗仁有时不知道汤恩伯在何处，即使电台联络上了，汤对李的命令也敢于打折扣，甚至抵抗。当汤奉令攻敌之左侧背时，慢吞吞地令第五十八军攻枣庄，令第五十二军以大队协助攻枣庄，一部与第十三军攻峄县。
>
> 当第五十二军、第二十五师、第七十五旅经郭里集向枣庄前进时，由于战地群众未发动、组织，群众都逃走了，部队失去了耳目，而又侦察不严密，郭里集炮楼上有敌警戒部队，第七十五旅受到突然袭击，伤亡近百人。随后调来炮兵，轰垮了炮楼，但大部分敌军撤退了，仅打死十多名敌军。接着敌军以大炮、飞机向郭里集轰击时，第七十五旅即撤出郭里集向东北山地转移。第八十五军也只派出了一个营向枣庄接近，随即撤退。所谓攻击敌之左侧背，只是"虚张声势"而已。
>
> 这次行动，第五十二军军长关麟征是认真负责的，在开始向枣庄前进时，他令第二师协同攻枣庄，在师长郑洞国派人与第八十五军去联络，

但到处找不到。汤军团指挥部队正在移动，电话不通。关麟征派军参谋长姚国俊和第二十五师参谋长覃异之找到军团长请示汤恩伯究竟还打不打枣庄。汤说："情况有变化，暂时不打了，部队要转移。"

李宗仁和韩梅林的回忆录中，都指出汤恩伯在台儿庄会战中，消极避战，逡巡不前，可是事实上，汤恩伯却在此次会战中，利用运动战战术歼敌在前，布下口袋阵，取得台儿庄大捷在后，第20军团确实发挥了至关重要的作用。

就在第31师池峰城部在台儿庄打得如火如荼的时候，汤恩伯的7万官兵好像一下子消失了，他的任务是外围埋伏作战，一旦日军钻进了台儿庄的大口袋，他立刻扎紧口袋嘴，打日军一个歼灭战，可是日军已经被牢牢地吸引在台儿庄，汤恩伯这支负责扎紧口袋嘴的劲旅，却始终也没有出现。

汤恩伯这些日子在做什么？第20军团7万将士开进抱犊崮山区后，汤恩伯从3月25日开始，为打赢台儿庄歼灭战，他利用运动战战术，指挥20军团部做了下面几件事：

一、袭击枣庄，牵制枣庄之敌对台儿庄的支援

3月25日，陈大庆第4师在第89师的掩护下，兵分三面，包围了枣庄，对敌盘踞的枣庄中兴煤矿公司进行了攻击，并放火焚烧了日军盘踞的一所中学，除一小部分突围逃走之外，余下的日军尽皆被歼灭。

二、袭击郭里集

3月24日，第52军第2师最先到达郭里集地区，郭里集在枣庄的东部，约10里之处，村寨周围有几座碉楼，其中最大的一座碉楼，在24日夜里，已经被濑谷支队赤柴联队第二大队所占。

夜半时分，对郭里集地区日军攻击开始，当时，郑洞国在第2师任师长，根据他回忆——日军据守碉楼，75旅用轻重机枪和苏罗通小炮封锁碉楼射击孔，可部队冲了几次都无法接近，于是大动干戈，挖掘地道准备用炸药炸。第52军军部获悉情况后，即派配属作战的炮兵第7团野炮一连，直接瞄准射击碉楼，命中上层建筑，楼上日军约六七十人纷纷跳楼企图逃生，结果除极少数逃走外，大部被歼。

此次战斗的胜利，给濑谷支队以极大震撼，使其错误地认为，汤恩伯部想与之决战，濑谷支队主力竟在郭里集、峄县一带停留了五六天，直拖延至3月30

日，才向台儿庄进发。

三、对坂本支队实施截击

3月31日，汤恩伯接到一份紧急情报，一支绕路临沂的日军，以审自项城一带，而从枣庄增援台儿庄的濑谷主力部队，也已行至官庄还有兰城店一线。

而这时汤部主力的位置，正在这两队日军之间，汤恩伯为变被动为主动，经与关麟征商议后，便开始实施反包围计划，各部队经过紧急转移，全部进入外线阵地，4月2日，第二十军团对包围圈中的濑谷和坂本支队发起攻击，在洪山、爱曲等地一线共歼敌四五千人，经此一战，终于使攻击台儿庄一线的日军变成了一支孤军，并扫清了台儿庄歼灭战之前，自己身后有敌援兵的不利局面，为最终获得胜利，奠定了基础。

汤恩伯完成上述转进作战的任务后，不仅鼓舞了部队的士气，而且也取得了不菲的战果。在第二十军团的战报上，随后刊登出了这样的内容：

> 我各军、各师以攻击敌人甚为得手，咸信我军并非不可战胜倭寇，因此士气更加振奋，虽夜以继日辛苦备尝，但莫不欢声雷动，大有灭此朝食溅雪国耻舍我其谁之慨！

李宗仁的手下经过用电报紧急呼叫，终于联络上了汤恩伯部的电台，李宗仁随后，就给汤恩伯发去了一份措辞严厉的电命，如果将这份电令通俗一下，就是：我三令五申叫你出兵，你却按兵不动，若要再不出兵，韩复榘就是你的榜样！

紧接着，汤恩伯也接到了蒋介石在5日12时发来的敦促他出兵的密电：居敌侧背，态势尤为有利，攻击竟不奏效，其将何以自解？……急应严督所部于六七两日奋勉图功歼灭此敌，毋负厚望！

汤恩伯立刻给蒋介石回电，并立下了军令状：本军团今（6日）12时若到不了台儿庄，恩伯愿受军法处分！

汤恩伯拍完电报，然后在第二十军官兵强烈的激战声中，他终于下达了兵发台儿庄的命令。

4月6日半夜，李宗仁接到汤恩伯同意出兵，合击围歼台儿庄之敌的来电后，当即率作战指挥部的人员星夜赶往台儿庄一线，指挥作战。

清晨6时，汤恩伯的第20军团和孙连仲的第二集团军一起对濑谷师团发动了进攻。霎时，炮弹纷飞，冰雹一般落入到了濑谷师团的阵地上，伴随着"轰轰轰"惊雷般的爆炸声，日军被炸得人仰马翻，死伤一片。

濑谷师团经过十多天对台儿庄的进攻，早已经人困马乏，疲惫不堪，再加上兵力的减员，得不到补充，消耗的弹药得不到补给，战斗力几乎降低了一半，面对汤恩伯这支武器精良、战斗力旺盛的生力军，简直可以说只有招架之功，没有还手之力。

濑谷启毕竟久经战阵，面对前后夹击、腹背受敌的不利局面，他急忙收缩日军队伍，然后借助修筑的阵地，拼死抵抗。4月6日中午12时20分，汤恩伯和孙连仲率领第20军团和第二集团军发起了总攻，第二集团军的敢死队员，他们一手拿枪，一手持刀，对盘踞在台儿庄中的日军，展开了歼灭战，很快攻进台儿庄的日军便被肃清，台儿庄重新回到了第二集团军的手中。

晚上8时许，濑谷启借着夜色的掩护，领着队伍开始突围，可是突围的队伍被汤恩伯的第20军团一路围追堵截，亦损失惨重，最后，突围而去的濑谷启与前来接应的矶谷师团长，率领万余残敌退入峄县县城，接下来四门紧闭，再也不敢出来应战。

台儿庄一役，取得了震撼人心的胜利，李宗仁在回忆录中这样写道：

汤恩伯的部署，使得台儿庄战役最终获胜

战后检点战场，掩埋敌尸达数千具之多。敌军总死伤当在两万人以上。坦克车被毁三十余辆，掳获大炮、机枪等战利品不计其数。矶谷师团的主力已被彻底歼灭。台儿庄一役，不特是我国抗战以来一个空前的胜利，可能也是日本新式陆军建立以来的第一次惨败。足使日本侵略者对我军另眼相看。

台儿庄捷报传出之后，举国若狂。南京、上海沦陷后，笼罩全国的悲观空气，至此一扫而空，抗战前途露出一线新曙光。全国各界、海外华侨，乃至世界各国同情我国抗战的人士，拍致中国军队的贺电如雪片般飞来。前来参观战绩的中外记者和慰劳团也大批涌到。台儿庄区区之地，经此一战之后，几成民族复兴的新象征。中国军队得此鼓励，无不精神百倍，各处断壁颓垣之上，都现出一片欢乐之情，为抗战发动以来的第一快事。

1938年4月6日中国军队对濑谷师团发起总攻，当时在前线的记者只有范长江和陆诒两人。

孙连仲后来在台儿庄大战的回忆录中说："台儿庄大战时，新闻记者群来访问我。我拂晓反攻，正面30师，右边27师，到下午二三点钟还没有消息，我请记者们去睡觉，独范长江不睡，我走到哪里，他跟到哪里，结果他抢到最早反攻胜利的消息，发往汉口，《大公报》因此而发了'号外'。"

1938年4月6日下午，著名战地记者范长江、陆诒，他们两个人乘坐铁路手摇车而来，他们也见到了池峰城。《新华日报》的文章记载了当年的场面：池峰城指着一旁的稻草，用嘶哑的声音对他们两个人说："这里有几捆稻草，欢迎你们在这过夜。"

范长江发现（池峰城）的头发和胡子都很长，虽然已经几个昼夜未合眼，嗓音沙哑，身体极度疲劳，但看到胜利的曙光，他心中异常兴奋。

台儿庄战役打响后，范长江对《大公报》连发通信，在通信中他用兴奋的笔调、胜利者的口气这样写道：

（台儿庄南棠棣埠7日上午8时本报特派员专电）6日晚8时，我军各路以决定的歼灭战之优势，向敌总攻，7日晨2时我正面孙部池师对盘踞在台儿庄寨内之敌500余人全部包围歼灭。计得敌钢盔500顶，坦克车4辆，其余机枪器材等正清查中。晨4时我池师得胜部队跟踪北追，当向敌司令部所在之刘家湖进攻，立即克复。刻台儿庄以北十余里内各要点均为我军占领。敌狼狈溃散。我正整顿战线，向溃散之敌猛追中。

（台儿庄7日下午4时本报特派员发专电）：本报特派员7日下午1时进入新克6小时后之台儿庄，慰问前方将士。台儿庄原有4000余户，人口达两万。现已成焦土，颓垣败瓦，壁洞梁翻，已无一居民在内。然而，台儿庄官兵无不愉快兴奋。城内外敌焚尸近千具，骨灰犹存。邵庄附近敌自埋5大坟，约2000具，北门外麦地中，有敌坦克车4辆，3辆已被焚，1辆亦受创甚重。尚有敌轰炸机1架，落刘家湖之南，敌战马2300匹及汽车230辆，皆被我重炮击毁。台儿庄北门城墙及附近野地皆弹痕累累，未炸之炮弹随处可见。我士兵白日在运河边洗脚者甚多。入夜歌声四起，守台儿庄名将王冠五旅长，态度从容，胜利之后，官兵毫无懈怠。

《新华日报》始建于1938年1月11日，是中国共产党的大型机关报，是由周恩来在河北涉县一二九师司令部亲自创办的，从抗日战争时期和解放战争初期（1947年2月28日）第一张在全国公开发行的报纸，该报的记者陆怡对台儿庄之役也多有报道，因为曾经在第一线亲自采访过汤恩伯，故此，他亦留下了很多极其珍贵的第一手火线报道资料。

从徐州到台儿庄前线五六十里路程，每天都有军车来往，他俩（陆怡和范长江）当时都有国民革命军军委会颁发的战地记者证明文件，搭乘军车极为方便。4月5日上午，他们搭乘军车首先去汤恩伯的司令部。汤恩伯在一间农舍中接见了他们俩。台儿庄3月天气，依然很冷，外边的路面依旧结冰。汤恩伯披着棉衣，穿着单裤，赤脚穿着棉鞋。

汤恩伯说："打运动战，就是要天天行军，专找敌人的薄弱环节打。过去我们死守阵地挨打，吃了很大的亏。现在我们集中全力进攻日军的侧翼，以支援扼守台儿庄正面战场的友军。"

（陆诒过了几日，又见到汤恩伯）守南口的名将汤将军，仍然保持着勇迈的作风，带了两三个卫兵，到火线督战去了。午时，汤将军托了一条手杖，腰间佩着左轮手枪，布鞋和旧灰军服上，满满地堆了灰土，淌着汗珠，脸上劳瘁的神色，较前年的绥东见面时，似乎判如两人，但他谈起话来，仍然是那么豪迈……记者向汤将军致敬后，询此次鲁南战争中获得的经验和教训。据谈，对敌作战，因敌人装备较我占优，故不宜迎头顶，更不宜集中兵力来死守一地，应该处处争取主动的地位，时时取攻势，以强大的兵力，来重重地打击敌人的侧背。攻击时，要迅捷，机动和坚决，绝不能有丝毫的迟疑，最好在敌人运动中，给予以奋迅的有力的杀伤！

鲁南属于平原地区，由于视野开阔，非常有利于日军的飞机活动，所以白天的时候，天空中的敌机特别多，根据参加战斗的老兵回忆，敌机在捞不到好处时，见到村子就炸，见人就炸，妇孺小孩都不放过，后来，见到大牲畜，甚至成熟的麦地都不放过，只炸得鲁南地区火光冲天，血肉横飞，尸横遍野，简直就是：千村薜荔人遗矢，万户萧疏鬼唱歌。

汤恩伯的部队，每天在这种敌机如蚊蝇般，在头顶盘旋不断的状态下，转进打仗，确实是非常困难。有时候，汤部包围了日军，而日军又反包围，然后汤军再来一个更大的包围，双方只打得天昏地暗，有时候双方打夜战的时候，中日的士兵，竟然睡到了同一个防空洞中，天明之后，这才知道对方竟是敌人，当即抄起刺刀，就地来一场你死我活的拼杀……

在《扫荡报》记者胡定芬的笔下，复现了汤恩伯率部打运动战，不停转进，辛苦非常的实景。

汤将军有20多天没有安睡一次，精神上异常兴奋。记者首先向他表示慰劳敬意，将军谦谢不遑，随即拿出一张地图，把他们这一军团两旬来在鲁作战经过指示一个轮廓。最初渡过运河向山地迂回，进攻郭里集、峄县、枣庄其次由山地迂回到台儿庄东北侧袭敌之后路。再次迂回到洪山、兰陵腰击由沂河西岸向西增援之敌，最后依旧迂回到台儿庄东北侧袭敌之后路……

记者随汤军团生活虽只三天敦促时间，可是到第一线去过三次，经过两次夜行军，在宿营上、行军上、阵地上看到一个庞大的军团的动作和精神，实在令人肃然起敬，他们久负盛名，实非偶然。20天之内，他们在抱犊崮台儿庄百余方里的地区内，来回走了八次，没有一个人表示过疲劳。

有一次他们在抱犊崮出击前，因为保守行动的秘密，不让给养车在路上运输。四天大家没有饮食，仅以小豆和地瓜充饥，大家还是兴奋，他们上下还坚守两个牢不可破的信条：第一，无上级命令不撤退；第二，遇任何情势绝不溃乱。

蒋介石手下的军队，在前线打仗的时候，为了保存实力，有很多都是消极避战，这已经不是什么新闻，现在最为关键的是要搞明白，汤恩伯是逡巡不前，还是迂回奋战。

中国社科院近代史研究所研究员韩信夫先生，曾经进过仔细考证，并在《民国研究》杂志上，发表了一篇题目为《汤恩伯军团与台儿庄战役》的文章，这篇长文，旁征博引，论断明确，是褒奖汤恩伯在台儿庄之战中积极表现，抗日当先的权威之作，因限于篇幅，无法全文引用，只能择取精华，简单罗列于下。

1. 汤恩伯歼灭枣庄、郭里集之敌，他在向城截击坂本之队，绝对是有目的而为之，绝非被动的遭遇战。

2. 关麟征部奉汤恩伯之命，扫清台儿庄外围大顾珊、底阁和杨楼日军阵地，为彻底歼灭日军守敌，解除腹背受敌的不利状态。

3. 汤恩伯在台儿庄歼灭战中，踢好了自己的临门一脚，在台儿庄歼灭战中，起到了自己应有的作用。

韩信夫先生在另外一篇大作《鏖兵台儿庄》中，对汤恩伯做出了这样中肯的分析：

> 目前史学界对汤军团的看法有欠公允……汤军团与孙集团军两支主力在台儿庄战役中并驾齐驱，都立下了赫赫战功。完全可以说，没有孙集团军在台儿庄坚持阵地战，便没有台儿庄的胜利；同样，没有汤军团在台儿庄侧背的运动战，也不可能有台儿庄的胜利。它们在台儿庄战役中一守一攻，相辅相成。我们切不可扬孙（集团军）贬汤（军团），而要一视同

仁。而且，汤军团的运动战，是我国抗战初期实施新战略战术的成功范例，不仅是取得台儿庄战役胜利的重要保证，同时为坚持持久抗战，争取最后胜利创造了成功的经验。

关于台儿庄战役的评价……我们的结论是：台儿庄战役的历史地位可以归纳为两点：第一，台儿庄大捷粉碎了日军不可战胜的神话，极大地提高了前线我军将士战胜敌人的勇气和信心，在津浦线上将日军拖住了数月，为部署武汉会战及实现向西南大后方的战略转移赢得时间，对抗日战争的最后胜利具有重要意义。第二，抗日战争的胜利，结束了我国近百年来遭受列强侵略的悲惨的历史，成为中华民族复兴的伟大转折点，台儿庄大捷，也使民族复兴露出了一线曙光。

当代学者萨苏，也是汤恩伯迂回奋战的肯定者，他在《黑白汤恩伯》一文中，这样写道：

个人认为，汤恩伯即便拖延，也是一个正确的决定。首先看看日军放一个大队阻挡十万汤军的做法。有人认为汤恩伯畏敌如虎，不敢进击，这或许是对日军作战特点不了解的一种看法。实际上日军以一个大队为战役中典型的完整作战单位，放一个大队在汤的正面，并不是期望它能挡住汤军，但足以拖住汤军，要迅速吃掉日军一个完整的大队并不容易……汤军出击的时机，可谓拿捏得相当好。晚一点，台儿庄失守，汤就变成了锦州战役中的廖耀湘，早一点，日军还有余力掉头，只能打成顶牛，却不能战胜。汤军团出击，正是在日军一拳打出，手臂完全伸直的瞬间投入战斗，所谓致命一击，对台儿庄的胜利起到了至关重要的作用。尽管我的观点只代表个人，但胜利者是不受责难的，对汤按照自己的节奏投入台儿庄增援作战，我想不应该太过苛责。

韩信夫和萨苏一个从事实、一个从形势分析了汤恩伯在台儿庄迂回奋战，而不是消极逃避的事实。如果从人性的角度分析一下，亦可得出汤恩伯迂回奋战的真实原因，还有他在李宗仁面前，为何表现得"逡巡不前"。

汤恩伯第20集团军直接归国民政府军事委员会指挥，是当时国民党军队系

台儿庄战役要图

列里的一支武器精良，满编兵员的精兵，甚至可以说，是蒋介石手中的"一张王牌"，而在反观隶属李宗仁的第五战区第2集团军、第3军团军、第22集团军全都是不折不扣的杂牌军。李宗仁在台儿庄会战打响之前，因为兵源不足，甚至将张自忠的第59军（顶着汉奸之名），谁也不愿意要的川军"双枪兵"122师师长王铭章，也都招募到了旗下。

蒋介石为了铲除军队派系，对于杂牌军，一贯采取的办法是将其推上前线，借敌之手，削弱异己，壮大嫡系，逐步实现手握全部兵权的目标。而李宗仁却不同，他号德公，性格宽厚，体恤部下，让那些"杂牌军"感恩戴德，这些杂牌军在其他战区龟缩不前，可在李宗仁指挥的第五战区，全都变得抗日争先，不惜同日寇血战到底。

1938年3月14日藤县告急，李宗仁要在河南归德、安徽亳州整训的汤恩伯派一个师前去藤县，而汤恩伯以兵力不应分割使用为由，转而向蒋介石请示该如何行动，蒋介石回电：为策应津浦北正面作战，该军团所属第85军准备商丘乘车，经徐州向临城输运，务于17日拂晓前到达临城集结完毕，第52军即开商丘集结待命，该军团长先到徐州指挥。

李宗仁要"一"汤恩伯给"零"，而蒋介石给"二"，后者为何如此大方，原因有两点：1. 他不相信凭着李宗仁之力，能阻挡住日军的进攻。派汤恩伯前去助拳，为的是加强第五战区的力量。2. 他不信任李宗仁，派汤恩伯过去，就等于在其身边安插了一枚钉子。

汤恩伯肩负着蒋介石的秘密"使命"，对于台儿庄之役如何打，他自然是早有腹案。

1. 绝对不能打拳头对拳头的阵地战，如果和上有飞机、下有战车、后面有大炮支援的日军来一场硬碰硬，最佳的战况，还是重复了南口战役的失败结局。

2. 在运动中寻找机会，用优势兵力，对日军分散在鲁南的小股日军打分袭战，积小胜为大胜，此计虽然安全保险，得利不少，但这种零打碎敲的办法，却给人以小家子气，甚至会被误认为消极避战。

3. 布下口袋阵，打日军一个漂亮的歼灭战，这样，第20军团不仅会声名大振，自己也会得到南京当局的嘉奖。名利双收才是最好的局面。

事实上，汤恩伯成功地避开了第一种阵地战，实施了运动战，可是在实施第三个作战计划：扎口袋，打日军一个漂亮的歼灭战时，他却没有多大的信心。其原因不言自明，在现代热兵器的空地立体打击之下，台儿庄能否坚守，能守多少日，能否与汤部共同打造成一个结实的口袋，都存在着大量不确定的因素。

汤恩伯为了让台儿庄的口袋阵扎得更结实一些，同时也在观察台儿庄能不能成为一个口袋阵，他领兵开始扫除能够威胁到此口袋存在的外围日军，然后在运动中，等待着一个机会，一个日军人困马乏、成为疲师的最佳时机。

李宗仁后来在回忆录中，这样写道：我当时的作战腹案，是想借着汤军团让开津浦路正面，诱敌深入。我判断以敌军之骄狂，矶谷师团长一定不待蚌埠方面援军北进呼应，便直扑

李宗仁在台儿庄的留影

113

台儿庄，以期一举而下徐州，夺取打通津浦路的首功，我正要利用敌将此种心理，设成圈套，请君入瓮。待我方守军在台儿庄发挥防御战至最高效能之时，即命汤军团潜行南下，扐敌之背，包围而歼灭之。

上文有一个"最高效能"，"最高"可以有如下解读：当守城的关麟征部打退日军第一波次进攻时；当日军"三而竭"时；当日军成为真正疲师，几乎无力再战时。

如果汤恩伯在守城的关麟征部打退日军第一波次进攻时，扎紧口袋嘴进攻，势必面临一场腹背受敌的（后面有支援濑谷启支队的日军）恶战，汤恩伯纵能取胜，亦是险胜。如果在"三而竭"时进攻，汤部所受的损失会相对减轻；如果在日军成为真正疲师，几乎无力再战时进攻，汤恩伯的第20军团才能获利最大，损失最小！

战争是残酷的，你不杀死敌人，敌人就会干掉你。同时，在战争中，为了更迅捷地杀死敌人，如何保护自己的安全，也会变得尤为重要。第五战区的杂牌军和汤恩伯黄埔系的正规军非"战友"，虽然蒋介石一纸命令，将他们强行"捏"到了一起，但实际情形，汤恩伯只是被李宗仁请来助拳的，李宗仁有他"最高效能"时段的想法，而汤恩伯也有自己"最高效能"时段的分析，汤部究竟在哪个"最高效能"时间段进攻，这是否关乎道德和品质，需要看评论者是站在个人素质的立场，还是从战场取胜的立场上出发去理解和分析，但不管怎么认识和阐述，"杀敌最多，自损最少"的战略运用，都是每一个战场指挥官的必选项。

总之一句话，战争是生死存亡的较量，追求目的是暴利下的臣服，武力下的屈从，是在死亡的土地上建立起赢者的高楼大厦，是将对手淹没在血色的汪洋大海。战争不是生活中的评选道德模范，而是立判生死的恐怖对决。评论一个将军，绝非文人墨客之事，因为一般人理解不了两军交战"你死我活"的残酷，更不会懂得因顾大局"见死不救"的毅然，更感知不了面对战友重伤痛苦，抬手补枪的决绝，评论一位军人，最好是听另外一位将军所发出的理性声音，何应钦曾这样说：

（汤恩伯）于台儿庄战役，与友军密切协同，获得辉煌战果，扬名中外。

还有一位和汤恩伯并不睦的白崇禧，他在晚年接受中研院访谈时，曾经对汤恩伯有过这样一段评价：

> 汤恩伯司令用兵适宜，当敌攻击台儿庄之际，迅速抽调进攻峄县而呈胶着状态之兵力，反包围台儿庄之敌人与孙连仲部相呼应，同时，并调关麟征、周嵒二部击破敌人由临沂派来解围台儿庄之沂州支队，于任务完成后，仍回师台儿庄，此为其用兵灵活、合适之处。

汤恩伯做到了看紧盯牢第五战区，然后收拾了背侧的日军援兵，并联手孙连仲取得了台儿庄战役的胜利。汤恩伯作为一个必须屈从于保存实力的大战略，还要顶住一个"日军不可战胜"神话的重压，面对一群不能依靠的"杂牌军战友"，更何况他指挥的还是一支在抗日战争初期，遭受到南口之役的巨大损失，刚刚缓过一口气来的军队，他还能做什么？他能做到这些就已经很不错了。

台儿庄战役从1938年3月16日开始至4月15日（这是比较公认的时间），历经一个月的时间结束，战役由藤县、临沂和台儿庄等地的战斗，再加上日军溃退时，中国军队的追击歼灭等诸多战斗所组成。在这一个月的激战中，中国军队共约29万人参战，日军人数约为5万人。中方伤亡约5万余人，毙伤日军约2万余人（日军自报伤亡11984人），并掳获日军步枪1万多支，重机枪931挺，步兵炮77门，战车40辆，大炮50多门，其余物质若干……

在历时1个月的激战中，与日军作战的国民党军队官兵，不惜抛洒热血，与日军戮力交战，此次台儿庄之役的胜利，不仅狠狠地打击了日军嚣张的侵略气焰，更鼓舞了全国抗日的士气，坚定了华夏民族抗战到底的信心。台儿庄之战，是继长城战役、平型关大捷等战役后，又一次抗日战争的巨大胜利，必将被载入史册，激励和警示后人。

1938年5月3日，国民政府行政院第361次会议经过研究，为彰显抗日精神，树立模范，激励同群，做出了准备表彰汤恩伯和孙连仲的决议，决议内容如下：

> 孙总司令连仲指挥所部，固守该地各村落，沉着应战，予敌重创，使友军达成包围任务。汤军团长指挥主力部队，迂回枣峄等地，侧击敌军，

汤恩伯所获青天白日勋章的证书

获得取胜之基础。该总司令、军团长，忠勇奋发，指挥恰当，应即呈请国府，命令颁给青天白日勋章，已昭懋赏，而资激励。

很显然，没有孙连仲的苦守，就没有汤恩伯的猛攻，没有台儿庄的绝大伤亡，就没有第20军团的巨大胜利，虽然双方配合得不是十分的默契，但这场台儿庄战役，还是打得漂亮。台儿庄的战役虽然发生在国内，但其影响力早已经走出了国门，1938年4月9日，路透社电讯说：英军事当局对于中国津浦线之战局极为注意，最初中国军队获胜之消息传来，各方面尚不十分相信，但现在证明日军溃败之讯确为事实。

这次战役的胜利，不仅大幅地提高了中国在世界舞台的地位，也使中国军队成为反法西斯侵略的一支重要力量，而且为获得国际更大的支援，铺平了顺畅的道路，同时，也是在埋葬日本侵略者的墓地上，深深地挖出了一锹土。

毛泽东在《论持久战》中写道：

每个月打一个较大的胜仗，如像平型关、台儿庄一类的，就能大大地沮丧敌人的精神，振起我军的士气，号召世界的声援。

美国战地摄影记者罗伯特·卡帕（Robert Capa）在美国《生活》杂志上撰文：

> 历史上作为转折点的小城的名字有很多，滑铁卢、葛底斯堡、凡尔登……今天又增加了一个新的名字——台儿庄。

台儿庄捷报传来，武汉的民众们无不欢欣鼓舞，他们纷纷走上街头，敲锣打鼓，燃放爆竹，来庆祝这场难得的胜利，当时民心大振，蒋介石在武昌官邸听到街上的喧闹声，却面露不悦之色，说：有什么可庆祝的？叫他们走远点，不要在这里胡闹——很显然，蒋介石对这场由"杂牌军"取得的抗日胜利，心生抵触，还有些耿耿于怀。

2. 武汉，一场会战炮声隆

战争来临时，真理是第一个牺牲品——海·约翰逊

台儿庄取得大捷之后，陈诚兴奋异常，他甚至将其比作了对敌实施反包围战略取胜的坦能堡经典之役，可是随后不久，日军派出重兵，进攻徐州，徐州失陷后，汤恩伯率领军队开赴武汉战场，在这场更大规模的战役中，他能否有上佳的表现？

不管是临沂之战，藤县之战还是台儿庄大捷，全都是徐州会战的一部分。日军如此不计代价地多路进兵，其目的只有一个，那就是攻取徐州，为贯通津浦（天津至浦口）和陇海（宝鸡至连云港）线，连接华北与华中战场，进一步扩大侵略的步骤奠定基础。

徐州，简称徐，古称彭城，曾是历史上的华夏九州之一。徐州地处江苏省西北部，不仅京杭大运河穿城而过，而且津浦和陇海铁路亦在这里交汇，五省通衢的徐州自古便是北国锁钥、南国门户、兵家必争之地和商贾云集中心。

1938年4月中旬日军为了攻占徐州，便开始从平、津、晋、绥、苏、皖各个战场抽调约了30万（另有数字说，日军是24万）军队，他们派一部兵力在正面牵

徐州会战历史图片

制第五战区的主力，随后，日军又抽调第10师从山东峄城，第5师从临沂西北的义堂地区南进，对国军第2集团军和第20军团、第3军团等实施牵制性进攻。日军接下来又从南北两个方面向徐州西侧迂回，随后，60万中国军队竟被30万日军团团包围。

兵法上有云，十则围之、五则攻之、倍则分之、敌则能战之、少则能逃之、不若则能避之。从用兵之道上可以得知，兵力超过敌人十倍方可围之，可是30万的日军竟包围了60万第五战区的国民党军队，日军如此嚣张，凭借的不仅是单兵的素质、先进的武器、整体的协调，更有侵略者固有的疯狂。从5月14日起，54架日机轮番轰炸徐州市区，5月17日，日机34架，又开始对徐州进行轰炸，徐州城中火光冲天，硝烟四起，城中居民，死伤近千人。

日军飞机开始对徐州进行激烈轰炸的同时，汤恩伯部也接到了李宗仁所转蒋介石的"抽调鲁南兵团转用"的电令，他随后率领军队开始进入阵地，并沿着运河一线进行布防。

汤恩伯久经战争，深知徐州地处平原地带，非常适合日本的机械化进攻作战，却不利于中国军队的防守，但即使要打吃亏的阵地战，这仗也得打，不然身后的武汉可就危险了。

5月16日，李宗仁传下命令：汤恩伯兼任第五战区陇海兵团总指挥，刘汝明为副总指挥；孙连仲为鲁南兵团总指挥，于学忠为副总指挥；韩德勤为苏北兵团总指挥，廖磊为淮北兵团总指挥，李品仙为淮南兵团总指挥。各路总指挥被任命下去，各自作战的区域也已经划分清楚，面对日军之作战计划也随即展开。

徐州会战之前，中国军队在战场上，采用的多为阵地防御战，台儿庄大捷的胜利，在打破日军不可战胜神话的同时，抗战的将士们也理解了汤部运动战的精华，接下来，他们还创造了正面设兵，吸引和阻击敌人，接着派一部分兵力，深入敌后，袭扰交通，炸毁给养，制造混乱，削弱前方主力之敌战斗力的渗透战。

前方阻击，后方袭扰的同时，抗战的将士们还会以主力兵团，迂回到敌之侧翼，对日军实施突然的进攻，进攻的目的很明显，就是变被动为主动，让挨打的阵地防御战，变成主动的运动战外加侧击战。

虽然徐州会战汤恩伯等部已经采用了新式战法，但不管论武器，论实力，还是论战术和战略，都和日军不在一个水平面上，故此，失利的消息，不断传进李宗仁的指挥部。

当时蒋介石的国民党军委会就设在武昌，看着一份份越来越惨烈的战报，蒋介石也从台儿庄大捷胜利的眩晕感中，逐渐清醒了过来，他已经清晰地意识到，日军是要在徐州打一场针对第五战区主力的歼灭战，徐州再重要，也没有保存有生力量重要，何应钦的主张也是赶快突围，以空间换时间，并利用中国广阔的地域，众多的城市，摊薄日军的兵力，寻隙反攻，逐个击破，用明日的胜利荣光，洗刷今日之失败屈辱。

蒋介石亦同意何应钦的意见，因日寇在徐州寻我第五战区主力决战的企图已经昭然若揭，故此，在拖延日军五个月予敌重创之后，蒋介石口授李宗仁电令：令其部力避决战，撤离徐州，火速突围。

李宗仁接到蒋介石的电令后，急忙开始布置第五战区各路军队撤退事宜，汤恩伯来到了李宗仁的指挥部，向其请示两件事情，一、是否在撤退之前，歼灭宿县之敌？二、李宗仁的长官部有一千余人，为保安全，可否同第20军团一起撤退。

李宗仁认为，宿县只不过是一个小县城，即使将其攻下，对徐州整个战局的失利，亦无所补；而长官部随汤军团前行，必成为其撤退的包袱，第20军团是第五战区的精华部队，保存实力，突出重围才是最重要的。故此，李宗仁认为，长官部单独绕过宿县东侧突围，而汤恩伯部撤退的线路可选向西而行，双方各自行动，突出敌人重围后，再做进一步的会和打算。

很显然，汤恩伯到李宗仁指挥部一行，是在下一箭双雕的妙棋，1. 攻占宿县，取得"他军独败我独胜"的战绩；2. 保护长官部，取得"火线撤退第一功"，可是李宗仁偏偏不给他立功的机会。

李宗仁将部队分成五路突围，并留张自忠第59军做掩护。让汤恩伯不满的是，李宗仁命令第20军团撤退时，竟给汤部一个西行的路线，而李宗仁部则向宿县方向撤退。

从徐州往西行是奔郑州方向，此方向不仅有日军的重兵，而且道路崎岖难行，更是远离了武汉大后方。再看李宗仁往宿县的撤退方向，如果用尺子，将武汉和徐州画一条直线，而宿县就在这条尺子画出的直线之上。

汤恩伯摊开地图，他的手指沿着徐州的周围，画了一个圈，最后停在了涡阳县的方向上，涡阳县和宿县毗邻，可以绕过该县，直奔武汉的方向上，汤恩伯不顾李宗仁向西撤退的命令，率领第20军团，直奔自己选定的方向而去。

如果日军想要寻找李宗仁长官部，最直接的办法就是攻击战斗力最强大的第20军团，因为任何一个思路正常的指挥官，都会觉得，李宗仁的长官部，绝对会跟着手下军力最强的部队撤退。

汤恩伯在这次战略撤退中，会不会认为，李宗仁让他往西撤，是为长官部的绕路宿县，做一个诱兵之计，这事儿没有人知道，但现在的情形是，李宗仁对擅自改变撤兵计划的汤部很不满。

但汤恩伯并不是第五战区的部队，而是蒋介石的嫡系部队，李宗仁即使不满，也只有将不满的情绪放在心里，总之一句话，只有突出日军的重围，才能谈以后反攻的事情。

汤恩伯率第20军团，一路突围撤退，一路战斗，经过浍河一线、兰封、归德、永城、宿县等的一系列反击突围战之后，汤恩伯终于率部撤到大别山北麓，他在平汉铁路线以西地区，进行集结和整补，不久之后，汤恩伯被调到上高地区，兼任第一战区第一兵团总司令之职。

徐州会战，历时五个月，中国军队有70个师约100万人参战，参战将士以伤亡6.5万余人的代价，换取了毙伤日军2.6万余人的战绩。这次会战，虽然以国民党军队失败，让出了曾经取得大捷的台儿庄，而且被迫放弃了战略要地徐州而告终，但徐州之战，除了给日军以巨大的打击之外，更重要的是延缓了日军进军的速度，为武汉会战赢得了时间。

蒋介石面对日军步步紧逼的不利局势，他交给新8师一个秘密的任务，那就是扒开黄河堤坝，让滚滚的黄河水，阻碍日军进攻的计划。经过两日两夜的挖掘，6月9日凌晨，黄河花园口地段终于被打开，黄河水沿着贾鲁河的河道方向，恶龙一样，奔腾咆哮地涌向了下游。

6月10日，黄河中上游地区又突降了一场暴雨，引起河水的暴涨，河水不仅冲断了陇海铁路，而且让日军的进兵道路全都变成了水天泽国，日军斟酌再三，不得不放弃追击徐州会战中撤退的第五战区的守军，最终使进攻武汉的计划放缓。黄河人为地决堤，虽然基本上达到了蒋介石的战略目的，但因为事先并没有通知老百姓转移，以至于一场洪灾从天而降，淹死饿死的群众多达89万人，一场巨大的灾难，又一次降落在中原百姓的头上。

黄河之水决堤之后，暂时为参加鲁南会战的各部赢得了一个短暂的休息时间，武昌的军政部，随后发来一道电令，命令所有参战部队的独立旅旅长以上的官员，都要开展对鲁南战役胜败得失的检讨和总结活动。

李宗仁面对不利的战争形势，适时地提出了一个《焦土抗战论》，如果简单地解释一下，就是：一旦战败准备放弃城市，将放火烧掉城市中任何可资敌用的财物、设备和房屋，以达到空间换时间的目的。惨烈的"焦土抗战"，可见为了抗日胜利，当时抗日的军民，不惜牺牲自我、牺牲一切的同仇敌忾之心。

6月8日，汤恩伯升任第31集团军总司令。驻防河南南阳（豫西），被指定为中原机动兵力，归军委会直辖，其目的是随时策应第五、第九战区，灵活机动地给日军以彻底打击。

武汉，简称"汉"，是湖北省的省会，武汉不仅是全国重要的工业基地，而且还是综合交通枢纽城市，是承东启西、接南转北的国家地理中心，武汉炎热多雨，非常适合农作物的生长。湖广熟，天下足，大武汉周围的江汉平原、鄱阳湖平原和洞庭湖平原盛产粮食和各种农业产品，可以为几省的民众，提供充足的粮食和物产，而武汉所处的位置，犹如围棋棋盘上的天元，被誉为中国经济地理的"心脏"。武汉历来有九省通衢之称，其重要性，与五省通衢的徐州比起来，更是一座不容丢失的军事重镇，命脉要冲。

武汉境内江河纵横、湖港交织，不仅有上百座大小山峦，还有166个湖泊散落其间，水域面积占全市面积四分之一，很显然，只要合理地利用这些山峦和湖泊资源，就能起到截击日军，消灭其有生力量，获得最大战略目的的意义。

武汉的防御任务，由第五战区和第九战区官兵共同完成，前者的司令长官为李宗仁，后者的司令长官为陈诚。第五战区的官兵负责江北防务，而第九战区官兵负责的任务是江南防务。

另外，在平汉铁路北京—汉口的郑州至信阳段以西地区，还开辟了第一战区，目的是防止日军南下；在安庆间的长江南岸和江西南昌以东地区，还开辟了第三战区，亦是防备日寇经浙赣铁路向粤汉铁路迂回进攻。

四个战区都有一个共同的目的，那就是借助修筑的坚固工事，争取作战4到6个月，挫败敌人的锐气，严重透支敌人的战斗力，使敌军在巨大的消耗战中，成为疲师，无力再组织像样的进攻。

汤恩伯手下的军队，在这一次武汉会战，并没有得到直接派驻前线的机会，而是作为中原机动部队，随时准备策应受到日军攻击而减员严重的前线防守部队。

很显然，汤恩伯不能上一线与敌战斗，而作为机动部队，留守后方，这与他的性格截然不符，但蒋介石命军政部做出如此布置，自然有保存嫡系实力的慎重考量。汤恩伯每日领兵训练，心情不佳，他几经思考，是否向蒋介石拍发一封电报，申请接受一件更为艰巨的作战任务时，在炎热的7月，一纸新的任命，发到了汤恩伯的案头。

蒋介石并没有忘记汤恩伯，他任命汤恩伯为军委会突击军军长，突击军是一支装甲精兵，也就是国军序列中的第一支装甲部队，因为这支部队需要配备装甲战车，故此在战斗开始时，肩负着反攻当先，突破敌阵的重任。

汤恩伯心里明镜似的，要知道，国民党军队序列中林林总总的部队，为何偏选择汤部作为突击军？汤恩伯能担任突击军军长，绝对是受到蒋介石的格外看重和尽心栽培的缘故。可是后来，由于国内战局的发展，装甲战车未被应用到武汉战场，就直接被派往了其他形势更危急的前线，汤恩伯的部队还未等接受具体的装甲战斗训练，突击军就胎死腹中。

日军进攻武汉的华中派遣军司令官为畑俊六大将，畑俊六1879年出生于日本东京的武士家庭，从小就受到"嗜战"思想的灌输，他毕业于日本陆军士官学校和陆军大学，是旧日本帝国最后一个受封元帅的陆军大将。其下辖两个军，共20余个师团。第2军司令官是东久迩宫稔彦亲王中将，第11军司令官是冈村宁次中将。

另外配合畑俊六作战的还有海军第3舰队的舰艇120余艘，还有一支野战重炮旅团，由德川好敏中将指挥的航空兵团飞机约500架，共投入陆海空三军35万兵力。另外，为了打赢武汉战役，日方又新增调40万大军配合作战。这40万大军中，还包括在两个月之内，在日本本土招募的新兵24万人。

此次武汉会战，日军除在本土留驻一个近卫师团之外，其所有兵力，都已投入中国战场。日本大本营陆军部有一份文件，上面写有这样一段话："陆军为汉口作战倾注了全力，没有应变之余力。"可以说，武汉会战，日军已严重地透支了国力，并为此增加不堪重负的战费达35.2亿日元之巨。

1938年7月，日军开始进攻武汉外围广大地区。华中派遣军司令官畑俊六为了取得武汉战役的胜利，他拟定了号称"五爪毒龙"的作战部署：首先，以江南为进攻主方向，以第9、第27师团迂回攻占武汉以南的贺胜桥、咸宁、汀泗桥铁路沿线地区，切断粤汉铁路；以第101、第106师团向德安、永修进攻，侧卫主力，扩大战果，并相机攻占南昌；以波田支队与海军配合，沿长江南岸，由瑞昌经阳新、白沙、大冶、鄂城、葛店、鲁巷攻占武昌。在江北，则以第2军从大别山北麓经六安、固始、潢川、罗山进攻信阳，然后沿平汉路南下，从北面、西面迂回，包围武汉；以第6师团与海军配合，沿长江北岸的黄梅、广济、蕲春、浠水、新洲，经靠山店进攻汉口。

国民政府军事委员会，从1937年12月13日，就开始具体实施保卫武汉的作战计划。特别是徐州失守后，便陆续调集约130个师，约100万军队，还有各型飞机200余架、各型舰艇及布雷小轮30余艘，然后利用大别山的险峻、鄱阳湖和长江之水的天险，构筑阵地和堡垒，组织防御，打击敌人，保卫武汉。

武汉会战的第一枪，先从长江北岸打响，华中派遣军第六师团从合肥南下，从6月1日开始，首先进攻安庆，负责守卫长江北岸的将士们，开始了奋勇抵抗。12天后，安庆失守；8月3日，黄梅失守，中国军队引长江滚滚之水，淹没公路，阻止日军继续前

抗战时期，汤恩伯作为抗日名将出现在《大美画报》封面上

进。8月30日，日军开始猛攻广济，直到9月6日，日军占领广济，至29日，田家镇要塞失守，但一路日军攻坚作战，伤亡亦大。

6月23日，日军开始入侵长江南岸，随着马当要塞、九江和瑞昌城相继失陷，薛岳将军领兵将日军106师团包围在万家岭盆地，双方一场血战，尽歼顽敌，取得了可以媲美台儿庄战役的万家岭大捷。

大别山淮河战线在最后打响，虽然潢川、富金山、沙窝、界岭和信阳一线守军血战死守，苦战不退，但在日军激烈的炮火狂攻之下，守军为了避免更大的伤亡，最后还是放弃了阵地。

汤恩伯所部的31集团军归属第九战区，在6到10月之间，率领所部参加武汉的外围会战，在接近半年的时间里，汤恩伯先后指挥过第20集团军、第32集团军，及第18和第54集团军。汤部并在瑞昌对日保卫战中，多有斩获。汤部第110师、第50师、第14师等部队，亦作战勇猛，歼敌甚众，受到了军委会军令部的嘉奖。

10月下旬，武汉战役已经接近尾声，为阻止日军溯江继续西上，汤恩伯的第31集团军被调到邵阳进行整补和防守。日军虽然占领了武汉，但因其战线拉得太长，又加之大量的减员，军费开支繁靡，致使日军再也无力发动大规模的战略攻势。

在抗日战争爆发的一年多时间里，蒋介石调集了几百万大军，先后进行了太原会战、淞沪会战、徐州会战和武汉会战等战役，虽然平、津、沪、南京和武汉等地相继陷落敌手，但日本毕竟是个蕞尔小国，再加上岛上的矿产匮乏，兵员难以为继，此消彼长之下，中国军队的抗日形势，也从战略防御阶段，转变为战略相持阶段。

早在武汉战役爆发之前，蒋介石在武汉召开高级将领会议，商讨对日作战计划，朱德作为中共的代表被邀请参加，面对严峻的抗战形势，朱德向蒋介石提交了一份建议，这份建议是基于抗日战争所面临的局势，为了长期坚持下去，国共两党应联合举办游击干部训练班。用以培养大量的游击人才，为持久战做准备。

对日作战从防御战阶段，转变到了相持战阶段，这已经是一个带有肯定性的成绩，蒋介石等国民党的高层，也清醒地认识到，在相持阶段，一旦打好游击战，势必让未来战争形势，从相持阶段尽快过渡到反攻阶段，会起到非常积极的作用。

如果换一句更容易理解的话，就是：既然正面战场上，短时间内无法战胜敌人，在敌后开展游击战，也许是一条削减敌人有生力量、策应主力前线作战，积小胜为大胜的光明出路。1938年10月，蒋介石在武汉召开的紧急军事会议上，曾这样说："吾人欲驱逐敌人，消灭敌人则必须利用游击战，扰乱敌人之后方，而牵制其行动，破坏敌人运输交通，而减少其力量，以协助正规军之作战。"

蒋介石手下的军队，经过这几次空前的大会战后，空军、海军的力量损失殆尽，陆军已不及原编制的一半，武器弹药、战备资源亦处在捉襟见肘的状态，面对日军已经占领了中国半壁河山的不利局面，国民党军队亦无法组织起有效的反击，将失去的国土再夺回来。

日军由于穷兵黩武，情况可以说更糟。一场武汉会战，让日本政府严重透支了国力，以至于日本国内的军事学院，只能使用木制的枪模，来对学员进行常规的军事化训练了。

1938年11月28日，蒋介石在第一次南岳军事会议上，这样宣布，抗战自1939年进入"第二期"，该阶段的主要任务是整顿军队。他这样讲道：全国部队今后拟分三期轮流整训，限期完成。其法即将全国现有部队之三分之一配备在游击区域——敌军的后方担任游击，以三分之一布置在前方，对敌抗战，而抽调三分之一到后方整训。等到第一批整训完成，仍调回前方作战，或担任游击。乃换调第二批到后方继续整理，第二批整训完毕，再依次抽调其余未经整训的部队。每期整训期间，暂定为四个月，一年之内，即须将全国军队一律整训完成，于此，大家应该注意的一点，就是各部队皆须轮流抽调后方整理，故劳逸要完全平均，赏罚要绝对严明。

1939年1月7日，全国各战区如何开展游击战的指示出炉：应以一部增强被敌占领地区内力量，积极展开广大游击战，以牵制消耗敌人……第九战区，应以有力一部向武汉及沿江各要点游击，并保持九宫山游击根据地，不断袭敌后方……第五战区，应以一部保持大别山游击根据地，积极向鄂东、豫南、皖北游击……鲁苏及晋察各战区，应增强军民力量，建立并保持游击根据地，积极展开广大之游击战，袭击敌人后方，分别指向重点于津浦、陇海及平汉各要线，尽量牵制消耗敌人。

蒋介石南岳衡山会议结束，做出将三分之一兵力布置到敌人后方打游击战的战略决策后，在他的要求之下，周恩来和叶剑英报请中共中央同意，随后研究制订了游击干部训练班教育计划大纲，并由周恩来提交给蒋介石。

蒋介石很快接受了中共中央建议，并决定在衡阳市南岳衡山南岳圣经学校，由国共两党共同创办"南岳游击干部训练班"，此训练班隶属军事委员会，蒋介石为了以示重视，亲自兼主任，白崇禧、陈诚兼副主任，以第31集团军总司令汤恩伯为教育长，叶剑英为副教育长。中国共产党派叶剑英带领一部分干部和工作人员参加训练班筹建和教学工作。

游干班虽然训练的内容很多，有精神训练、政治训练和军事训练三大类24门课程，但游击战争课是游干班的中心课程，其重要性远远凌驾于前两种训练之上。

中共中央派出的30多名教员，可谓人才济济，有叶剑英、薛子正、边章五、李崇、李涛和吴奚如，他们主讲《游击学原理》《游击学战略》和《游击学政工》等课程。特别是叶剑英亲自讲授的主课《游击战争概论》，若论精彩之程度，远超其他老师教授的课程。

叶剑英不仅参加过游击战争，并亲自指挥过敌后游击战，而且他还是中国共产党党内公认的秀才，别看他每周只讲两次课，可是有时听课的学员竟达千人以上。国民党驻长沙、衡阳、衡山的一些军官为了适应抗日的新局面，他们也都赶过来听课，甚至南岳各寺庙的和尚也被吸引了过来。有时教室实在容纳不下，经过叶剑英提议，概论课就在外面广场讲大课，叶剑英讲课时，绝不使用高深的语言，而是用深入浅出、通俗易懂的"大白话"来传授知识，一旦讲到难懂的地方，他还会插上一两个红军和新四军敌后打游击战的真实案例，这种听得明白，学得容易，回去能用的游击战实际操作课，确实给听课的学员们留下了极其深刻的印象。

汤恩伯在台儿庄战役时，因为善于打运动战歼敌，故此名声在外，虽然运动战和游击战略有不同，但保护自己，灵活歼敌，最终取胜的路子是相通的。故此，他被任命为教育长，主抓南岳游击干部训练班的日常管理工作。

游干班关系着在抗日主战场相持阶段，中国军队是否能利用游击战打破僵局，取得胜势的战略任务，汤恩伯接受委任后，他为了对军委会负责，故此，对招生、教学和管理工作非常重视。

首先是招生。游干班招生的对象是国内各大战区现役的连营团旅级的军官，他们大多数是黄埔和南京中央军校的毕业生，第一期一共招收学员1046名，可是说是集中了军队里的中坚和精华之力量。

接下来是教学。国共两党在联手合作，共抗日寇之前，曾经有过一段不愉快的历史。为了树立中共讲师的威信，汤恩伯在学校的管理和生活中，切实地表现出了对叶剑英等讲师诚恳的尊重和谦恭的态度。

汤恩伯在每一次游干班师生集会时，都会拉着叶剑英和自己并肩站立，他每一次对学员们讲完话，都会邀请叶剑英继续讲话，或者对他的发言进行补充。

有一次，汤恩伯在周会上，这样说道：友党派来叶剑英担任游击干训班的副教育长，帮助大家学习游击战术。打游击他们是专家，过去我们打过交道。他们几支枪，人也不多，这里打，那里打，我们老是扑空，老是被动挨打。现在共同对付日本，我们要团结一致，学好游击战术，打败日本。

汤恩伯讲得确实是实话，打阵地战，打运动战，他可以当学员们的老师，但谈到如何打游击战，他得洗耳恭听，只有当学员的份儿了。

叶剑英在游干班授课的同时，也会一边讲解游击战的理论，一边潜移默化地告诉学员：抗日为先，国共两党只有团结抗日才有出路，如果同室操戈，将会令亲者痛，仇者快。

叶剑英为了国共两党合作愉快，他在汤恩伯每一次发表讲话后，都会对其讲话内容的闪光点，进行阐扬和褒奖，叶剑英身为副教育长，对汤恩伯这位教育长的尊重，也让两人的合作充满了和谐和默契。

最后是管理。游干班的学员来自全国各地，不仅生活习惯不同，而且派系也是迥异，同在一个屋檐下听课学习，摩擦自然是避免不了，汤恩伯努力避免国共两党因为初次合作而造成的意识形态的摩擦。

汤恩伯秉承着"对事不对人，争事不争利"的原则，巧妙地处理各种人际关系，排解和预防潜在的一些矛盾，让游干班的教学工作能够顺利地进行下去，他绝对功不可没。

当然在游干班的教学和生活中，汤恩伯和叶剑英也有一些竞争。1939年春节，因为游干班是军委会下设机关，正值国家危难之际，故此，学院和教师们谁也不能放假回家，但国民党军队的学员们却纷纷请假外出，喝酒游玩，有很多人彻夜未归，而叶剑英和其他的中共同志，却没有一个外出，他们用自己的钱，只准备了简单的糕点和茶食，过了一个简单、热闹而愉快的除夕。

汤恩伯将那些只知道吃喝嫖赌，放浪游玩的学员狠狠地批评了一通，他说："国家危难，正值用人之际，可你们不思进取，只知安逸享乐，真是让人万分痛心啊！"

后来，因为抗日战场吃紧，汤恩伯被调回河南前线，继续领兵与日寇作战，李默庵出任游干班的教育长。叶剑英在送汤恩伯去河南前线的时候，曾经发出这样的感叹：将军一去，南岳云消。

叶剑英与后者的合作，显然没有与汤恩伯和谐，在日常的教学和管理当中，叶剑英甚至毫不客气地对李默庵不正确的做法予以纠正和批评。

周恩来以军委会政治部副部长的身份视察游干班时，他应汤恩伯的邀请，还曾给学员们做了《中日战争之战略与策略问题》的报告，在这份报告中，周恩来不仅指出了中国抗战必胜，日军侵略者必败的规律，而且还对游击战所能达到的目的和效果，做了高屋建瓴的分析，还有极具实践性的总结。

蒋介石为了显示对游干班的重视，他也曾来到学校，作了题为《推行基本建设与实现三民主义》的演讲，白崇禧亦不甘其后，他作了《关于游击战的问题》的报告，陈诚也作了《论游击战》的报告。很显然，白陈二人并没有游击战的实践，更没有指挥游击战的经验，他们论述游击战的水准，那就得见仁见智了。

叶剑英等中共的教官利用课堂，采取灵活的教学模式，丰富的教学内容，让每一个参加游干班的学员，都得到"真东西"的同时，也让全民族统一战线的观点，更加深入人心。随着游干班的名声越来越响，也吸引了大量中外名人到此讲课。

可是不久之后，军委会军训部长白崇禧，觉得游干班归属军委会有些不恰当，他就以军事训练机构应隶属于军训部为由，报经蒋介石批准，游干班随后更名为军事委员会军训部。

紧接着，国民党在游干班中实行"溶共、防共、限共"的做法，使南岳游击干训班的正常教学出现了不该出现的杂音，国共两党之间，也不时闹出一些内部的摩擦。叶剑英为了团结抗日，虽然采取了克制、忍耐的态度，但必要的斗争也不可避免。叶剑英在和李默庵针锋相对时，也一再强调：抗日阵营内部不应该摩擦，不应该自相残杀，应该团结抗日，兄弟相携外御其侮。

摄于1940年4月15日，第五战区长官司令部驻地湖北老河口。第五战区将领合影，除李长官（左四）外，孙连仲（左五，台儿庄说得很经典那句话的那个，士兵没有你上，你死了我上），张自忠（左三），汤恩伯（左六）

南岳游干班于1939年2月15日举行开学典礼，后因故推迟到4月上旬开学，7月5日第一学期学员结业；第二期，1939年6月20日开学，9月20日结业；第三期，1939年11月20日开学，1940年2月3日结业，这三期游干班一共培养了3042名游击干部。第三期游干班在教学期间，日本飞机沿着粤汉铁路沿线狂轰滥炸，致使游干班的教学工作，受到严重干扰，1940年夏，游干班南迁祁阳、零陵等地，直到第三期结束，经中共中央同意，中共代表团于1940年3月全部撤回延安。接下来游干班又办了四至七期，于1942年停办。

游干班是国共第二次合作的产物，也是国共两党联合抗日的标志性成果，根据《国共第二次合作时期的南岳游干班》一书引用《游干周刊》的报道，从游干班毕业的少数优秀学员，他们离开学校后，曾经被分配到浙江、鄂豫皖边区和广州等地，他们将学来的游击经验，与当地的实际情况结合起来，学员们不仅积极地开展对日的游击战，而且在沦陷区大肆破坏公路、铁路和电话线，主动伏击和打击日军，战果颇丰，曾经让日军手忙脚乱，并大伤脑筋。

可是大部分毕业于游干班的学员，他们深入敌后，打游击时的成绩并不理想，究其失败的结果，有如下几种原因：1. 一些学员都是正规军出身，打阵地战打习惯了，他们甚至从心里看不起游击战，根本没学好。2. 由于前线吃紧，还有抗日形势的需要，游干班每一学期只有3个月的学习时间，故此学得不扎实。3. 虽然叶剑英等中共教官，教授学员们游击理论的同时，还曾经率领学员们在南岳的沟壑和山林中实地操练过游击战术，但这些学员们，毕竟没有经历过敌后游击环境的锻炼，还有在敌强我弱的状态下，如何开展游击战争的考验，故此，很多学员学得都是纸上的功夫，一经遇到游击实战，一个个全都成了"赵括"。

国民党军队开展游击战最高峰时，曾经在敌后战场装备了60个师近100万兵的力量，而且还建立了包括太行山东南部根据地，中条山根据地和吕梁山等根据地，可是其战况却十分糟糕，特别是1941年5月上旬至6月上旬，日军进攻中条山根据地，前后不到一个月的时间，20万国民党军队被俘3.5万人，遗弃尸体约4.2万具，而日军伤亡人数不到3000人，还不到国军的十二分之一。蒋介石恼羞成怒，称此役为"抗战史上最大之耻辱"。到1943年左右，国民党军队在华北的敌后根据地基本上都销声匿迹了。

1944年6月22日，叶剑英时任第18集团军参谋长，他在与中外记者参观团谈话时说："总计开到华北、华中敌后战场的国民党军队，原来不下一百万，由于政策错误和受不了艰苦磨炼，绝大部分被敌人消灭或投降了敌人，留在原地的及撤回后方的为数甚少。"

但叶剑英在谈及汤恩伯的时候，却说："将来国共合作，汤恩伯是共产党的好朋友，万一不幸破裂，汤将军也是共产党最大的敌人。"

汤恩伯 全传

第五章

中原称王，想要做好不容易

从来就不存在好的战争，也不存在坏的和平——富兰克林

汤恩伯在武汉会战中，一直作为机动部队在使用，而且在抗日战争进行地如火如荼的时候，他还做了一阵子"南岳游干班"的教育长，作为一名军人，以服从命令为天职，但作为一名军人，如果没有仗打，又如何能够建功立业，成就一番彪炳千古的事业？

很快大好的机会就让汤恩伯等到了。1939年5月1日拂晓，随枣会战爆发，汤恩伯部虽然伤亡甚大，但却利用运动战，取得了歼灭日寇1.3万人的胜利。

汤恩伯打运动战的水准，在随枣会战中，又得到了进一步的检验。可是中国的抗日战争还没有分出最终的输赢胜败，国际上反法西斯的形势，却开始电闪雷鸣，风云突变。

1939年9月1日，德国出动62个师、160万人进攻波兰，这一侵略行径，标志着"二战"全面爆发，蒋介石面对国际上反法西斯战争、风起云涌的斗争形势，他似乎"认清"了一点，国际社会，绝对不能容忍日军在中国，以至于东南亚等地区的暴行。

可以想见的是，如果国际社会插手，日军在中国的末日，必将很快到来。在"西安事变"中，蒋介石虽然"迫不得已"地同中国共产党组成了抗日统一战线，但在他的脑海中，中共始终是他的"心腹大患"。

为了限制中共的势力范围，并为将来的"清剿"创造条件，蒋介石以建设抗日根据地的名义，在安徽省西北边区的临泉县，成立了一个"鲁苏豫皖"四省的边区总部。借以控制界首（抗战时期，黄河以南唯一物资进出口口岸，素有小上海，小南京之称）、沈丘、阜阳这一东西七八百里，南北宽百余里的特殊地带。

1940年冬，蒋介石任命汤恩伯为鲁苏豫皖四省边区总司令。这时的汤恩伯，俨然已经成为了一方的封疆大吏，他开始踌躇满志，并且心中已升起了成为中原王的瑰丽梦想。

1. 随枣，要打就要打痛你

王冠难治头痛——英国谚语

在武汉战役结束后，汤恩伯作为一名军人，他并没有被派上真正的用场，正在他自怨自艾的时候，一道命令传来，军政部命他参加随枣战役。汤恩伯暗下决心，这场战役自己一定要好好打，他要让参加武汉会战的袍泽们看一看，他汤恩伯绝非是池中之物。

1939年4月中旬，日军第11军司令官冈村宁次，开始派兵遣将，经营部署随枣战役。随县地处桐柏山南麓、大别山西端、大洪山的东北部。是一座扼"汉襄咽喉"的鄂北重镇。而枣阳位于湖北省西北部，东靠武汉，西依襄阳，地理位置更是重要。

可以这样说，只要中国军队牢牢地守住随县和枣阳地区，进可以前攻武汉，取平汉铁路；退可以守住进入四川的大门，让日军后继进攻重庆的计划搁浅。

冈村宁次首先派出第3、第13、第16师团和骑兵第2、第4旅团等部队，这股穷凶极恶的日军，沿着信阳、应山、钟祥一线向湖北省西部随县、枣阳地区展开了进攻，企图一举歼灭中国第5战区主力部队，为进攻重庆，扫平障碍。

中国第5战区司令长官李宗仁为牵制和阻击日军，他将所属部队编为左、右两集团军和一部江防军。左兵团的司令为李品仙，下辖第11军团、第22军团。右兵团的司令为张自忠，下辖第33集团军和第29集团军。

第5战区虽然所属部队人数众多，可是系统庞杂，战斗力参差不齐，虽然依托有利地形，可以阻止日军一开始的猛攻，但是能否守住随枣地区，实在是个

未知数,

汤恩伯的第31集团军下辖第13军和第85军,在随枣战役中,铁定是不可缺少的中坚力量,军政部一纸电令,将其急调了过来,作为随枣会战的机动兵团,如果前线兵团在与日寇交战中遇险,汤部将在第一时间,进行全方位的支援。

此次侵犯随枣地区的日军数量,不足4个师团,总兵力约为11.3万人;国军6个集团军,共22万人。两方相比较,中方兵力占优。冈村宁次是一位诡计多端的日方将领,面对兵力不足的情况,他做出了一个狂妄的决定,即重点使用兵力,对中国军队采用锥形突击,分割包抄,并逐个进行歼灭。

1939年5月1日拂晓,日军兵分两路,他们借着头顶飞机的掩护,向中国军队的防守阵地猛攻而来。一路日军攻击的目标是国民党军队右翼兵团钟祥、东桥和大龙挡阵地。另一路日军攻击的目标是左路军团的徐家店阵地。

右路国民党军队不敌日寇凶猛的进攻,激战到5月8日后,阵地被日军突破,随后不久,枣阳亦落入敌手。汤恩伯部此时,正在配合李品仙左路军团作战。

5月1日,日军藤田第3师团主力,向随县地区之国民党军队左集团军第84军及第13军发起攻击。中国守军第84军与日军血战后退守塔儿湾阵地。5月2日,日军第3师团向第13军阵地攻击。双方在塔儿湾、高城一带展开了激烈的拉锯战,塔儿湾阵地失而复得六七次。5月4日,日军施放毒气,国民党军队伤亡惨重,塔儿湾阵地失守。中国军队面对危急形势,被迫放弃阵地转移,很快,高城陷落敌手。

5日,日军在飞机、坦克及炮兵火力支援下,对汤恩伯部等官兵防守的殷家店阵地,进行了多批次猛攻,汤恩伯虽然亲自到一线督战,可是无奈敌人炮火猛烈,殷家店阵地亦失守,汤恩伯领兵转至东岳庙阵地。

藤田率领日军一路进攻,汤恩伯部一边与之激战,一边暂避锋芒,有序撤退,激战进行至5月10日,汤恩伯鉴于枣阳失守,日军对其第五战区官兵的包围圈即将合拢之际,他毅然做出了一个决定,那就是赶快转移,跳到外线作战。

随枣之战,一开始双方打得还有一些章法,两支日军进攻两路国民党军队,就好像两个人的四条胳臂,你攻我守,有得有失。可是打到最后,就打成了"八臂哪吒战蜈蚣精"斗成了一锅粥,完全就是你中有我,我中有你,一幅犬牙交错的乱战状态。训练有素的日军，在战争中，本想给汤部的精兵来一个包围，然后用"伤其五指，不如断其一指"的策略，对其聚而歼之，让随枣会战的第五战区全线动摇。可让他们没有想到的是，通晓运动战的汤恩伯在日寇包围圈还未形成之前，他命张轸率领两个师的兵力，进军桐柏山区，暂打游击，掩护主力撤退，汤恩伯领兵从唐河移兵，撤至泌阳以北的二十里铺地区，灵活地跳出了日军的包围圈，安全脱险了。

汤恩伯等部转到外线之后，他们借助日军抢占阵地的空当，开始集结兵力，并从5月13日开始，易守势为攻势，对日寇的侧后发起了反击。

汤恩伯率领第31集团军，会同第一战区第二集团军从豫西南下，将大部分日军反包围于襄东的平原地区，连日的转进失利，让31集团军的官兵心里都憋着一股气儿，他们面对将日军包了"饺子"的有利局面，一个个都想借机报仇，他们的武器虽不如日寇，但是勇气不缺，一个个猛攻猛杀，血搏阵前，绝不含糊。

5月18日，李宗仁曾给蒋介石发去密电（据汤总司令删亥电称）：本集团虞日将刘家河以东地区敌第3师团之18、34两联队主力歼灭过半。是晚复袭江头店，亦毙敌千余，该敌续增援步兵7000，炮10余门，坦克车27辆，企图向我左翼迂回，均经我击退。

第31集团军和其他部队从19日开始，经过4日的苦战，予敌重创，丢失的枣阳，首先被收复，接下来中国军队围追不舍，日军节节败退，23日，随县又被收复。日军除一部占据了随县县城外的一处阵地，随枣会战结束，双方各自都恢复到了战前的状态。

武汉会战以后，国内的抗日形势从战略防御，进入到了战略相持阶段。这时的日军，将多数常备师团与A级后备师团，均已投入到前线战斗，可是仍然未能消灭国民党军队的主力。日军急于想和谈，可是重庆当局并不接受和谈的条件，日军为避免陷入持久战的深渊，他们一边巩固占领区，一边继续挑起局部战争，他们妄想用局部战争的胜利作为筹码，逼国民党坐到谈判桌的对面，接受日方提出的和谈条件。

这时，冈村宁次因为态度蛮横，不听日本陆军部的命令而被调走，日军11军司令官由关东军第7师团长园部和一郎接任，园部和一郎于1940年2月25日，制定了《会战指导方策》：并在5月上旬开始攻势，先在白河以南捕捉汉水左岸之"敌"，接着在宜昌附近彻底消灭该河右岸之"敌"之核心部队。

日本陆军部在4月10日，批准园部和一郎的作战计划，这份"大陆命"第426号命令中写道：可在5、6月间在华中、华南方面实施一次超越既定作战地区的作战。

当时国内抗日战争的形势是：大仗未有，小仗不断。而国际形势是，"二战"已经爆发，世界一片混乱。德军在1939年9月，曾经在三周之内，利用闪电战击溃了百万波兰大军，园部和一郎也希望仿效德军来一次大规模的战争，给国军以重创，实现既定的作战目标。

日军第11军下辖7个师团、4个旅团，是侵华日军兵力最为强大的一个军团，为了打赢这场枣宜会战，日本军部又在南京方面的15师团中抽出4个步兵大队，从驻杭州的第22师团中抽出3个步兵大队、1个炮兵大队，共约12万日军，然后这些日寇在飞机、战车和大炮的掩护和支援下，向随枣的第五战区杀了过来。

园部和一郎这次对第五战区发起进攻，第一阶段简直就是上一次随枣会战的翻版：日军首先对第五战区实施战略包围，特别要歼灭汤恩伯的第31集团军的主力部队。第二阶段日军的战斗目标是：突然转兵南下，奇袭宜昌。

宜昌是进入四川的门户重镇，只要占领了该城市，不愁重庆政府不接受日军的城下之盟。故此，枣宜会战一经打响，就成了武汉会战以来，日军所发动的规模最大的一次正面战场的战斗。

第五战区为了迎战日军，共集结了54师，共38万人的兵力。汤恩伯在这次大会战中，还是发挥了运动战的长处，汤部不仅没有被日军歼灭，反而能跳出埋伏圈，在外线攻击敌人，枣宜会战历时近两个月，在会战中，日军伤亡仅约7000人，而我第五战区阵亡36983人，失踪23000人，负伤50509人，战至最后，宜昌城在6月12日沦陷。

张自忠将军亦不幸在战斗中牺牲，中国军队丢失了江汉平原富裕的产粮区，日军占领宜昌地区后，修建机场，开始对重庆等地区实施狂轰滥炸，枣宜会战后，中国抗战陷入了低潮。甚至可以这样说：枣宜会战乃是抗战中期，中国军队遭受的最大的一场挫败。

日军虽然占领宜昌，但他们面对的是一道几乎无法逾越的天险——长江三峡，很显然，日军的舰船并没有突破这道天险、转而进攻重庆的能力，故此，蒋介石也开始有精力更多地关注国内的形势。而"攘外必先安内"的错误政策，在他的心中又一次沉渣泛起，蠢蠢欲动。

"攘外必先安内"并非蒋介石的首创，最早的提出者是宋朝的宰相赵普，赵普在给宋太宗上奏的折子中说：中国既安，群夷自服。是故夫欲攘外者，必先安内。

"攘外必先安内"所依附的道理是：当国家出现内外交困的重大统治危机时，历代统治者为维护统治，必须以安内为中心，攘外而次之的国策进行处理。最典型的例证就是明朝，当时外有后金扰边，内有李自成、张献忠等农民起义，可谓国内外形势交困，最终，明朝错误地以精锐的正规军，对抗后金，以力量次之的地方武装，剿灭农民起义军，可是明王朝并没有亡于后金的手中，却被李自成等的农民起义军推翻。

在封建社会的统治者眼中，内患是心腹之害，外患是肌肤之害。如果想要维持统治地位，必须先安好内，方能攘好外。"攘外必先安内"在封建帝王时代，是一条比较正确的应对危机之策，但放在民国的时代，却根本就是隔年皇历，前朝法典，完全就是一条不合时宜的政治主张。

早在北洋政府时期，以清朝为封建统治代表的落后君主制度被彻底推翻。段祺瑞等的旧军阀们，曾因国内的政体，究竟是要效仿美国的总统制，还是学习法国的内阁制，而闹过多次的"府院之争"。

但不管使用何种政体，最后军阀们都清晰地认识到，除了消灭对方，还有一条可以走，那就是坐下来，大家可以一起商量，如何成立联合政府，实施和平治国的民主道路。

北洋政府因为搞假民主，真霸权的统治，已经被民国政府所取代，而蒋介石竟要开倒车，他还要走一党独裁的封建帝王治国模式的老路，也许在他的心里，从来就不认同两党或者多党组成的联合政府，他只需要独断专行的统治，而所有反对者都将被武力消灭。

蒋介石一贯的作风是"对外软，对内横"，造成这种原因的根源，与他对日本的天生"恐惧症"不无关系。

抗战初起时，蒋介石认为：

"我军现有装备与日本较，等于弓箭与机枪"，因为日强中弱，故此　137

他固执地认为：我们中国没有现代作战的条件。不够和现代化国家的军队作战，如果不估时而动，贸然作战，那只有败亡而已。

在蒋介石的影响之下，南京政府不少的高官也一个劲地谣言蛊惑：

想要战胜日军，必须要养精蓄锐，不求急功于一时，不博一时之虚荣，而应该卧薪尝胆，增强实力，最好利用"以夷制夷"的策略，让洋人帮忙，最终赶走日寇。

在这种思想的作祟之下，也就不难理解国民党军队和日军作战，为何不敢出击，只是僵化地采用"挨打"的阵地战、打不过转身就逃的"溃败"战，还有根本不敢交锋的"口水"战的奥秘，因为那些高官们认为，抗日必败，与其冲上去被敌人很快地打死，还不如躲起来保存实力，等将来国际友邦准备发力赶走日军的时候，再出来一路很威风地跟着捡"洋落儿"。

国民党军队僵化的抗战方式，让日军更加肆无忌惮，国土沦陷区的面积进一步扩大，最后蒋介石政府一路从南京，撤到了武汉，最后从武汉又退到了重庆。当蒋介石退无可退时，这才知道，西方的上帝确实很灵验，但距离中国太远，他应该自救，否则一切都完了，这就是蒋介石消极抗日、到被动抗日，最后不得不抗日的渐进和转变的过程。

反观在抗日战争中，由中国共产党领导的新四军等队伍，根本不被"日军是不可战胜"的谣言所蛊惑，他们前赴后继，积极投入抗战，以袭扰战、麻雀战和游击战等灵活的战争方式来不断地打击敌人，并不断扩大战果，相继开辟出了苏南、皖东北、淮海和豫鄂边等多处的抗日游击根据地，这些抗日根据地的建立，让中国共产党的实力，得到了不断地增长，中国共产党的影响力，不管是在国内还是在国际上，都是逐步地扩大。

蒋介石在临泉建立了"鲁苏豫皖四省边区总部"，却有一箭三雕目的之考量。如果打开地图，就会发现临泉的西面是河南沈丘，最重要的是，临泉与界首遥遥相望。

界首本是安徽省西北部阜阳境内的一个小城，地处颍水北岸，往西去两里地，有一条南北纵横的大沟，在民间传说里，这条沟曾经是河南、安徽两省分界线。界首因为水运便利，平、津、宁、沪等沦陷区的货运，也都从这里输入内地，故此，抗战时期，这里商业贸易畸形发展，因其经济繁荣，货运吞吐量极大，时人称之为"小上海"。

蒋介石在这里设立"鲁苏豫皖四省边区总部"，不仅可以遏制日伪敌特对此地的渗透，而且还可以防止桂系势力的扩张，更可以布下一枚棋子，先入为主，跑马圈地，限制在此地活动的陈毅等中共组织的壮大和发展，故此，"鲁苏豫皖四省边区"总司令的位置非同小可，必须是蒋介石的黄埔嫡系，而且还要选用能征善战的悍将，否则不可为之。

汤恩伯凭着台儿庄的战绩，获得了"抗战名将"的头衔，徐州会战之后，他的第31集团军以第13军和第85军为班底，又组建了新编第2军（后改称第29军），虽然他的军队一直作为机动兵团在使用，但因其擅长运动战、协同战，被日军视为劲敌。日军曾经对国民党军队第1战区和第5战区的所有军队，都做过评估，他们按照国民党军队战斗力，将其分成甲乙丙三等，而汤恩伯的每一个师，都被列作"甲等"，可见第31集团军绝对是一支精兵。

汤恩伯作为蒋介石的嫡系，作战亦勇敢顽强，最终得到了蒋介石的青睐，汤恩伯将其他竞争者踩到脚下，脱颖而出，被任命为"鲁苏豫皖四省边区"的总司令，同时，他还兼任着鲁苏豫皖边区党政分会主任委员、第31集团军总司令的职务。

汤恩伯对蒋介石的信任和器重，自然是感恩戴德，要知道，河南古称中原，历史悠久，人文殊胜，这里不仅是中国第一人口大省，也是国内第一农业大省，历代的封建帝王，无不知道河南的重要性，故此，他们将都城纷纷建在这里，河南有商都郑州、殷商古都安阳、七朝古都开封、九朝古都洛阳。中国八大古都河南独占四个，可见河南在国内经济与政治上的不可替代性。

当然，河南的古迹名胜众多，比如：老君山、龙门石窟等等；而河南的名人也是灿若星辰，比如：老子、庄子和岳飞等等，但这些都不是汤恩伯关心的，他真正关心的是这里粮食多，可以让他养更多的兵；人口多，可以让他随时补充兵员；交通方便，可以让他随时调兵到前线；矿产丰富，可以让他获得大量充裕的资金。

河南是中原大省，正好可以满足汤恩伯的所有需求。汤恩伯率领第31集团军进驻河南之后，将总部设在何地确实让他费了一番心血，河南的名城旺邑，高山大川比比皆是，但哪里才最适合汤部驻军？汤恩伯在地图上，经过一番寻找，最后将目光锁定在叶县。

叶县位于河南省中部偏西南，是一个不大的小县城，这里不仅交通闭塞，而且生产力低下，唯一拿得出手的就是盛产岩盐，叶县号称是中国的岩盐之都。

从军事角度上着眼，叶县属于平原地带，基本无险可守，虽然西有伏牛山，南有桐柏山，可以作为战略回旋的余地，可是回旋的余地有多大，汤恩伯不会不知道。

汤恩伯自小就非常崇拜历史上的英雄人物，秦皇汉武、唐宗宋祖，都是他仰慕的对象。而近代的曾国藩、胡林翼和左宗棠等人更是他砥砺学习的楷模，再加上他在陆士时，接受的是武士道的教育，这更让他坚定了一定要建功立业的决心。

汤恩伯之所以任性地在叶县设立总部，是因为这里曾出过一位皇帝——汉武帝刘秀。当年刘秀在这里打了一场昆阳之战，最后以少胜多战胜了王莽，建立了著名的东汉王朝。

汤恩伯就是要借助刘秀的"皇"气，成就自己中原王的梦想。当然，这借"气"之举只能意会，不可言传，否则国民政府的高层一定会不高兴，一旦有人开始忌惮他，那可就前途不妙了。

汤恩伯在叶县驻军，对外宣传的理由是：叶县因周成王桐叶封弟而得名，诚字当先，历史底蕴深厚，而且又居于河南中心地带，南通云贵、北达幽燕，东面有京广铁路，北面有陇海铁路，一旦日寇来犯，他可以迅速调兵到前线，予以歼灭，可保河南一省之安全。

第31集团军在叶县建总部的同时，汤恩伯为了能够收获河南的人心，夯实长治久安的基础，他还在叶县成立了三一出版社，并任命从（前）苏联留学回国的陆痩为社长，副社长为臧克家。印刷出版了一份《华中日报》，专门刊登华中地区的新闻，为汤恩伯驻军河南，做必要的政治舆论宣传。

汤恩伯为了让第一战区军官们安心服役，他面对军官们的子嗣，上下学不方便的实际困难，还设立了一个三一小学，并任命谢拟颜为校长，汤恩伯此举，让第一战区的军官们，没有了后顾之忧，这样他们上战场，才可以不惜流血，好好打仗。

　　汤恩伯还筹建了中正学院和政治学院两所学校，学院起名中正，自然有讨好蒋介石的意思，不过汤恩伯建这两所大学，却遇到了不小的实际困难。

1942年夏秋两季，河南发生了历史上罕见的大旱灾，旱灾肆虐完毕，又爆发了大蝗灾，夏秋两季的麦田大部绝收。饥荒遍及全省110个县。河南省受灾的3000万民众，有300万人饿死，另有300万人西出潼关做流民，沿途饿死、病死、从火车上跌下而死者无数。

汤恩伯建学兴教的心是好的，但他面临的却是：一无政府拨款，二无建筑材料，三无施工人员的困境。为了解决这些难题，汤恩伯直接去了重庆，找到国民政府教育部长陈立夫，陈立夫虽然同意他在鲁苏豫皖边区，成立一所政治大学，但建校的款项，却需要汤恩伯自筹。陈立夫为了表示支持，他还向汤恩伯推荐了西安政治学院院长徐逸樵，徐逸樵德高望重，学问高深，可以胜任这所政治大学校长的工作。

汤恩伯兴冲冲地去找徐逸樵，可是事不凑巧，徐逸樵已经接受了另外一家大学的聘用，他就给汤恩伯举荐了西安政治学院文史系的主任马元材。

汤恩伯和马元材见面后，两个人一番攀谈，汤恩伯也被马元材渊博的知识所折服，他诚恳地说："马先生，您就是我寻找的校长最合适的人选，这所政治学院事关鲁苏豫皖四地的人才培养和兴旺发达，我就将它拜托给您了！"

政治学院有了马校长，就有了领头人，可是政府没有拨款，汤恩伯总不能空着两只手，去建这所学校吧？

汤恩伯的秘书给他出了一个主意，没有重庆政府财政上的支持，我们可以自己动手，31集团军中有很多工兵营和工兵连，让他们建造两个大学，这并不是什么难事，至于建筑材料这更好解决，叶县周围有很多的庙宇，将庙宇扒掉，砖瓦石块，窗门梁檩，足够建校之用。

汤恩伯觉得秘书的主意不错，一

1943年，河南，汤恩伯与美国《时代周刊》记者白修德 Theodore Harold White

道命令传出，叶县周围的庙宇在同一时间，便被夷为平地，扒下来的建筑材料，就被分派到各地的老百姓的头上，让他们用手推车、马车等运输工具，负责运到叶县，这种灾年劳民，不顾民众疾苦的举动，让老百姓们一个个心生怒火，但却敢怒不敢言。

叶县周围之所以庙宇不少，完全是当地的老百姓迷信的缘故，汤恩伯建学校是好事，但不顾民俗，强行拆庙，这也让他饱受到当地人们的责难。

1942年，河南大灾荒闹得最严重的时候，当地流传着这样一首民谣——河南四荒，水旱蝗汤。"水"为水灾，"旱"是干旱，"蝗"为蝗灾。最后的一个"汤"字，是指横征暴敛的"中原王"汤恩伯。

这场大灾荒，与其说是天灾，还不如说是人祸。1938年，蒋介石为了阻挡日军对中原的进攻，曾经密令炸开花园口黄河大堤，致使河南肥沃的土地转眼间成了一片泽国，过水的田地上，淤积上了大量的泥沙，根本没法种庄稼，当地的老百姓在水深火热之中苦度了4年，1941年一场大旱灾又席卷了河南大地，随后又一场铺天盖地的蝗灾突降，蝗虫过境后，河南的大地竟连一点绿色都没有留下。

汤恩伯的第31集团军驻扎河南，军需物质都需要河南百姓们补给，当时的

河南省省主席，为了自己的官位，不顾民众死活，抓紧催收捐税和军粮，1941年的捐税和军粮虽然足额完成，但河南百姓已经被搜刮一空了。

汤恩伯整饬军务，不离兵营，他对于河南的灾情，始终处于雾里看花的状态，直到他的手下上报了灾情，汤恩伯这才意识到事态的严重，面对汹汹的灾情，汤恩伯觉得也应该做一些事情，便急忙传下一道命令，发动部队救灾，他先是动员官兵们节约出了700万斤粮食，作春荒贷

麦来救济灾民。接下来，他还以个人名义捐出了20万赈灾款，面对失去父母的灾童，他还让第31集团军团长以上军官进行收养，虽然他麾下的每个军，都收养了100到200名儿童，而且每一个排，还要为老百姓掘一口水井，但他所做的这点努力，面对全省巨大的灾情，只不过是杯水车薪、聊作安慰而已。

河南大旱只是天灾，蒋介石接下来闹得是人祸：1940年10月19日，蒋介石指使何应钦、白崇禧二人致电朱德、彭德怀、叶挺和项英等人，强令将在黄河以南的八路军、新四军于1个月内开赴黄河以北。11月9日，朱德等人复电何应钦、白崇禧，据理驳斥了国民党的无理要求。

1941年1月4日，皖南新四军军部直属部队等9千余人，在叶挺、项英率领北移的途中，于1月6日，在皖南泾县茂林地区，遭到国民党7个师约8万人的突然袭击。新四军虽然英勇抗击，可是激战7昼夜，终因众寡悬殊，损失极重，这就是震惊中外的皖南事变，也是国民党不顾民意，悍然发起的第二次反共高潮。

1941年1月，李仙洲曾领兵在阜阳和蒙城一线，围攻八路军和新四军，皖南事变发生后，蒋介石电令李仙洲停止入鲁，暂留皖北地区，归汤恩伯部指挥，阻止新四军向苏北转移。

汤恩伯对蒋介石的"剿共"政策，绝对是不折不扣的执行者，他随后率第13军、第92军和第85军共9个师共10多万的人马，开始进攻豫皖苏边区的新四军的第4师，可是先头部队刚刚到达淮河南岸，正准备进攻河南永城时，1941年1月24日，日军分左、中、右三路，趁汤恩伯兵力空虚之际，突然发动了豫南战役。

日军的司令官园部和一郎是汤恩伯的老对手，他之所以要发动豫南战役，其目的是打通平汉铁路南段，解除汤部军队对信阳日军的威胁。园部和一郎认为，如果能消灭汤恩伯第31集团军这样一支甲等部队，绝对比消灭同等数量的三倍乙种或者十数倍的丙种师团，对国军更具有威慑的力量。

园部和一郎是日军的一位悍将，他毕业于陆军大学，而且是军刀组的成员（陆军大学以天皇的名义，给排名前六的人分别颁赐军刀一把，这六个人就被称为军刀组）。他这次进攻豫南，很显然是有备而来，园部和一郎率领着第11军，共纠集了步兵7个师、骑兵1个旅、战车3个团的兵力，兵分三路，在飞机大炮的掩护下，气势汹汹地杀了过来。

汤恩伯率领31集团军并没有正面和日军硬拼，他首先派少量兵力，在正面对敌佯战，然后一步步诱敌深入，其主力部队经过运动后，一部开始攻敌之侧翼，另一部在敌后断其交通，使敌腹背受敌，首尾不能相顾。日军司令官园部和一郎本以为日军武器先进，汤恩伯出兵在外，他发起豫南会战，绝对可以打汤恩伯一个冷不防，即使不胜，最差也能捞得绝大的好处，谁曾想，汤恩伯借着熟悉地形，展开了娴熟的运动战、侧击战，让园部和一郎连连吃亏，时刻处于一种挨打的被动局面。

汤恩伯为了打好这次豫南会战，他命参谋长留守指挥部，自己乘着汽车，领着参谋、副官还有七八名卫士，并随车携带着电台，亲赴一线，参与指挥，豫南会战一役，共毙伤日军9000余人，日军合击计划全部落空。最后，园部和一郎率领日军各路退返信阳地区。豫南作战以中国军队取得局部胜利作为结束。

关于汤恩伯亲临一线指挥，葛天曾经有过一段回忆，说：实际上汤是最怕死的。他在前方遇到敌机时，吓得一个人在田野里乱跑。平时每逢部队移动，他总叫我在离31集团军若干里处为他另找房屋居住……原因是害怕敌机空袭总部。

关于汤恩伯怕死的说法，现代学者已经有很多反对的意见，原侵华日军总司令冈村宁次在其回忆录中，载有一段岗村宁次的作战参谋关于汤恩伯的评价，相信看完之后，很多人就能明白，汤恩伯为何会离开指挥部，以飘忽不定乘车的方式，到前线去指挥战斗去了。

我对汤恩伯将军有较深的印象。将知将心，对于勇将，其敌手也会表示敬意。我作为岗村司令官的作战参谋，在攻占武汉、襄东会战，桂柳作战（1944年秋）中，曾三次和汤恩伯将军交锋，将军经常出现在最激烈的战场上。武汉作战中，由于他在我军主攻阵地前，用优质装备的无线电，每天向蒋介石报告战况，因此，我军曾经轰炸汤恩伯的军事司令部。

我们可以透过现象看本质，是炮火纷飞的前线稳妥，还是后方指挥所安全，这种低幼的问题应该没有争论的必要：不管多么"太平"的前线，都没有后方指挥所保险。汤恩伯能携带电台，不顾危险乘汽车亲临一线指挥，这就很能说明问题，他的勇敢真的已经超越同群，不愧抗日名将的称号了。

园部和一郎发动豫南会战，不仅没有让汤恩伯伤筋动骨，闪腰岔气，反而被汤恩伯打得丢盔弃甲，狼狈不堪，他后来在写给总部的报告中，曾视汤部为"天字第一号大敌"。

往往媒体的赞颂是阿谀，同僚的夸奖是奉承，部下的推崇是趋炎附势，可是敌人的赞赏肯定，才是对一个军人真正能力的准确定位。

汤恩伯在南口、台儿庄、武汉、随枣和豫南会战中，一步步地成长了起来，他从抗日铁汉，到抗日名将，再到日军的"天字第一号大敌"，可以说逐步升级，声名日隆。蒋介石看在眼里，喜在心上，汤恩伯打仗勇猛顽强，整饬军队很有方法，对自己又甚有忠心，这样的将领，绝对可堪大用。

汤恩伯对于趁热打铁这门学问，还是相当精通的，豫南会战胜利后，他就以部队减员，亟待补充为由，递上了一份请求扩军的报告。对于汤恩伯这样的将领，手里兵将多多，蒋介石还是放心的，而且藏重兵于中原，以待将来的战争之需，这也符合蒋介石设立"鲁苏豫皖四省边区总部"的战略构想，故此，蒋介石提起笔来，毫不犹豫地批准了汤恩伯扩军的报告。

1941年12月7日，第二次世界大战的形势风云突变，日军大批飞机偷袭美国珍珠港，炸毁击伤美机260多架，美舰18艘，日军通过一场偷袭，将美军对其最有威胁的武器，变成了一堆废墟，世界舆论一片哗然，美国民众游行示威，对日本军国主义开战的声音不绝于耳。12月8日，美国迫于压力，决定对日本宣战。而当时与日军鏖兵的民国政府，自然就成了美国的天然盟友。

1942年1月3日，盟国第一最高区域统帅部成立，在罗斯福的提议下，蒋介石出任中国战区盟军统帅部最高统帅，除负责中国战区的抗战事宜，还负责越南、泰国和缅甸等地的对日作战。

1月12日，汤恩伯亦成为第一战区副司令长官，并兼任鲁苏豫皖四省边区总部还有第31集团军军长的原职。该战区的原司令长官卫立煌因中条山失利而被撤职，由蒋鼎文继任第一战区司令长官。

蒋介石为了对汤恩伯以示恩宠，他将自己在洛阳的一座住宅送给了这位肱股爱将，可是汤恩伯一心扩军，公务繁忙，故此，他很少去蒋介石赠予他的宅中居住，蒋介石得到了"豪宅常空，将军甚忙"的报告后，他对汤恩伯就更加器重了。

其实早在1939年春，汤恩伯率领部队进驻河南之后，他就已经开始着手布置扩军事宜，他曾命得力部下葛天到重庆任第31集团军总部驻渝办事处处长，在葛天上任之前，汤恩伯这样叮嘱道："你的主要任务就是设法扩充部队。关于请求扩充部队的理由，就是为防止新四军的进攻。你到重庆之后，要想尽一切办法找到有关部门的得力人员帮助，尤其是要利用浙江桐乡和军校同学关系，拉拢若干人为己所用，至于多花几个钱也在所不惜！"

葛天说道："请司令放心，卑职赴渝后，定当竭尽全力，您就等好消息吧！"

葛天来到重庆，首先在十八梯永兴巷12号成立了办事处，他接下来做的第一件事就是散布谣言，污蔑桐柏山新四军以抗日为名，不断扩充军队，抢占地盘，已经成为该地区的心腹之患。由于河南省幅员辽阔，而汤恩伯的第31集团军"剿匪"的兵员不够，故此，想要长治久安，扩军实有必要。

葛天的第二步，就是与国民政府军政部军务司的科员刘振炳、王徇臣、军令部一厅二处科长许朗轩、处长赵桂森等暗通款曲，搞好关系，为达目的，他还许出重诺，诸位只要能够帮汤部再扩编一个师或者一个军，不管是金钱或者是官位，那都是一句话的事儿。

葛天为了拉拢刘振炳，不仅给他送了大量的财物，而且还孝敬给他很多最优质的印度公班烟土。而葛天在和赵桂森交往中，他发现此公对钱财不太感兴趣，唯独喜欢权力，葛天就将军队里的权柄，当成针对赵桂森的"敲门砖"。后来汤恩伯经过豫南会战，声名大振，扩军计划不仅顺利得到了批复，而且扩编的军队的数量，完全超出了他的预期，为了兑现葛天的承诺，汤恩伯就任命赵桂森当了第20师的师长。

汤恩伯的第一战区经过扩编后，在原来三个军的基础上，又多出来了第19军、第28军、第45军和第14军。同时，贺粹之的第12军，李仙洲的第92军和刘昌义的暂15军等6支部队，也被划归第一战区序列，除了这些正规军，汤恩伯对一些杂牌的地方部队，也是鲸吞海口，来者不拒，予以收编。

汤恩伯为了改造这些杂牌地方部队，他命陈又新为总指挥，将其组编成80个纵队，当然这些纵队兵员良莠不齐，有些干脆就是山贼草寇，土匪流氓，这些纵队多则几千人，少则几百人，甚至有些军界的同仁嘲笑汤恩伯如此饥不择食，完全就是——捡鸡毛凑掸子。汤恩伯可不这样认为，他觉得有时候的实力，就体现在厚厚的几大本花名册上。

汤恩伯抓住入主中原的机会，借助"剿共"和抗日这两个扩兵的理由，迅速增加自己的实力，本就没有什么正确与错误的指向。但汤恩伯的步子却迈得太大了，也就是说，他为了增加自己的实力，犯了一个饮鸩止渴的错误。

甚至戴笠也说，汤恩伯不管地痞流氓、地主武装，还是散兵游勇的军队全都收到了麾下，很有可能会有"灭顶之灾"。对此，沈克和张轸都说汤恩伯的"兼并政策"纯属是狗吃牛屎——只图多。他们俩还曾经劝过汤恩伯，可是汤恩伯却置若罔闻，不为所动。后来，汤恩伯曾经跟亲信张雪中说过征兵之事："沈公侠、张翼三实在有些不像军人，有些迂腐的书生气。他们竟一再要我裁撤游杂部队，真是只知其一不知其二，只见其小不见其大，试问，照他们的意见来办，我需要的兵源从何处来？有朝一日新四军大举进攻之时，不用这些地头蛇，又怎能深入到腹地？"

汤恩伯即使将河南那些地方武装，都招入到自己的麾下，但士兵的数量，还嫌不足，汤恩伯的招兵部门，又想出了拉壮丁的邪法，他们在各个路口设卡，见到行人，不管是本地之人，还是外地客商，一旦年龄适合，上前就绑，然后送到军队，强行让其当兵。根本不管此青年是否养着一家人，他的家庭失去了顶梁柱，他的家人该如何生活，他的父母妻儿会不会被冻死，会不会被饿毙。

这些靠拉壮丁抓来的士兵，心并没在军营，平时消极训练，糊弄搪塞不说，一上战场，铁定就是逃兵一个，会变成部队不安定的因素。千里之堤毁于蚁穴，这些熊蛋逃兵的大量出现，很容易造成军心涣散，甚至会连带出现全线崩溃的可怕局面。

如果新31集团军的战斗力在国民党军队的队伍里算是一只精兵，经过汤恩伯的盲目扩军后，随着那些"垃圾"武装的加入，第一战区官兵的战斗力被严重拉低了，按照一颗老鼠屎，可以坏一锅粥的说法，现在第一战区官兵的战斗力，剩下的还没有以前的一半，甚至更低。

在汤恩伯的心中，也在不停地打着自己的小算盘，他想借着蒋介石让他大肆招兵的契机，首先将队伍拉起来，经过一段时间的整合与训练，让那些新籍的官兵从个人素质到军事技术，都能有一个较大层次的提高，并最终使招募的新军，成为一只能战斗的队伍。

汤恩伯一口吞下了那些杂牌的部队后，他对收编的队伍亦做过一些整肃，比如鲍刚在被收编之前，是独立旅的旅长，汤恩伯来到河南后，他将鲍刚的人马编进第110师，汤恩伯收了鲍刚的兵后，转手将他提升为豫鄂边区的游击总司令。

鲍刚成了司令的同时，也一下子成了光杆司令，鲍刚为了发展自己的势力，便准备吸收旧部的骨干，成立一个警卫团，可是这件事，让汤恩伯感到非常不快，有一次鲍刚到叶县开会，回桐柏山时，汤恩伯派人埋伏在半路，用机枪将其射杀，并将杀人的罪名，诬陷给了新四军。

杀人如果能解决改编队伍的难题，那么改编工作将变成一件最省力的工作——只需在反对者面前，架上一挺机关枪便可，很显然这是荒谬的。汤恩伯甚至天真地认为，鲍刚被杀，他一旅人马就成了自己的手下，但汤恩伯也许并没有往深处想，鲍刚的队伍姓汤之后，就可以在战争中派上用场吗？

但不管怎么说，汤恩伯手下的兵力在短时间内，有了成倍的提高。对于一个乡下的土财主来说，数钱就是一件最幸福的事儿，而对于汤恩伯来说，他翻看那厚厚的花名册时，是不是也有一种土财主数钱时的快感，这还真的没有人知道。

汤恩伯现在的手下，已经有实打实的60万人马，汤恩伯手握重兵，他与陈诚和胡宗南一起，成为蒋介石手下的三大军事集团之一，汤恩伯也就成了名副其实的中原王。现在他擦枪四顾，俯仰自雄，真有些"大地春如海，男儿国是家；龙灯花鼓月，仗剑走天涯"的感慨了。

汤恩伯扩军和建学校是在一起进行的，当然这一切的目的，都是建立在如何巩固他中原王地位之上。叶县周围的庙宇被扒掉后，那些砖瓦木料，就被集中到叶县，工兵和民夫们一起加班加点，很快一个崭新的政治学院就建成了。

1942年10月，设在临泉城东南小尹庄的政治学院开始招生，第一期只招收100多名学员。汤恩伯为了吸引外地的流亡学生踊跃报名，他制定了很多优厚的政策，比如：不仅不收学员的学费，而且食宿全免，甚至身上穿的衣服，也由学校统一定做。

当时沦陷区有很多青年学生，一路逃到了河南，他们囊中空空，有的学生吃饭都成了问题，学生们听说一旦通过考试，成为这所政治学院的正式学员后，可以解决露宿街头，衣食无着等问题，这批流亡学生便纷纷前来报考。一番考试之下，学员们被满额录取，学生入学后，男生全部剪光头，而女生则是齐耳短发，紧张的学习和训练生活，让学生们每天都在忙碌中度过。当时令很多学员不能忘记的是，学校为他们发的黑色土布中山装，因为土布褪色，他们的手和脸，经常会被染成黑乎乎的一片。

但对于流亡学生来说，能吃口饱饭，能有地方读书，不用露宿街头，这已经就是梦想中的天堂了。就这样，汤恩伯的这所大学，就风风火火地办了起来。

政治学院有了学生，还得有教书的老师。汤恩伯为了能招到好老师，他在足额发放教职员工工资的同时，还做出规定：每位老师每月还发60斤小麦，科员级别的老师还发放5个人的眷属粮，眷属粮的标准是每人50斤小麦，一个6口之家，有了每月300斤的麦子，至少在大饥荒的河南，就不至于饿肚子了。

政治学院与普通学院不同之处在于，前者是培养政工人才的大课堂，整个大学部，共分机械、土木、纺织和农垦四个系。这所学校还有两套班子，一套是教学班子，另外一套是军训班子，学员们在学院中，除了要学习政治、法律、数学、语文和经济等必修的课程之外，还要通过军训，掌握一定的军事技能，因为他们一旦毕业，就会被分到收复后的敌占区，去接管那里的政权，故此，这所政治学院，其实就等于是一所为汤恩伯培养党政干部的学校。

汤恩伯建第一所政治学院，招收第一批学员的时候，还处在摸索期，当一切走上正轨后，他又做出了一个更大的决定，那就是在叶县的苗圃，兴建一所大型的学院，这所学院占地10顷，有校舍700余间。可是新学校迁校时，马元材受到了汤恩伯同乡汪青志等人的排挤，他在不久之后，便愤愤地离职回重庆去了。

马元材的离职，并不能阻挡汤恩伯办学的脚步，他决定效仿蒋介石亲任黄埔学校的校长的故智，开始兼任该学院的院长。

1943年的时候，第二期学员入学，汤恩伯就一口气招收了500多名学员，学校的摊子全部铺开后，在这里就读的学员，陆续增多，最多时，竟多达4000余人。

政治学院的教学工作走上正轨后，汤恩伯就将院长的位置让给了张青涟。因为他重点的工作是整饬军队。汤恩伯根据最近报上来的消息得知：他的部下扰民，以至于老百姓怨声载道，这真的让汤恩伯非常烦恼，甚至有些气愤难平了。

汤恩伯收编的土匪流氓武装，如今他们摇身一变，成了汤恩伯部下的"正规军"，这些人身穿没人敢惹的老虎皮，就开始明目张胆地收取各种苛捐杂税，并以巧取豪夺、明偷暗抢等方式来祸害老百姓。

汤恩伯作为一方"封疆大吏"，当然知道军纪对自己名声的重要性。为了严肃军纪，汤恩伯每发现有人胆敢不服管束，任性胡为，他绝对会毫不留情地进行铁腕处理。

汤恩伯整顿军纪，为了提纲挈领地达到目的，他往往都是从自己的身边抓起：汤恩伯的军队里，有一个禁赌的规定，武义县履坦人姓徐，徐某不仅是汤恩伯的亲戚，而且还在他身边当副官，有一次去采购食品，一时赌瘾发作，与几个商人打起了麻将，结果输了一百块银圆，回到总部后，被汤恩伯知晓，当即二话不说——枪毙。

汤恩伯有一个庶务副官，名叫刘国熙，他在军队里搞了一点钱，回家乡盖了一座小洋楼，并起名恩伯堂，影响甚坏，汤恩伯派人去抓，本想将其擒回来枪毙，可是不知道怎么走漏了风声，让刘国熙跑了，几年后，汤恩伯在长沙遇到了刘国熙，他还将败坏他名声的刘副官给狠揍了一顿，让他躺在床上养伤，半个月没有起来。

汤恩伯还有一个老部下名叫万千民，此人是汤恩伯的副官处长，跟随汤恩伯多年，可谓劳苦功高，但万千民却在老家名声不好，汤恩伯派人查实后，枪毙了万千民，为怕人顶罪，汤恩伯亲自到法场监督，并整理衣冠，对被处决的万千民敬礼默哀，汤恩伯还拿出一笔钱，交给了万千民的子女，并对万的妻子致以慰问。

汤恩伯对跟随自己多年的副官都毫不容情，可见他治军不可谓不严，但他成为"中原王"之后，为何部队的风气日下，令老百姓切齿痛恨，并成为"水旱蝗汤"河南四害之一？

古籍《周书》中有一句"天有四殃，水旱饥荒。"河南老百姓借用这句话，将其变成了"水旱蝗汤"，河南百姓称呼土匪是"老蹚"又叫蹚将。老汤和老蹚虽然不同字，但却同音，很显然，河南的老百姓甚至拿汤恩伯的部队当成土匪部队了。造就如此尴尬的局面，原因只有一个，那就是上梁不正下梁歪。

汤恩伯手下官兵众多，蒋介石只给河南正规的部队发军饷，汤恩伯个人招募的军队的军饷需要他自己解决，汤恩伯为了购买武器，营造营房还有必要的开销，他就开始挖空心思，琢磨赚钱的点子。

首先，就是吃空饷。吃空饷是国民党军队部队的老传统，可谓司空见惯，汤恩伯操作起来更是驾轻就熟。以国民政府上海市市长《吴国桢口述回忆录》中的例子为证：汤恩伯找上海市市长吴国桢来哭诉，说自己的部队没有汽油了，很困难。吴国桢于是给汤恩伯想办法、弄了一批汽油给他。很快，吴国桢的部下就来向他报告了，说："汤恩伯将刚刚领到的汽油，在上海的黑市上抛售牟利了。"

还有一次，汤恩伯向吴国桢索要军饷，吴国桢有了上次的教训，决定派人到汤恩伯的军中清点人数，按照人数发饷。结果是：清点了人数，也按人数发了饷。吴国桢直到后来才得知：汤恩伯临时找了一些和尚过来、套上军装、冒充士兵，弄到了军饷。

很显然，如果汤恩伯不是此中老手，并对吃空饷驾轻就熟，他也绝对不可能"糊弄"得了这位号称学历最高的上海市市长吴国桢（吴国桢曾经就读清华，并在普林斯顿大学修完政治学博士）。

汤恩伯为了赚钱盈利，他接下来成立了鼎泰公司、大川行等商号，大做走私生意。汤恩伯的军队控制着鲁豫苏皖边区的各个主要路口，还有水运码头，鼎泰公司的总经理就是汤恩伯的军需部长、他的舅父陈铭勋。陈铭勋亦很有经营头脑，他利用汤恩伯的枪杆子做靠山，并在上海、徐州和蚌埠设立了鼎泰公司分公司，该公司做得生意就是将后方的土特产比如桐油、茶叶和南阳丝绸等生活必备物质，运到沦陷区出售，再将上海等沦陷区的化妆品、日用品和汽油等紧缺物资，运到后方转手。

这种走私生意一来一去，获利非常大，葛天在重庆第31集团军总部驻渝办事处任处长时，就曾经收到过汤恩伯一亿法币的汇票，叮嘱他为其代购5000两黄金，作为物价飞涨时期的保值货币。

汤恩伯尝到了做生意的甜头，他又借势在界首成立了一个"物质管理处"，并任命第13军军需处长胡静如为处长，该处下辖一个武装缉私大队，他们干的事儿就是限制普通商人的经营活动，而对汤部地下的走私活动提供方便和保护。

当时界首有很多巨商大贾，比如三泰店和天泰店的老板们，他们一开始，也被"武装缉私大队"给吓住了，等他们知道"汤恩伯包的饺子里面是什么馅料"后，就足额交够了缉私大队的管理费，随后开始明目张胆地走私，比如布匹的走私量，每一次都在几万匹布之巨，而小商人们因为缺钱没路子，只有靠边站、干瞪眼的份了！

武装缉私大队甚至还在暗中走私着红丸烟土等违禁品，而贩卖后得来的巨大利润，都源源不断地流到汤恩伯的腰包中。汤恩伯手握枪杆子，通过权势的渠道，可以说是获利甚丰。

汤恩伯还利用敲竹杠、打秋风等手段，让手中的财富成倍地增长。汤恩伯当初为筹集子弟学校经费，曾经开办过一个中华烟厂，该烟厂因为规模不大，一天只能生产20箱香烟，故此，利润有限，但汤恩伯初涉烟业，知道烟厂一旦达到规模，则利润非常之大，而许昌有烟叶王国之称，他早就有心到许昌来建烟厂。汤恩伯的设想传出去后，一位名叫周锦堂的老板找上门来，说："老朽在许昌开有两家烟厂（第一烟厂和第二烟厂），我准备将效益最好、规模最大的一座烟厂献给汤将军！"

汤恩伯讲道："周老板的烟厂，我怎么能要啊！"

周锦堂用"真诚"的口气说："汤总司令入主中原，保境安民，这是我等商人的福气，如果老朽的烟厂，能够为汤司令的军建添砖加瓦，周某可就三生有幸了！"

汤恩伯几经"推辞"，最后终于笑纳了周锦堂的烟厂，并大肆称赞周锦堂是一个好商家。

当时汤恩伯手下有一个名叫汪云台的军官，他在第十八补训处任职，后来又到驻扎在许昌附近的第一团任职，曾经与周锦堂交好，有一次，周锦堂宴请几个朋友，汪云台也在座，众人几杯酒下肚，谈及汤恩伯弄钱的手段，众人不由得一起摇头。

周锦堂这样说："我把第二制烟厂无条件地献给汤总司令，该厂的设备、机械房产和技术工人都是许昌最好的，我所受的损失，几乎等于断我一条臂膀！"

众人不解，连问他是否受到了汤恩伯的威胁，还是另有什么目的，周锦堂苦笑着说："汤的手段厉害，不这样不但我的烟厂做不了，还会给我捏造罪名，连生命安全也不能保证，何况财产呢？"

汪云台对周锦堂说的话，深以为然，他曾亲眼见过一个同僚（归属第一战区其他部队的营长），该营长着装笔挺，肩章闪亮，他骑着一辆崭新的飞轮车，从汤恩伯嫡系部队的盘查哨路过，盘查哨的士兵一眼相中了那辆飞轮车，当即上前盘查，该营长急忙拿出证件给盘查哨兵看，不想哨兵一个大嘴巴扇过去，然后撕碎证件，骂道："你假冒军官，实属罪大恶极！"盘查哨就是鬼门关，那名营长被绳捆索绑，也不知道被押送到哪里，看样子一定是凶多吉少了。

汤恩伯有一支军队，在冬天的时候，开到了一个村庄驻扎，他们见一农户家有一座堆满木料的仓库，便在门上贴上封条，以将来战事一开，这些木料可以做鹿砦为名，将其强行征用，可是这支部队开拔后，当地的村民却发现，在仓库的木材堆中，竟藏匿着八具浑身遍布伤痕的尸体。

汤恩伯的部队谋财害命，滥杀无辜，这已经不是传闻，而是活生生的事实。故此，周锦堂还算聪明，他懂得如何舍财保命，果然，豪爽的周锦堂用金钱铺路，搭上了汤恩伯这条线，不但河南军政两届人士没人敢动他，如今黑白两道上的人，都抢着跟他套近乎。周锦堂攀官结贵，在生意场上风光无限，这般情形不知道让人是羡慕还是同情。

汤恩伯部下做的坏事，汤恩伯不管知道不知道，这笔账最终也会算到他的头上，汤恩伯挖空心思搂钱，他的部下的军官自然是上行下效，而这样反面的例子，简直不胜枚举：第19集团军暂9军军长霍守义，他驻兵阜阳时，当地的老百姓已经上缴了本年度的军粮，可是他脑袋一晃，指示当地的田赋管理处，又强行征缴了20余万斤军粮，这些军粮被他征用民间的小红车，经由皖北的双沟，运到敌方盗卖，卖得钱款，则被他的军需到漯河换成了大笔的金条。

1942年，第31集团军第29军军长陈大庆，他在与当地驻军交接的时候，叶县兵站的仓库中存有公粮70余万斤，这批公粮，随后便被他盗卖了，卖得的钱款，全都装进了自己的腰包。

有权有势的军官，盗卖粮食、军资，很快便可以腰缠万贯，那些下级军官、普通士兵，也不禁眼红，他们做的最多的事便是吃拿卡要，胆大的就是明夺暗抢，甚至他们对老百姓卑劣的行径，比之有节操的土匪都有过之而无不及。

汤恩伯对部下的所作所为，哪能不知道，可是他目前所处的形势，就好像一条正在怒江中疾行的木船，他这个舵手面对狂风暴雨，汹涌的江涛，已经有些握不住手中的舵柄了。

浙江武义县后陈村人陆宗虞，曾任汤恩伯部上校军需主任，在《我所知道的汤恩伯将军》一文中，他曾用笔记录了清正廉洁时的汤恩伯：

（台儿庄战役时，蒋介石曾有一段时间，亲自到台儿庄督战），蒋亲自发给了汤部40万元（法币）作为奖励，这一下倒害了我小病一场。汤先生把这些钱交给我打个包袱背在背上，足有四五十斤，虽然骑马，却是夜间策马疾驰……幸亏途中把这40万元统统分发给这次战役中临时归他指挥的十几个师，每师3万元，到了南阳已分文没有……可是汤先生自己基本队伍三个军几个师却分文未得，不难看出汤先生襟怀坦白、克己奉公、笃诚待人，绝非孜孜谋利之流。

（陆宗虞因为性格耿直，办事莽撞，得罪了王竟白，被汤恩伯撤职，后来陆宗虞离开军队，还一度被汤部通缉，在此种情况下，陆宗虞写的文章，应该算是中肯，不会刻意地为汤恩伯歌功颂德）汤先生的父亲家居外出，哪怕他人宴请总是粗布青长衫一件，从不变更。母亲在上茭道经常为亲人熟人的零食摊烤麦饼，平易无华，谁能及此？……原来汤先生基本部队第13军、第85军、第92军外，又增加了许多游击纵队，大概也有一二十人。这些人来源不一。前期是受蒋电，不断收编一些部队。

这些部队都被认为桀骜不驯、难以驾驭的部队，如鲍刚部。还有的竟是土匪，如擅自新师……这些部队收容起来的庞杂部队，他的恶性在短期内难驯，怎能不出问题？此外有一个基本部队，十三军军长张雪中。张雪中是江西人，素来贪婪，私心严重。被提拔为军长后，任用一批亲人，滋生是非，鱼肉人民。在他驻守的平汉路沿线上，贩毒走私，敲诈勒索，无恶不作。人民群众愤恨之余，凡是汤的部队，抓着就杀，四处兜捕。

重庆报上刊出一幅漫画，几笔勾画出汤的脸型，嘴上叼着中山门香烟，肩上扛着布匹，口中吐出"价廉物美"几个字，尴尬到如此境地，汤先生生平大概是第一次，难怪委屈得失声痛哭了，那是在镇平一带，冯玉祥副委员长来了，汤去迎见，冯向汤立正敬礼，口喊："恭喜汤将军，恭喜发财！"

据说，汤先生潸然泪下，只说得一充满委屈的话："副委员长不了解我！"

2．兵败，中原只是梦一场

失信就是失败——左拉

中原王之梦，汤恩伯还没有做醒，日军就气势汹汹地杀了过来，汤恩伯盲目扩军的后果，汤部祸害百姓的害处，第一战区军队在河南倒行逆施的流弊，竟让汤恩伯兵败如山倒。汤恩伯能否接受教训，重新振作，奋发而起？

一个国家想要养兵，必须要给予充足的军饷，如果让其自筹军饷，必定会引发扰民的现象。这个道理，不光汤恩伯明白，蒋介石也明白，任何一个稍有政治头脑的人都会明白。

但蒋介石明为抗日，暗中是为了"绞杀"八路军和新四军的需要，同意汤恩伯可以盲目扩兵，这就等于默许汤部可以变相扰民。从这一点上看来，汤部国民党军队的军风和军纪，从根子上就出现了歪曲和偏差。

汤恩伯驻兵河南，他筹建政治学院，不惜用金钱和时间培养可用之才，从这一点上看来，他绝非想把军纪搞乱、人心弄散、名声扑街。汤恩伯为了快速地扩充实力，他饥不择食地招兵，不择手段地弄饷的同时，也在对招募的新兵进行着"大力"的改造，可是他对军队进行改造和训练的预期结果还没有出现。汤部军官和士兵们大肆扰民的现象却已经烽烟连城，野火烧山，难以止息。

汤恩伯如果转变作风，真抓实管，开除一批"老鼠屎"，关押一批"孬祸害"，枪毙一批"匪兵痞"，相信部队的军纪不至于一直滑落深渊，但他目前已经不是一个军团长，而是家大业大的中原王，他目前最急着要做两件事：一、釜底抽薪，孤立第一战区司令长官蒋鼎文；二、三王结盟，汤恩伯要发展、要发财、要干的事情太多，甚至有些顾不及矫正败坏的军纪了。

蒋介石手下有五虎上将，他们分别是："干将"陈诚、"忠将"顾祝同、"福将"刘峙、"虎将"卫立煌，最后一个就是"飞将"蒋鼎文。1895年，蒋鼎文生于浙江省诸暨，他早年毕业于浙江陆军讲武学堂，曾经参加过讨伐陈炯明、北伐战争、蒋桂战争等一系列恶战，1930年5月，中原大战爆发后，蒋鼎文率领部队，在陇海、津浦两线，行动迅捷，杀敌立功，被称为"飞将军"，特别是在西安事变中，他对蒋介石"忠心耿耿"，不顾个人安危，于南京和西安之间，两头斡旋，终于使西安事变，得以和平解决，故此，蒋鼎文颇受蒋介石赞赏和信赖。

可以这样说，蒋介石信得过汤恩伯，但更信得过蒋鼎文。汤恩伯在中原拥兵60万，蒋介石也怕会出现尾大不掉、势力割据等不利的局面，他将蒋鼎文派到中原，成为第一战区司令长官，其目的就是要对汤恩伯进行监督和辖制，使其不至于脱离蒋介石的管束，永远臣服在中央的权柄之下。

蒋鼎文和汤恩伯相比，资格老、权力大、名气高，但他也有自己的短板，那就是手里始终也没有枪杆子，相对于财力雄厚，手握重兵的汤恩伯，蒋鼎文完全就是一个光杆司令。

蒋鼎文当上第一战区司令长官后，便将自己的司令官邸安置在洛阳，与驻兵叶县的汤恩伯隔着300余里，并经常以总司令的名义，隔空对副司令汤恩伯指手画脚，发号施令。汤恩伯手握兵权，对自己这位"婆婆"蒋鼎文，基本上是阳奉阴违和待答不理。

蒋鼎文不仅比汤恩伯年长六岁，光论资格，他就有对汤恩伯颐指气使的资本和权力，要知道，汤恩伯当年在日本开"追分楼"餐馆，正为"稻粱谋"的时候，蒋鼎文就已经参加革命，成为孙中山大元帅府的上校参谋了。

蒋鼎文为了压汤恩伯一头，他召集手下的智囊，包括秘书长李筱候、冀察战区参谋长刘韶仿等人，大家经过一阵

蒋鼎文

嘀咕，鼓捣出了一个釜底抽薪的办法，汤恩伯手下有正规军，蒋鼎文就在杂牌军和游击纵队身上做文章。

洛阳以北是汤恩伯势力和影响最薄弱之处，蒋鼎文派出能言善辩之士，四处拉拢，果然，这一招非常有效，大量四川的杂牌军和游击纵队，都归附到了蒋鼎文的手下，当时汤恩伯管辖的游击纵队有80左右个番号，而蒋鼎文手下竟出现60左右个游击纵队的编制。随后，蒋鼎文还提拔谢辅三、刘韶仿等人为军长，意欲招兵买马和汤恩伯对着干。

汤恩伯对夺权拆台的蒋鼎文明着客客气气，可是背地里却连连使出了"撒手锏"，他效仿古人，在叶县设立了一个近似于"招贤馆"的招待所，重点对华北四省的军阀、政客进行拉拢，只要他们想投靠汤恩伯，便可以住进招待所，花天酒地，胡吃海喝，不收费不说，临走还有礼物相赠。

同时，汤恩伯还在洛阳设立了的办事处，该处的处长就是善于交际的韦鲁斋，韦鲁斋手握"银弹"，经过办事处的四处活动，蒋鼎文手下的游击队队长纷纷倒戈，这让蒋司令恼火万分，可又不能奈汤恩伯分毫。两个人你挖我左眼，我挖你心肝，斗得天昏地暗，最后竟闹到了不能见面的程度。

将相失和，导致整个第一战区战力下降，无休止的内斗，耗费的都是卫国保家的精力。当时，汤恩伯曾经请李宗仁到他办的政治学院中去训话，李宗仁讲完话，就开始给汤恩伯讲内斗的危险，他虽然两边一起做工作，可是汤蒋两个人私欲难填，仇隙太深，双方的矛盾，根本无法调和。

以至于日军后来在发动中原大战时，为了离间汤蒋的关系，曾经派飞机，从天上投下不少蛊惑人心的传单，传单上印着两个人，一个是一手牵着小老婆，另外一只手抱着钞票逃命的蒋鼎文；另一个人是满脸怒气的汤恩伯，他嘴边写有一句话：铭三要负战败之责任，老汤要去告状。

汤恩伯和蒋鼎文不顾抗战的大局，鸡生鹅斗、兄弟阋墙，内斗不息之事，竟让日军的谍报人员全都掌握，蒋介石的一贯驭将之道是：可以容忍部下腐化，但是却不允许局势恶化，鼓励将帅之间的不和，以便分化控制，南京政府也好从中渔利，管理顺畅。蒋介石明明知道汤蒋二人斗成了"乌眼鸡"，可是却不肯将其中一人调离河南，结束那种窝里反的状态，这种只谋一隅、不谋全局的做法，确实是让人扼腕叹息。

内斗消耗了汤恩伯很多不该消耗的精力，汤恩伯为了增加战胜蒋鼎文的筹码，他就更加注重结识权贵，这就更让汤恩伯的心思在整治军纪，提高战力上多下功夫了。

1943年，世界反法西斯战场上捷报频传，德意日连连失利，这也让中国的抗战，露出了些许胜利的曙光。在敌后全力主持特务工作的戴笠看罢国际反法西斯节节胜利的战报，他在军统局办公室中的椅子上坐不住了。

军统是一个特务机关，如果抗战胜利，势必会受到当局的冷落，戴笠为了预防手中的权力被边缘化，他订出了三个补救措施：一、加紧图谋海军的领导权；二、设法将军统改为政党一类的政治组织；三、设法和汤恩伯、胡宗南结为盟友。

戴笠被冠以特工王的称号，可见在做特工工作方面，确实是有一手，可是陈诚却与他不和。当时国内最有势力的三大军事集团就是号称西北王的胡宗南军事集团，号称中原王的汤恩伯集团，还有小委员长之称的陈诚军事集团。

面对戴笠伸出的结盟的橄榄枝，汤恩伯欣然接受。要知道戴笠掌握着军统，那是一只无孔不入，亦是非常可怕的力量，结识了戴笠，就等于让自己多了一双无所不知的耳目，更何况戴笠相比自己，更靠近权力中枢，有他经常帮着自己掩盖错误，并在蒋介石面前多说好话，那么自己手中的权势，在并不遥远的将来，一定能够更上一层楼。

1943年秋，戴笠以出席临汝风穴寺中美第三特种训练班开学典礼为名，先行来到了河南洛阳，随后，胡宗南和汤恩伯也都秘密地赶了过来，同时，该训练班副主任文强也接到戴笠的命令，为"三王"在距离洛阳市10多公里的龙门石窟，布置了一个秘密的结盟会场。

汤戴胡三个人经过"不愿同年同日生，但愿同年同日死"的焚香起誓，跪地结拜，便正式结为盟兄弟，仪式完毕，胡宗南还起草了一首结盟诗，经过戴笠和汤恩伯定稿后，这首诗就成了如下的样子：龙门阙下三尊佛，眼底烟云理乱丝。但愿乾坤能入掌，危舟此日共扶持。

汤恩伯和胡宗南皆手握重兵，他们两个互为忌惮，彼此的关系稍差一些，但戴笠与汤恩伯的关系却走得非常近。结盟仪式之后，南京政府高层一旦有个风吹草动，汤恩伯通过戴笠的关系，都是第一个知道，而戴笠也会通过自己与蒋介石的特殊关系，不失时机地为汤恩伯进行美言。

戴笠心思缜密，也曾经给汤恩伯很多有益的建议，比如：汤恩伯有一颗想建功立业的"雄"心，故此，他对曹操多有崇拜，他本打算在安徽亳州或者河南许昌，为曹操建造一座纪念堂，可是戴笠对他说："英雄有大志向不错，但功高盖主绝无善终之理！"

汤恩伯听完戴笠的话，头上立刻冒出了冷汗，当即打消了为曹操建纪念堂的想法。汤恩伯的胸膛里，确实澎湃着一颗不肯雌伏的心，他的这颗心，已经超越了中原王，正在寻找着更高的落点，可是1943年，日本中国派遣军发动了豫中会战（日军称：一号作战），让汤恩伯尝到了人生最大的败绩。汤恩伯在这场战争中，彻底被打回了原形。

1943年是一个充满着过多转折的年份，以美、英和（前）苏联为代表的同盟国，对德、意和日本这些法西斯国家，从战略防守，开始转入了战略进攻阶段。从1942年6月28日至1943年2月2日为止，在（前）苏联的大地上，爆发了斯大林格勒战役，（前）苏联以1129619人的巨大伤亡，换取了德国841000人伤亡的惨胜，此战结束之后，德国侵略（前）苏联的攻势局面被打破，（前）苏联亦开始了对德国的战略反攻。

1942年8月7日和1943年2月9日期间，美军在瓜达尔卡纳尔和周围的岛屿，对盘踞在岛上的日军，发动了一场歼灭战，美军以伤亡5800人的代价，换取了毙伤日军2.5万人的巨大胜利。

1942年10月23日到1942年11月3日，英国蒙哥马利将军的英联邦军队在埃及阿拉曼，与德国号称"沙漠之狐"的隆美尔指挥的非洲装甲军团，进行了一次大战，这场战争以英国为首的盟军的胜利而告终。

斯大林格勒战役、阿拉曼战役和瓜达尔卡纳尔岛战役，就好像敲在轴心国头上的三记重锤，让法西斯的轴心国成员，感到了锥心之痛，日军为了挽回太平洋战场上的失败，决定发动一次大型战役，打通中国东北到越南的交通线，一并解决中美双方布设在沿海地区的飞机场，解除这些飞机对日本本土的空中威胁，保证日军在中国临海上的所有航线的安全。

当时，日军华北方面军司令冈村宁次可以运用到此次会战的兵力，约有51万人，而汤恩伯第一战区的兵力亦可达50万到60万人，汤恩伯还有黄河作为天险，又加之是经营多年，城池和阵地坚固，自信可以踞险死守，日军一旦来袭，虽不敢妄自言胜，但却不至于落败，完全可以给日军以极大的杀伤。

可是汤恩伯的如意算盘完全打错了。当时汹涌澎湃的黄河上，有一座进入豫中的唯一通道——黄河铁桥。这座黄河铁桥1906年建成并通车，这是中国第一座横跨黄河的钢体结构铁路大桥。而且绝对是黄河上最坚固，也是最繁忙的一座桥梁。

1938年2月，为阻止日军长驱直入，黄河铁桥从第39孔至82孔的跨河水面段，全都用人工和炸药进行了破坏，当时，目光短视的国民党军工兵部门，给上峰打了一个报告，称：日军即使派出最优秀的工兵，再不考虑我军远程火力射击。飞机轰炸和炮火压制的情况，亦需3到5年方可将黄河大桥修复通车。

这也是汤恩伯不慌不忙，从容不迫地兼并扩军，甚至任性大做生意，未将全部的精力用在增加军力建设的一个重要因素。汤恩伯甚至认为，日军并没有大型的舟楫渡船，只要他在黄河岸边，设置一只重兵，绝对可以阻止日军渡河，并让渡河的日军知道自己的厉害。

日军在黄河上架桥，对于汤恩伯来说，即是意料之中，也是预料之外，日军在发动豫中会战的前一个月，即1944年3月，便派出工兵，开始修复被毁掉的黄河铁桥，日军工兵开始架桥时，汤恩伯确实紧张了一阵，可是随后传来的战报，又让他长长地出了一口气，说："日军在黄河上修桥，这绝对是痴心妄想！"

中国军队在黄河东岸架起了五七炮，日军刚刚架起了一段桥，五七炮便开始怒吼，不仅将日军新架起的桥炸飞，吓得那些修桥的日军一个个赤身露体（随时准备跳水）下饺子似的"咕咚，咕咚"地跳进黄河，忙不迭地泅水逃命去了。

冈村宁次并不慌张，他给日军陆军大本营拍发了一份电报，随着日本唯一一台架桥机运抵黄河北岸，一切都变得不同了。这台架桥机全日本只此一台，堪称国宝。这台架桥机是为攻占（前）苏联，渡过鸭绿江而准备的。一台先进的架桥机，还附带35组重型桥架。

这台架桥机开始工作后，汤恩伯第一战区配备的五七炮便失去了作用，因为35组的重型桥架上面，全都配有极厚的钢板保护，五七炮的炮弹发射到桥架的钢板上，根本无法洞穿钢板，"轰轰"的爆炸声，就好像给桥架挠痒痒也差不多。

冈村宁次为了配合修桥，他传下命令，调来日军一个中队的100毫米加农炮，一个大队150毫米的榴弹炮，每天向汤部黄河对岸的守军狂轰两个小时，雨点一样的炮弹，炸得黄河南岸的汤部守军，全都躲进了山洞中，不敢出来露面，而日军的修桥部队，在这两个小时内，毫不懈怠，加紧修桥。

汤恩伯觉得事态严重，急忙将情况报告给了重庆军委会，重庆军委会立刻给中美空军混合团传下命令，命它们立刻派飞机对日军抢修的黄河大桥进行轰炸，但几次轰炸都没有成功，反而有10架飞机被日军防空火炮击落。

汤恩伯手下军队的士气低迷，他们并没有将心思都用在坚守阵地，防止日军修桥渡河之上，他们白天躲炮，一个个成了洞中的田鼠，每到晚上，日军炮击停止后，士兵们就来了精神，他们高举火把，沿着黄河岸边，四处开始寻找日军的炮弹片。

一个士兵，不需要多长时间，就很容易地捡够几百斤炮弹片，然后用骡子驮到镇子上去卖，一开始的时候，是换酒买菜，后来买了棉花和布，偷偷地做了些御寒的棉被。还有的人用卖炮弹皮的钱，购置了鞋袜……

汤部的守军，每天盼望的事儿就是日军多射一些炮弹，然后他们晚上可以多捡一些炮弹皮，发战争财的黄河南岸的守军，根本就不像一只打仗的队伍，倒更像一群"捡破烂的"丐帮。

一个月之内，日军在现代化造桥机的帮助下，完成了黄河铁桥的铺设工作，汤恩伯本想利用黄河，阻挡日军侵略中原的计划彻底破产。

当时汤恩伯还有一个"雄伟"的后续战略设想，一旦日军突破黄河天堑，面对精锐日军装甲部队的猛烈进攻，第一战区势必陷入到岌岌可危的势态当中，为了找到一个强有力的支撑，汤恩伯在经营河南的时候，曾经实施了一项"千里邛沟"的计划。

"千里邛沟"通俗地说，就是挖一条以叶县为中心，西起郑州，东至开封，再向南到周家口附近为止的深沟，这条深沟甚至被汤恩伯称为东方马其诺防线。谁都知道，这绝对是一项超级劳民伤财的工程，不仅要雇用大量的民夫，而且深沟还要穿过河南老百姓家里的土地、村庄和祖坟，汤恩伯的"千里邛沟"搞得民愤极大，蒋鼎文面对河南军民关系由紧张、到对抗、最后变成势同水火的不利局面。他多次在公开场合，对汤恩伯展开激烈的攻讦：有人想学隋炀帝，要在河南开掘千里邛沟，而名之曰"国防工事"，我觉得现代战争无此必要，现值灾歉之年，应该立即停止。

最终，这条反坦克的壕沟只完成了很少部分，日军在突破黄河天堑后，从内蒙古调来的第三战车师团一马当先，日军坦克和装甲战车，组成了铁甲洪流，它们在飞机大炮的掩护下，很快就让第一战区的黄河南岸防线彻底崩溃。

这些坦克和装甲车一旦遇到绕不过去的邗沟，便直接找一台坦克开到沟中，然后在坦克的上面铺设钢板，而后面的坦克和部队就可以沿着钢板，快速通过邗沟。很显然，汤恩伯心中的马其诺防线，只不过是一个不切实际的安慰工程罢了！

按日本防卫厅战史《一号作战之湖南会战》资料显示：日军京汉作战（豫中会战）期间动用兵力14.8万人，马3.3万匹，汽车6100辆，火炮269门，坦克装甲车691辆（坦克225辆）。另有日军第五航空军第2飞行团各种飞机168架参战，还得到驻武汉的第一飞行团配合，作战期间日军飞机共出动1700架次。

而第一战区的军队，在汤恩伯、蒋鼎文和胡宗南的指挥下，节节败退。1933年4月18日到5月25日的37天之中，接连损兵折将20多万，丢失中原城市38座，豫中会战的大惨败，震惊了国人的神经，让媒体一片哗然。蒋介石更是如坐针毡，不断发电，对汤恩伯作战不利，连连申斥。

当时日军的先头部队，曾经肩负一个很重要的作战目的——寻找汤恩伯战斗力最强的第13军决战，在日军作战的记录中，这样清楚地写道：其作战目的，在捕捉汤恩伯之主力第31集团军，尤其第13军。

他们认为，只要歼灭了第13军，就等于消灭了汤恩伯这支部队，而且还会起到断龙斩头的威慑作用，可是汤恩伯在第一战区全线崩溃的情况下，率部撤出中州，让日军寻找第13军主力决战的计划落空。

汤恩伯兵败中原，全线大溃退的时候，竟出现了当地民众对汤部的溃兵缴械的怪事，甚至有一批85军的败兵，在逃跑的途中，被当地的一伙民兵截住，败军声称自己是第85军，可是民兵却说"8加5是13，必是第13军！"民兵们讲完话，不容分说，当即将这伙溃兵缴械，可见河南的民众，对13军痛恨之心情。

在豫西地区，还传唱着"宁可让鬼子来烧杀，不愿让汤恩伯驻扎"的童谣。根据汪云台所见，在内乡沿路的电线杆子上、石碣上，统统写着极度仇视第13军的标语，甚至有的村民，为出胸中怨气，还在沿路的墓碑上面，写上了汤恩伯的名字！

日军在占领河南之后，他们在第一战区紧锁的仓库中，发现仅面粉便存有100万袋，足够20万军队一年之用……为什么不分出一些来赈灾呢？当时美国记者白修德在河南采访旱灾时，就曾经提出过疑问。一个官员告诉他：如果人民死了，土地还是中国的；但如果士兵饿死了，日本人就会占领这些土地。

如果说"胜败乃兵家常事"，那么河南当地的老百姓攻击汤恩伯的部队，那就显得不寻常，关于这段历史的真实性，在《中华民国史档案丛刊·抗日战争正面战场》1252—1253页，曾有这样翔实的记录：

> 此次会战（即1944年豫中会战）期间，所意想不到之特殊现象，即豫西山地民众到处截击军队，无论枪支弹药，在所必取，虽高射炮、无线电台等，亦均予截留。甚至围击我部队，枪杀我官兵，亦时有所闻。

在《剑桥中华民国史》下册11章第8节，也同样出现了和上面记录基本类似的情节：

> （河南爆发了大饥荒，而汤部队又逼着老百姓开挖300英里长的巨型反坦克壕沟，农民得不到工钱，又得自己备饭）1944年春，他们深沉的愤懑变得表面化了。当中国士兵在日本的一号作战面前撤退时，农民们凶猛地攻击他们。他们用农具、匕首和土炮武装起来，解除了5万名该国士兵的武装，杀了一些——有时甚至把他们活埋了。

如果还嫌上面两本书的记载不实，蒋介石在《对于整军会议之训示——知耻图强》和《先"总统"蒋公思想言论总集》20卷中，竟可以找到作为"民杀兵"事情之佐证：

> 我们的军队沿途被民众包围袭击，而且缴械！这种情形，简直和帝俄时代的白俄军队一样，这样的军队当然只有失败！我们军队里面所有的车辆马匹，不载武器，不载弹药，而专载走私的货物……到后来人马疲乏了，终于不及退出，就被民众杀死！部队里面军风纪的败坏，可以说到了极点！在撤退的时候，若干部队的官兵到处骚扰，甚至于奸淫掳掠，弄得民不聊生！这样的军队，还存在于今日的中国，叫我们怎样做人？尤其叫我个人怎样对人；我统帅受到这样的耻辱，也就是大家的耻辱。

5月下旬，蒋介石命令陈诚赶往豫西，收拾第一战区落败的残局，豫中会战结束后的5月末，蒋介石电令陈诚、蒋鼎文和汤恩伯，立刻调整兵力，加强豫西和鄂北防御。

这份电令指出：1. 令第68军、第55军以一部守备鲁山，而已主力为机动，准备打击南犯之敌；2. 令陈大庆第19集团军转进南阳东北方城一带；3. 在南阳西方内乡附近选择有利地形，构筑据点工事；4. 令汤恩伯兵团停止宜阳方面之反攻，主力转移内乡以北地区待命；5. 第五战区主力应特别注意豫中日军南下，随时准备反击进攻南阳、襄樊之日军。

蒋介石为了将日军阻于豫中，他将归宿第八战区的陕南也划为一战区，陈诚为第一战区司令长官，副司令长官是胡宗南。

蒋介石重新布置完作战任务，随后开始追究第一战区失守郑州、洛阳，兵败豫中，令中原战线全部动摇的责任，蒋鼎文随后辞职，汤恩伯第一战区副司令长官和鲁苏豫皖四省边区总司令等职，也被裁撤。

蒋介石为整肃军纪，对战场失利的有责人员，督促陈诚必须将其严厉查办，他还发来问责方向的电报：

西安第一战区陈司令长官：据豫省临时参议会等报告，并准监察院弹劾蒋鼎文、汤恩伯等作战、贪污和扰民等一案，除将蒋鼎文撤职，汤恩伯撤职留任，并分别电复外，合并抄发第一战区此次作战有关军风纪文电摘要一份，电仰该长官查明，据实具报。

第一战区此次作战《有关军风纪文电摘要》：

一、河南省临时参议会感电大意：豫省作战，时未阅月，失县三十余，蒋长官汤副长官难辞其责，豫中各军多汤直辖，似更为甚。汤逃避战场，致军失主将，闻风溃抢，鲁山李青店间最惨，汤犹毫无觉悟，诿过民众，以为屠杀豫民之张本。汤平时霸占许昌之卷烟厂、宝丰之庙村煤矿、南召之沙坪造纸厂，其它之酒精厂、制革厂、制铁厂等。汤令河防部队，勒收渡河费，包运违禁品出口。汤好贪而不练兵，干政而不爱民，民不堪扰，有"宁受敌寇烧杀，而不愿汤军驻扎"之谚。

二、军风纪第二巡察团委员陈积善，辰寝电大意：此次豫战，我军士气沮丧，纪律废弛，惰将骄兵，闻敌即逃。指挥官毫无部署，械弹沿途抛弃，触目皆是，团长以上，均应撤办。卢氏西坪间公路，被水冲毁，汽车、汽油、弹药、银行钞票，巧日在横涧等地焚烧，火光冲天，伤心惨目。豫民劫掠部队枪械辎重行李，及眷属行装，应令省府查办。

三、中统局报告：第十三军在襄城嵩县，大肆劫掠，并强奸河南大学女生数人，至卢氏，将农民银行基金现洋及大车，全部劫去。第12军在南召鲁山附近，劫掠衣物，并以刺刀刺伤人民，私卖枪支，临行时，并将枪支抢回。

四、军委会调统局报告：第13军溃兵一营，经卢氏以南之双槐树、五里川等地，沿途抢劫，盘踞深山，卢氏绅士潘世亭等，集合人枪千余，围攻该营，企图解除其武装。

五、监察院三十三年七月十二日机字二三二四七号公函大意：据监察委员马耀南、范争波，提劾第一战区副长官汤恩伯，贻误戎机，坐遭败，不严惩办，无以励士气，而平民愤。

陈诚接到电报后，一边制定确保西安、巩固陕南，并以伏牛山为根据地，固守潼关、朱阳关和西陕口等各战略要塞的作战方针后，一边在陕西商县清油河镇召开豫中会战检讨会，陈诚遵照蒋介石的指示，以整顿第一战区的战斗作风，整饬军纪，检讨对日作战失败的责任，避免再次重蹈覆辙为名，对汤恩伯进行了严厉的指摘和批评。

首先，新野中学的刘校长发言，谴责汤部祸国殃民，危害地方，官商勾结，中饱私囊等种种的劣迹。汤恩伯当场质问刘校长："你说的句句属实吗？"

汤恩伯之所以敢于发声，是因为他做生意是向蒋介石汇报过的，其目的是为了筹措军费，蒋介石同意了他的请求。

刘校长敢用脑袋和汤恩伯对赌，这才让汤恩伯哑口无言，不再强辩以做生意为名造成的诸般恶果！

原第六战区战地党政工作总队少将总队长刘培初，接下来开始揭露汤部作战不利，兵败豫中的核心错误——"四不和"，即将帅不和、军民不和、军政不和、官兵不和。

而河南党政代表团的代表方策、马乘风和鲁涤平面对已被免职的汤恩伯，毫不客气地站出来，在会上轮番控诉汤恩伯的十大罪状……

汤恩伯迫于汹汹的压力，只得在这次大会上连做检讨发言。

在8月13日《勇敢负责、彻底觉悟——中原会战的检讨一》的发言稿中，汤恩伯这样说道：

> 我认为这次会战，我们最大的错误，就在于情况判断的错误。一切的决心部署和作战指导，作战行动，也都跟着错了。情况判断为什么错误呢？完全是因为我们的情报工作不够理想，当初一般人都认为敌人有打通平汉线的企图，因此，我们一切的兵力都集中在平汉线上，及其两侧，准备敌人沿平汉线南下的时候，予以节节的打击；至于在平汉线以西的伏牛山地区，根本就没有兵力，也没有作战的准备。

汤恩伯在第一天的检讨发言上，将第一战区的失败，归结到情报部门的不作为之上，但他还是没有忘记批评自己，并将大部分的责任，揽到了自己的身上："我觉得我应该承担绝大部分的责任"，正因为汤恩伯觉得自己应该承担大部分责任，故此，这次像中之战的失利，他觉得罪责不应该让大本营和部下承担——这段发言，很有将荣誉让给别人，错误留给自己的"光棍精神"。

"有人批评我这次对于战斗纪律执行得不严，这一点我承认，我之所以不能严厉执行战斗纪律，正是因为我了解我自己的错误！"汤恩伯讲完自己应该承担的责任，接着又开始为自己辩解，为何不能"严厉执行战斗纪律"？他说："但是我命令你们守，你们守不固！命令你们攻，你们功不克！甚至你们连队伍都不能掌握牢！这都是你们的责任。上级的判断部署错了，只要你们坚强，也能挽回一部分战机；上级的计划错了，只要你们坚强，也能打胜仗！不能打胜仗，就是没有尽到责任！"

汤恩伯还为如何"承担责任"开了一个"精神"的药方，即"从今天起，大家务必要彻底觉悟，自我检讨，反省，力求进步；从精神教育、意志锻炼、心理建设、养成大无畏的牺牲精神和坚持到底的强韧性来看，那么，我们的前途仍然是光明的！"

当然，汤恩伯在"承担责任"的同时，也讲了几句狠话，目的是敲山震虎，当作自己被免于攻击的盾牌，并暗中传达了一个观点，不要妄听敌人的谣言。他说："敌人企图瓦解我们，谣言攻势也是手段的一种，我们明白了这一点，外面对我们有所批评攻击时，我们就要一方面自我检讨，一方面根究谣言的来源，我们要以打击还打击，以战斗对战斗！"

很显然，汤恩伯第一天的检讨发言说得有些"假大空"，他是个聪明人，以他强悍的个性，他并不认为自己中原一战，满盘皆输，汤恩伯以后，绝对有东山再起的机会，但此次失败，必然要有人承担责任，蒋鼎文已经被撤职，而他虽然被处理，却还在留任，很显然，蒋介石还不想放弃他，还要让他发挥应有的余热。

汤恩伯窃认为，开检讨会的目的，无非是要让自己找到打败仗的根源，然后知耻而后勇，继续为蒋政府奋战不休。他在第一天的检讨会上，先来了一个投石问路，探看情况，明辨虚实，接下来的第二天——8月14日，汤恩伯在《认清缺点、痛切改正——中原会战的检讨二》中，就开始涉及到了诸多应该进行实质性检讨、注意和改进的"痛点"问题。

汤恩伯将中原会战第一战区失败的具体原因，归结为以下14点。因原文太长，限于篇幅，只简单地逐条挑选中心精神，将其罗列地下，汤恩伯作为中原会战的直接指挥者，他所分析的失败原因，应该具有权威性和代表性，也就更具有分析和研究的重要价值。

1．战斗意识低落：各部队所表现得最显著、最严重的缺点，就是官兵战斗意志低落，有许多干部甚至有避战行为。

2．部队掌握不确实：这次会战，各级干部都没有能确实把握自己的力量，确实掌握自己的部队，不能确实掌握自己的部队，根本谈不上打仗。

3．牺牲精神太差：为什么没有斗志，就是因为干部没有牺牲精神。从这次会战开始起，一直到结束，除新29师师长吕师长成仁外，我们没有看见几个部队在战斗中表现出可歌可泣的事迹。

4．命令不能贯彻：各级干部大多不能切实贯彻上级的命令。甚至有阳奉阴违的。胜败本来是兵家常事，但打败仗也要取得代价。而我们这次会战失败，大家没有向敌人取得相当的代价，大家没有贯彻上级的命令，没有达到任务，这样的失败是可耻的。

5．协同互助精神不够：这次会战，我们各个部队所表现的协同互助精神太差，如果我们这种精神再不积极转变的话，我们事业的前途是不会有希望的。

6. 没有注意战地救护。弟兄们为了国家民族而流血，他们受了伤，不能给予救护，就是各个部队队长的责任。

7. 战地补给不确实：战地补给不仅要有方法，而且要有办法，如果各个部队长事前有计划，有准备，临时有办法，办法周到，我相信各部队的战时补给就不会这样困难了。

8. 民运工作疏忽：我们平时疏忽民运工作，战时得不到民众的支持，乃至吃民众的亏，都是我们自己造成的恶果，这也是失败的重要原因。

9. 幕僚不健全：我们各部队的幕僚业务都差得很。比如这次会战，直到现在，敌人究竟使用了多少兵力，敌人究竟有多少伤亡，还不能提出确切的数字。部队的幕僚不健全，就犹如没有灵魂的躯壳。这是大家应该深深了解的。

10. 赏罚不严明：截止到现在，对于这次会战，只有第13军提出了对所属各级干部应赏应罚的报告，其余的部队都没有提出赏罚的报告。这就是证明各部队的赏罚不严明。

11. 通信不秘密：各部队非但通信本身不完备，联络不确切，尤其对保守秘密一点不能确实注意到。通信兵平时太没有训练，乱挂线，乱叫，乱报番号，妨碍通信，泄露机密，莫此为甚。

12. 后方人员平时欠训练，眷属平时没有安顿：对于各部队眷属的安顿，我再三再四下命令，要安顿在远后方，并且我还在西康西昌建设了新村，我们部队这次在河南征用牛车很多，但是我们凭良心检讨，其中有多少是运输公物的？可以说绝大部分是输送眷属的。你们想想，这样地方民间会有多大损失，老百姓怎么会不恨我们？

13. 不爱惜武器公物：身为军人，武器可以丢，那么国土也可以丢，国家也可以丢了？不爱惜武器公物，也是我们部队最严重的一个缺点。

14. 纪律不良：刚才上面讲的各点，都是纪律问题。要纠正这些缺点，必须要从干部本身做起，所谓"兵随将转"，只有部队长以身作则，痛改前非，才能带动部队纪律的好转。

汤恩伯的第二次检讨，确实涉及了第一战区官兵在对日作战中，所暴露出来的很多关键性的问题。甚至有些问题，也说到了根子上——毛病出在了各个部队长官，甚至是汤恩伯的身上。可是知道问题的症结所在，却不等于能够具体地解决问题，比如一个身患沉疴的病人，即使知道了自己生病的原因，患病的病灶，又有何用？如果不能狠下心来，咬牙忍痛，进行彻底的刮骨疗毒，剜肉除疮，最后还得走上寿终正寝的道路。

汤恩伯在8月15日，题为《接受教训、创造胜利——中原会战的检讨三》中，只是泛泛地说了一遍团结，讲了一遍努力，在这篇检讨的最后，汤恩伯这样写道：

> 古人说："为山九仞功亏一篑。"就是这个道理。所以我们必须要有切实的觉悟，尤其我们是革命干部，要做革命的工作，必须要认定革命是很艰巨的任务，我们是不怕艰难困苦的。唯其越是艰难困苦，我们越要努力，将来的成功也越大。你们一定要有深刻的反省，深刻的觉悟，接受失败的教训，创造新的胜利。
>
> 要知道同盟国的胜利，算不得是我们的真正胜利，一定要我们自力更生，才是真正的胜利，否则虽胜利亦多愧对的。目前整个国家的环境正遭受着空前的困难，处处加重了我们革命干部的责任，我们还能不觉悟吗？我挚诚地告诉大家：把握时间，充实力量，报仇雪耻，争取胜利！

这场检讨会，在陈诚的主持之下，先是第六战区战地党政代表、河南党政代表团的代表，对着汤恩伯一起猛烈地开炮，接下来汤恩伯开始面对参会的军政两届的官员，社会的贤达们做了一番深刻的检查，看着汤恩伯痛心疾首的表情，声情并茂的忏悔，很多下级军官都被震撼了，他们都认为，汤恩伯这次真的要对军队的顽疾开刀了……

可是检讨会结束，汤恩伯就翻脸不认账，他在背后跳起脚大骂："陈矮子（陈诚），这回整得老子好苦，妈的浙江人还整浙江人。总有一天整到他自己头上去！"

国民党军队队伍中谁没有吃过败仗，只不过有的人败得体面一点，有人败得狼狈一点罢了。汤恩伯做了两年中原王，称王的经历，让他尝到了金钱的味道，更知道了权利的重要。但金钱的病毒腐蚀了他南口铁汉的躯体，是权力的毒药让抗日名将变得泯然流俗。

昨日尚有担当、不计利害、敢于抗日舍命的汤恩伯已经不见了，今日代之而来的是一个骄横跋扈、推卸责任的低能将军。检讨会开过之后，已经成为众矢之的汤恩伯接到了一份电令：蒋介石命他离开第一战区，到重庆接受统帅面训，并听候严肃处理。

汤恩伯手拿调令，只得领着几个随从，恋恋不舍地离开了他苦心经营、甘苦杂陈、又让他遭受万般痛苦的中原地区，并取道陕南前往重庆。

现在重庆国民政府的参政会，正为如何处理汤恩伯吵成了一锅粥，郭仲隗等103名参议员，面对中原失守，抗战形势严峻的被动局面，他们群情激奋，众口一词，做出了一个决定，即《请申明军令严惩失机将军以明责任而利抗战案》，他们竟在一起，联名对汤恩伯提出弹劾。

汤恩伯面对"人人喊打"的危局，他急忙命令葛天在重庆参政会的高层进行说明和解释，虽然葛天找到了邵力子、雷震和吴铁城进行重点疏通，但化解危险的效果不佳，要知道真正为汤恩伯一锤定音的还是蒋介石。

国民参政会第三届第三次会议在重庆军事委员会礼堂召开，就在闭幕的前一天，蒋介石亲自到会，并发表讲话，虽然讲话的内容已经不可查，但有一点却是肯定的，那就是，蒋介石为汤恩伯做了开脱：因为有一点谁也不能不承认，中原大战的战略是重庆军委会制定的，汤恩伯虽然在执行中出现偏差，但要分摊责任，重庆的军委会的责任在80%以上。

汤恩伯只是军政会军令的一个执行者，虽然他这次打了大败仗，但他却是一位公认的抗日名将，"严惩失机将军以明责任"这句话说得很简单，执行起来也不难，但没有了汤恩伯这些"能征惯战"之将，以后由谁去领兵、去守土、去卫国、去抗日打仗？而且不过分地说，汤恩伯在河南不叫落荒而逃，而应叫按令撤退。

郭仲隗又名郭大炮，他一见蒋介石袒护汤恩伯，便当场厉声质问："汤恩伯是按照谁的命令撤退的？"

蒋介石为了替汤恩伯开脱，回答："当然是按照我的命令！"

郭仲隗接着又质问："汤恩伯不是落荒而逃，那么他按令撤退时，为何丢失了电台？"

蒋介石被驳斥得无言以对，只得将汤革职留任，并让他戴罪立功，用以搪塞舆论，目的是蒙混过关。

如果革职还能留任，那么还需要革职干什么？汤恩伯当初接到此"奇葩"的电令之后，他就意识到蒋介石要保自己，国民参政会开过之后，众位委员弹劾的利剑劈空，汤恩伯这才抹去额头上的冷汗，长长地嘘出了一口气。

中原会战惨败后，汤恩伯的部队也被一分为三。第31集团军主力归陈诚指挥，驻守豫西一带；第15集团军和第19集团军划归何柱国和陈大庆指挥，他们驻守之地在苏鲁豫皖边区和黄泛区。而汤恩伯嫡系部队第13军还归他指挥，并在他的率领下，奉调贵阳，有一场桂柳会战，需要汤恩伯领兵去打，这场仗汤恩伯无论如何都得打好，他能否留任，就在此一举了！

汤恩伯 全传

Biography of Tang Enbo

第六章

京沪受降，抗战终能获胜利

生存的第一定律是：没有什么比昨天的成功更加危险——托夫勒

　　湘西反攻战，汤恩伯不仅打得顽强，而且打得漂亮，经过两个月左右的战斗，汤部取得了湘西会战的胜利。这次会战的胜利，终于让汤恩伯可以扬眉吐气，洗刷前耻，他亦受到了蒋介石的嘉奖，并开始担任了重庆政府的第六届执行委员。

　　随着1945年8月15日的到来，日本政府正式宣布投降，可是中国最重要的工业城市——上海，派谁去受降，受降人选的名单，在蒋政府的内部，产生了严重的分歧。

　　要知道，受降不仅是一件留名青史的大好事，而且还能从日伪军的手中，接收到武器、弹药等战备物质，更诱人的还有金银、美钞等钱财实物的"外捞"。

　　蒋介石点汤恩伯的将，命他去上海受降，绝对是经过了仔细权衡，并主要基于两点考虑：1.汤恩伯对日军有一定的威慑力；2.汤恩伯是蒋介石的嫡系亲信。

　　汤恩伯奉命来到上海，陪同何应钦等人在上海南京黄埔路中央军校礼堂，举行了日军投降的签字仪式。

　　汤恩伯终于从失败的阴影中走了出来，并开始面对阳光，可是他会接受教训，用一种廉洁、自律的脚步，走完自己充满硝烟味的军事人生吗？

1. 湘西，弹火纷飞反攻忙

血战乾坤赤，氛迷日月黄——杜甫《送灵州李判官》

　　湘西会战可以说是抗日战争的一道分水岭，这是中国人民抗日战争的最后一战，从此战以后，中国正面战场的抗日形势发生了逆转，从双方僵持阶段，一路走到了中国抗日的将士对日本侵略者的战略反攻阶段，这时候的汤恩伯，在湘西会战中，究竟扮演了多么重要的角色？

　　日军于1944年8月攻陷湖南衡阳后，这些侵略者为打通湘桂与越南的交通线，成立了第6方面军，以冈村宁次为司令官，由湖南、广东分兵继续向广西进犯。

　　蒋介石随后严令第四战区司令长官张发奎，领兵在广西的桂林、柳州等地修筑碉堡，深挖工事，抗敌作战。这次斩断日寇开辟交通线之魔爪的防御作战，史称"桂柳会战"。

　　冈村宁次指挥第11、第23军等日军部队共约16万人，他们在第2飞行团约150架飞机的掩护下，先后攻占了独山、荔波、三都和丹寨等地区。一时间，贵阳形势万分危急，一旦贵州失守，几百里外的重庆必将门户大开，万分危险了。为保贵州安全，蒋介石急调汤恩伯至湘黔，充当"门神爷"的角色。当时，汤恩伯接到命令，不敢怠慢，他将司令部交给刘广济负责，他领着参谋、侍卫等人员不到10个人乘坐着吉普车，从陕南的商南县出发，一路风尘仆仆地赶往湘黔。可是因为道路崎岖，以至于那辆吉普车竟坏在了中途！

　　而奉命调集到湘黔参战，归属汤恩伯指挥的第29军、第13军，还有胡宗南所辖的第98军、第9军，还有卫戍重庆的第79军等军，都距离桂柳前线遥远，有

汤恩伯

文章称："多在3千公里上下的远程，所要通过的是崇山大川且很多荒瘠人稀的区域，军队所受的艰辛，自不待言……"

11月3日，汤恩伯终于辗转地坐着卡车来到了重庆，面见蒋介石，他明确了作战任务之后，于6日离开重庆直奔贵州，11月10日，为了便于汤恩伯指挥，蒋介石任命汤恩伯为黔桂湘边总司令官，下辖陈金城第9军两师，石觉第13军3个师，孙元良第29军3个师，刘安琪第57军两师，罗广文、陈素农等队伍，这些队伍已经先后赶到了贵州进行集结。

12月2日，日军沿着黔桂铁路进攻至贵州独山，独山是贵州省进入两广出海口的必经之地。有"贵州的南大门"之称，汤恩伯组织兵力，对其进行了坚决的打击，终于使这股敌军伤亡惨重，撤回了广西的河池。

18日，日军在汤恩伯率兵的攻击之下，终于退出了贵州省全境，陪都重庆和大后方的安全终于得到了保障。

1945年，世界反法西斯战争已经接近尾声，面对着盟军节节胜利，日军为挽救其在太平洋战场上即将灭亡的命运，从中国东南调兵于华北，最后，湖南日军调集5个师团3个独立旅团，共约8万人的队伍，发动了所谓"本土决战"计划，这是日军是对中国战场的最后一次进攻作战，随着这次湘西会战（又称雪峰山战役）的展开。日军在中国战场上演出了一场"最后的疯狂"。

4月9日，湘西会战正式打响，中国参加会战的总指挥为何应钦，第四方面军的司令为王耀武，第三方面军总司令为汤恩伯，第三方面军下辖牟廷芳第94军、丁治盘第26军、廖耀湘新编第6军、胡琏第18军共计4个军15个师，占当时中国20万全部参战兵力的四分之三，可见何应钦对汤恩伯寄予了厚望，并全力支持他一定要唱好湘西会战的开场大戏。

战斗一开始，中国军队便采取了"攻势防御"的战略，攻防结合，目的是消灭敌之有生力量，然后利用雪峰山之纵深、节节抵抗、诱敌深入、分化摊薄日军之兵力，并相机与日军决战。

日军是在仓促之间，发动的湘西会战，不仅准备不充分，而且他们制定的摧毁国民党空军芷江机场，因兵力不足，取得湘西会战"胜利"的计划也非常不现实……

时任第19师上校参谋的陆承裕，曾在《株洲文史》第11辑，发表了一篇文章《抗日时期的雪峰山会战》里面有一段是发生在雪峰山的土岭界、青山界一带的歼灭战。作者是这样记录的：

> 土岭界属武冈县，青山界属新化县，相距约十里，遥相对峙，同为雪峰山的最高点，是通往黔阳、新化的重要隘路。地势险峻、多云雾、人烟稀少，昔为湘西巨匪张青云等流窜窃踞之地。唯距土岭界东南五六里的黄茨坪尚有几户居民。土匪青云在土岭界建的碉堡工事犹存。为防日寇越雪峰山西窜，第56团第三营营长汤启圣率部扼守土岭界几个据点。3月20日，敌一个加强大队从隆回附近乘雨夜偷越56团团部，突然窜袭土岭界，汤营奋起迎击，战斗十分激烈。
>
> 次日大雨倾盆竟日不止。敌冒雨猛攻，汤营九连阵地遭敌集中炮火轰击，被敌攻占该阵地后，汤营各连皆处敌炮火射程之内，形势十分危急。此时56团一营尾敌前来增援，师部严令汤启圣指挥一、二两营立即夺回所失阵地。战场形势急转，敌反处于腹背受敌地位，且敌经连日战斗，十分疲惫，加上粮食欠缺，为摆脱困境，乘夜暗撤出土岭界，窜往黄茨坪。我56团一营一部仍留土岭界，第三营和一营立即尾追。是时雨虽停，但云雾迷漫，找不到敌人的踪迹，凌晨始发现黄茨坪有火光，原来敌人正埋锅造饭，烘衣服，喂军马。三营战士见状，立即将黄获坪包围，由第一营营长刘汉雄率敢死队130人，分成两队冲入村内，一时轻机枪、手榴弹如雨点般向敌猛泻，敌仓皇应战，乱作一团，除一部突围窜往青山界外，余均被歼……
>
> 至此，侵入雪峰山日军已全部肃清，敌全线动摇，败局已定。

由此可见，雪峰山的战斗之残酷，确实超乎一般人的想象，汤恩伯的第三方面军攻克柳州后，部队下达光复桂林作战命令。国民革命军第三方面军94军

121师363团（团长饶启尧）孤军深入，开赴桂林，准备对龟缩在桂林城中的日军，给予歼灭性的打击。

当时的战斗形势是，雪峰山一战失利后，整个日本军队兵力防线大量收缩，因此，日军防卫桂林的部队非常密集，双方在桂林爆发了一场非常惨烈的战役。

桂林有句民谚："高，高不过侯山；长，长不过长蛇岭。"长蛇岭是控制湘桂铁路、公路命脉的要塞地带，363团向桂林快速推进，并于7月18日占领了整个长蛇岭地区。第二天天刚亮，日军就把363团包围在了105高地的山上。

第94军121师363团团长饶启尧在《长蛇岭半月战斗记》——"桂林光复中战斗之一角"里，这样记录道：

激烈战斗一昼夜，双方伤亡惨重，尤以炮兵用80公尺之短距离射击，毙敌有如山倒，敌虽几度对我猛扑，但终被猛击退，旋团之主力，由雷家东西端之线向敌左右迂回，敌渐不支，乃逃窜于岭底村，及东头村，续即将其截成数段，进谋分头围歼之策。

在虏获敌之文件中，查知其为屯团2304广字7310等番号部队，并毙敌官长大尉幸贞雄，盐田队长，菊谷寿三郎，中尉松尾利郎，中山队长松浦新三，小野队长井上新治等多员，观此，可想当时之惨烈也，计我伤6连排长，树臣一员，阵亡机3连中尉连附钟丽章，第9连准尉代排长周绍武等两员……

长蛇岭半月战斗中，官兵悉在烈日暴雨一无人家饮水的荒山上，以疟蚊枪声为不寝兵，朝朝暮暮激战，而牺牲最壮烈者，为盘古庙之上士李文柱所领导一班，战斗至最后6人，犹能毙敌80余，使敌不敢冲入阵地。争夺最剧烈者，为609高地，敌以强有力步炮联合猛烈反扑，我第二第三两连附近，失而复得者，三次以上，据守阵地之杨连，不顾炮火猛烈，誓死固守近十昼夜，歼敌数百，始终确保阵地，转移全胜局势。最后决战为雷家村，由桂林义宁两地撤退之敌及会据潭下溪敌2000余，以全力向我雷村团指挥所猛犯，激战一昼夜，短兵相接，白刃相见，终以我守兵英勇抵御，歼敌逾千，使敌溃不成军……

桂林早在1944年11月10日，由于守城的中国军队寡不敌众，被日军攻破，但桂林却在沦陷200多天后，由汤恩伯部的第三方面军在1945年7月28日一举光

汤恩伯及其他将领与美军参谋长陈纳德交谈

复。桂林亦成为中国最早光复的省会城市，也是唯一一座在日本投降前由中国军队主动收复的省会城市。

1945年5月13日，芷江方面出动P51野马飞机对被包围的日军进攻轰炸，同时国民党军队各部对日军发动猛攻。6月1日，日军各部全线退回湘西会战之前地域，长达55个昼夜的湘西会战，以中国军队的胜利作为结束。

此次湘西会战，日军伤亡2.7万人，其中死亡12498，国民党军队方面伤亡20660人，其中阵亡7817人，可以说付出是惨烈的，胜利亦是巨大的，汤恩伯在这次会战中，一雪前耻，终于摘掉了失败将军的帽子，因为收复桂林有功，不仅受到了蒋介石的嘉奖，而且还当选为重庆政府的第六届执行委员。

随着时间的推移，国内抗日的形势亦一步步向可喜的方向发展，1945年8月6日，美国B-29轰炸机在日本广岛投放了第一颗原子弹，广岛当日死者计8.8万余人，负伤和失踪的为5.1万余人；全市7.6万幢建筑物全被毁坏。原子弹的爆炸，使日本四岛军民立刻陷入到无比的恐慌之中。

原子弹巨大的威力，震醒了日本那些顽固好战的军国主义分子的神经，让他们一个个如遭棒喝，不得不开始慎重考虑无条件投降的事情。

（前）苏联外长莫洛托夫于1945年8月8日下午5时约见日本驻苏大使佐藤，并对他宣读了苏联对日本的宣战书。随后，（前）苏联远东红军8月9日零时，兵分东、北、西3路，突破日军和伪满3000公里防线进入东北。开始进攻占据中国东北的日军，同日美国在日本长崎投下第二颗原子弹。

苏军各路集团军经过近一周的奋战，他们成功地越过了原始森林、高山大漠，并迅速地向东北腹地推进。日本天皇1945年8月15日发布投降诏书。三天之后，关东军司令部这才向所属部队下达了投降命令。苏军于8月19日下午进驻沈阳城，五万多名守城日军缴械投降。8月22日，苏军控制了哈尔滨和大连等许多东北重要的城市。

1945年8月15日，日本东京时间11点59分，NHK资深播音员和田信贤的声音在收音机上响起，如果更确切一点地说，是在全日本600多万台收音机中一起响起："从现在开始，进行重要广播。请全国听众起立！"

随后，7200万日本国民，收听到了44岁的昭和天皇颁布的日本投降诏书。昭和天皇颁布诏书的语调一开始的时候，还有抑扬顿挫的感觉，可是声音越来越小，说到最后，几乎听不清了。

日本帝国主义1931年9月，开始发动侵华战争，至1945年8月结束，14年的侵华战争，特别是8年抗战中，中国军民承受了绝大的牺牲，根据不完全统计，中国军民伤亡3500余万人，按1937年的物价比值来计算，日本侵略者给中国造成的直接经济损失1000亿美元，间接经济损失5000亿美元。

残酷的战争狂魔肆虐之下，有多少个完美的家庭妻离子散，又有多少个城市变成了废墟，狼烟遍地，鲜血将大地染红，中国人民在无比艰难中，仍然坚持抗战。中国人民不会屈服，抗日战争的伟大胜利是来之不易的，这是一场中国各民族人民近百年来反抗外国侵略第一次取得完全胜利的战争。

日本天皇的《投降诏书》，不仅是对中国14年（中国抗日战争的起点，应从1931年"九一八"开始，至1945年9月结束共进行了14年；而从1937年七七抗战起，是全国抗战即抗日战争时期的开端，至1945年9月共进行了8年）抗战的一个完美总结，同时，也是宣布日本不正义战争的结束。这不仅是一份宣示着正义必胜，反正义必败的继往开来里程碑式的文件，也是令任何一个爱好和平的中国人都会喜笑颜开的历史性文件。

日本投降诏书

朕深鉴于世界大势及帝国之现状，欲采取非常之措施，收拾时局，兹告尔等臣民，朕已饬令帝国政府通告美、英、中、苏四国，愿接受其联合公告。

　　盖谋求帝国臣民之康宁，同享万邦公荣之乐，斯乃皇祖皇宗之遗范，亦为朕所眷眷不忘者。前者，帝国之所以向美、英两国宣战，实亦为希求帝国之自存与东亚之安定而出此，至如排斥他国之主权，侵犯他国之领土，固非朕之本志……朕对于始终与帝国同为东亚解放而努力之诸盟邦，不得不深表遗憾：念及帝国臣民之死于战阵，殉于职守，毙于非命者及其遗属，则五脏为之俱裂；至于负战伤，蒙战祸，失家业者之生计，亦朕所深为轸念者也。今后帝国所受之苦固非寻常，朕亦深知尔等臣民之衷情，然时运之所趋，朕欲忍所难忍，耐所难耐，以为万世之太平……

　　虽然日本昭和天皇的635字诏书中，没有出现"投降"两个最为关键的字，但是"接受联合公告者"不是投降又是什么？

　　1945年8月15日，重庆《大公报》为刊登日本投降的消息，并特意刻铸制作了五个特大号铅字——日本投降矣，刊印到了当日的报纸上。

　　《新华日报》的号外，用极其醒目的标题《接受波茨坦宣言，日本无条件投降》，报道了这个激动人心的历史事件，而随后，《中央日报》连发了《面对毁灭绝境　日本请求投降》和《日本投降消息传出　重庆大欢乐　百万市民兴奋不眠夜》两篇文章，更是让全民欢呼，载歌载舞，迎接胜利的巨大热情不断升级。

　　汤恩伯征战多年，对于日寇投降消息的来临，他相对于普通民众，更是早有预感。湘西会战，虽然打得很坚苦，但却打出了一个中国军队全胜的局面，究其最重要的原因，只有一个，那就是——日军气数已尽，侵略者的信心跌落到了历史的最低点。

　　汤恩伯的中原会战一败，让他从一个人人敬重的抗日将军，变成了一个人人可以言杀的败军之将，收复桂林的一战，让他终于摘掉了"失败"的帽子，重新可以扬眉吐气地接受鲜花、笑容和掌声。汤恩伯正在和部下家人，举觞相庆，庆祝这场得之不易的胜利，他正在筹谋，如何应对日军投降、国内政局的新形势，这时一个更让他心情雀跃的电报，发到了他的案头。

　　蒋介石是提携他，更是抬举他，命他去芷江陆军总司令部，与何应钦等将领一路，参加上海日军的投降仪式。

　　当时抗战胜利后的具体形势是，日军占领了东北、华中和沿海等地区，而国民党的军队现在都分布在西南地区一隅，想去日军占领区接受日军投降，不仅需要长途运兵，更需要充足的时间。

可是蒋介石政府根本就没有长途大量运兵的能力，为了防止我中共根据地的游击队、八路军、新四军接受日军投降，并取得日军所占之城市、地盘还有枪械物质，蒋介石竟下了一道荒唐的命令：日军需拿起武器，维持本地治安，而且只许向国民党军投降，一旦中共的军队占据了日军的地盘，尚未受降的日军，还负有夺回之责任。

对于一些偏远地区的受降工作，蒋介石确实是鞭长莫及，但上海、北平和南京等重要的一线城市的受降工作，却被提升到了无比重要的地步。

一开始，第三战区司令长官顾祝同自告奋勇地向何应钦建议，自己可以率领部队到京沪等地受降，何应钦的报告打到了蒋介石的案头后，蒋介石亦暂时同意了顾祝同的受降计划，可是在随后的一场受降会议上，中国战区参谋长魏德迈和美军作战训练司令麦克鲁却提出了反对的意见：比如，像冈村宁次这样狂傲的日军头目并不认为已经战败，最鲜明的证据就是，冈村宁次曾经向日本大本营梅津参谋总长发电请示，狂妄地说：派遣军拥有百万大军，且连战连胜。在国家间之战争上虽已失败，但在作战上仍居于压倒性胜利之地位。以如此优势之军队而由软弱之重庆军解除武装，实为不应有之事……

冈村宁次虽然接受了天皇的命令，放下武器投降，但是，想要去这些地方受降的国民党军将领，必须要具备这样一个资质，那就是曾经战败过日军，能让日军头目低头服气，否则一旦出现了压不住敌人嚣张气焰的问题，不仅受降会不理想，而且很可能会造成不利的国际影响。

蒋介石觉得两个人的意见非常有分量，便同意了他们的建议，派刚刚在缅甸歼灭日军、得胜归来的第84师团前去南京受降，而上海的受降工作，就交给

汤恩伯与何应钦、杜月笙

了何应钦、汤恩伯等抗日有功的将领。

汤恩伯在去上海受降之前，曾先行参加了日军在南京的受降仪式。当时，参加过湘西会战的王楚英曾经以警卫负责人身份，亲身经历了中国战区日军从芷江洽降到南京签降的全过程。他在《军碑·1942》中，这样写道：

> 1945年9月9日上午9时，中国战区日军投降签字仪式在南京原中央军校大礼堂内隆重举行。这天南京城到处呈现着一片欢乐的景象，街头巷尾，人人喜形于色，流露出对胜利和平的欢欣⋯⋯
>
> 在受降席右侧观礼席上就座的有汤恩伯、王懋功、李明扬、郑洞国、冷欣、蔡文治、钮先铭、彭孟缉、马崇六、白雨生⋯⋯总计参加大会的有中国陆军将级军官99人，海、空军军官35人，盟方代表47人，国民党文职官员51人，国民党其他军官85人，中国记者52人，外国记者36人，共405人。
>
> 何应钦遂将日本投降书中日文本各一份，交肖毅肃持交冈村宁次⋯⋯9时10分，何应钦将中国战区最高统帅蒋介石的第一号命令交付给冈村。冈村略为展阅后，即签署命令受领证，交由小林浅三郎呈送何应钦。
>
> 9时15分，何应钦命令冈村等退席。历时15分钟的中国战区120余万日军的投降签字仪式，到此全部完成。何应钦即席发表广播讲话，由鲍静安同时用英语译述，略云："敬告全国同胞及全世界人士，中国战区日本投降签字仪式已于9日上午9时在南京顺利完成，这是中国历史上最有意义的一个日子，这是8年抗战艰苦奋斗的结果，这对东亚及全世界人类和平与繁荣从此开启新的纪元。我们中国将走上和平建设大道，开创中华民族复兴的伟业。"何应钦的讲话在雷鸣般的掌声中结束。历时8年的中国全民族抗日战争，从此胜利结束。

在王楚英的回忆文章中，在受降席右侧观礼席上就座的第一位，就是汤恩伯。可见汤恩伯在这场受降仪式上，绝对起到的是一种"十八罗汉"首位首座，神镇群魔的作用。

受降仪式进行得非常顺利，整个过程庄严肃穆，而且秩序井然，很显然，汤恩伯等一干镇场子的文臣武将们功不可没。

当时，在冈村宁次的回忆录中，泄露了不少内部的消息，最让人恼火的一点是：蒋介石政府对日寇很迁就。当时民国政府为了避免让参加投降仪式的日军将领有威胁感，曾拟采用圆桌方式，不分主次，团团围坐，因为美军的干涉，才改用了长方桌，另外还做了规定，投降者必须敬礼，以示赎罪。

冈村宁次非常狂妄，他从未想过因为战败而需要面对投降，他在回忆录中写道："心中非常不快，但由于是向我最亲密的何应钦投降，心中也有安然之感！"

冈村宁次还在回忆录中，对侵华战争日军为何失败这一点上，做出如下分析，虽有其不正确的方面，但鉴于他侵华日军总司令的身份，亦有可参考的方面。

> 归根到底，地大人多的国家既是大国又是强国，中国夸称地大物博，即此道理，苏联之未败于德国，中国在军事上未战胜日本但并未屈服。此地大人多，人海战术之故。日德之所以战败，正由于其条件想法，以下棋之胜负来说，即便车、马、炮无多，但士象俱全，也不会轻易就被将死。

> 英国虽说是大国，但因其联邦是连锁关系，不能说人多，所以要走下坡路，将来的大国是美、苏。中国虽也具备大国的条件，但因为内部不团结，走上大国前途尚属遥远，日本虽有相当的人口，但土地狭小，此次终于大败，从一等国降为四等国，然而从文化、科学、技术方面看，并非没有重新成为一等国的可能，日本，你究竟走向何方？

冈村宁次在回忆录中，林林总总分析了中日一战日军失败的主要原因，但有一个最根本的总因，他没有说，那就是正义之战必胜，而不正义之战必败。天道是万物共生共长，互相依存，而绝非是谁消灭谁。可是日军却悍然发动侵略战争，强力推行自己的殖民统治，实属逆天而行，这样的非正义战争如果不失败，那就没有天理了。

1945年9月，汤恩伯率部开赴上海，在举行上海受降仪式的同时，一并接受上海的政权，日军的武器物质和敌伪的逆产。

上海社科院近代史所陈祖恩教授曾写过《1945：上海受降》，在这篇文章中，作者用客观、翔实的文字，记录了汤恩伯赴上海受降的起因和过程：陈教授这样写道：

> （上海）当时，留置在中国战区［包括大陆、台湾（地区）及越南

北部地区〕的日军战俘和日侨共有213万多人。上海周边地区约有日军"登"部队即13军六个师团的12万余人，司令部设在江湾五角场。上海日侨有7万余人，后来又有3万多日侨陆续从长江流域各地来沪集中，总数达10万人。

上海的受降工作自9月4日正式进入日程。负责接收南京、上海的所谓"京沪地区"的是第三方面军总司令汤恩伯将军。根据命令，在国民政府军大部队抵达接收地以前，应迅速派出前进指挥部，"指挥部主持人员，应选明了全般情况，熟习国际公法之正式中高级军官充任，其名义可一律称为'某战区（方面军）某地前进指挥所主任'，其下必须附以必要之幕僚，及精通日语人员"。

当时，第三方面军的副司令张雪中中将、郑洞国中将、总参谋长徐祖怡中将、副总参谋长李元凯少将、高级参谋林日藩少将等，先行抵达上海，下榻在华懋饭店（今和平饭店），并与日方商议具体的接收事宜。如果不谈现实的距离，战争的血腥，还有日军这些双手沾满中国人民鲜血的刽子手的可耻，令人感觉到别扭的是，汤恩伯、李元凯和林日藩等人，尽都是在陆士毕业，而徐祖怡中将毕业于日本陆军大学，坐在谈判桌对面的日军高级军官们，有很多竟是他们的校友和同学。

比如：驻上海的第13军司令官松井太久郎中将，他1910年5月入读陆士22期，1917年11月陆军大学29期毕业，可是现在此一时、彼一时，他不得不低下自己所谓"高贵"的头，向自己的同学们和校友们献出战刀、鞠躬投降。并据实交出中方勒令其准备的"文件、报告、表册"，这里面包括日军在上海的兵力情况、海空军设备器材、各军种管理事业、仓库、粮食、公产等全部信息。

当时，日本在上海的"敌产"约合18.3亿美元，这些"敌产"作为战争赔偿的一部分，自然被第三方面军予以没收，当时，日方侨民等日军武力侵华恶浪的狂推之下，纷纷到上海来抢滩登陆，他们采用军商结合，政商结合的不正当手段，鲸吞掠夺了大量的不义之财，挤兑得那些正经的中国商人，破产跳江，上吊自杀，没有活路，被他们吞噬的财产留在中国，绝对是天经地义的。而让他们"提着一个皮箱来上海，然后提着一只皮箱离开"就已经是最大的仁慈，与最高的诚意了。

中国是一个文明古国，在战争中，对待敌人自然可以凭借实力，制敌于死地，但敌人一旦投降，则会待之以礼，《孟子·离娄下》就曾经说过："爱人者，人恒爱之；敬人者，人恒敬之。"睦邻友好，不倚强凌弱，以众暴寡，这始终是华夏民族基于仁义范畴的内涵实质。

但还有一点：中国是一个仁义之邦，但并不代表着可以任人欺负，真理必须追究，正义定当强求，而姑息除了养奸，并无半点好处。

9月6日，第三方面军先头部队2000余人进入上海。9月8日，第三方面军总司令汤恩伯将军抵达上海大场机场。令人不可思议的是，汤恩伯以凯旋将军的身份抵达上海的时候，上海前进指挥部竟然命令日军派出两个警备队进行安全护卫。这两队日本败军身着新军装，头戴钢帽，携带最新式的96式轻机关枪，分乘两辆汽车参加汤恩伯将军凯旋仪式的警备工作，列于前卫与后卫的重要位置。日本军官认为这可能是世界战争史上史无前例的事……

汤恩伯进入上海后即表示："上海方面的接收成否，引起世界各国的关注。我将排除各种障碍，以最迅速最公正的手段完成，给全中国的陆军起一个模范作用。"

关于解除日军武装问题，最初的意见是将上海周边地区的日军全部集中到市中心的跑马场，然后召集相对数量的中国军队，全部整列面对，由日军向中国军队缴械。但是，这一意见被认为"徒费战胜之夸，将留下后患"而遭到否决，结局是由日军自主做成武器明细表，提交给中方，然后由日军将武器缴到中方指定的场所，就算完成了接收。

上海的受降仪式于12日下午2时正式举行，汤恩伯接受日军第13军司令官松井太久郎中将投降，并发出第一号命令，命令日本军队自即日起陆续准备听候接收。

国民政府第三方面军在解除日军武器、接收军用物资方面，设立了武器、

1945年在上海参加受降仪式的汤恩伯

粮食、被服、马匹、卫生材料、病院和兵舍等多个接收组，并尽量启用留学日本的军官，以日本是"东亚复兴的明日战友"的宗旨进行接收工作，没有发生大的纠纷。

对于已缴械的日军俘虏，国民政府第三方面军以"吴淞为日军集中营地点，日本海军陆战队集中在浦东"为原则进行关押。据统计，日本陆军俘虏在江湾地区集中营41721人，吴淞地区25681人，宪兵集中营1284人，杨行地区集中营9990人，松江地区集中营8126人……1945年12月，开始遣返日军俘虏与日本侨民。按计划，上海地区的遣送工作于1946年4月30日结束，但由于船只安排的困难，实际上延长至5月中旬完成。

但在王维礼主编的《蒋介石的文臣武将》一书中，田毅鹏曾经用笔记录下了汤恩伯作为接收大员的另外一面：

> 9月8日，汤恩伯又飞抵上海，以抗战名将的姿态，乘坐敞篷汽车作凯旋式的巡行，一连数日，大宴宾客，招待的酒席竟达1000余桌。汤恩伯坐着汽车到各大饭店、餐厅轮流干杯、演说，热闹非凡。
>
> 在上海期间，汤恩伯执行了蒋介石"以德报怨"的接收政策，对日本侵略者媚气十足，丑态百出，他在上海华懋公寓接见日本第13军司令官松井中将时，刚一见面，便慢声细语地说："对不起，今天要您到这里来谈……"坐在边上的美国顾问立即警告他："将军，你要顾及你地位，你是胜利者，对于投降的人没有什么对不起，你应该说我命令你！"这样，他在重新用命令的口吻发言。后来，汤恩伯再次与松井见面时又不无歉意地说："早知道这样，我们应该预先演习一下！"

汤恩伯之所以态度如此谦恭，这与蒋介石对日本的立场是绝对分不开的。1945年8月15日，日本天皇裕仁利用无线电的形势，播发出了"停战诏书"后，蒋介石就在重庆迅速发表广播讲话，讲话的内容如下：

> 我们一贯声言，只认为日本黩武的军阀为敌，不以日本的人民为敌。今天，敌军已被我们联邦共同打倒了，我们当然要严密责成他忠实执行所有的投降条款，但是我们并不要企图报复，更不可对敌国无辜人民加以侮

辱，我们只有对他们为他的纳粹军阀所愚弄所压迫而表示怜悯，使他们能自拔于错误与罪恶，要知道，如果以暴行答复敌人从前的暴行，以奴辱来答复他们从前错误的优越感，则冤冤相报，永无终止，绝不是我们仁义之师的目的。

蒋介石的这篇讲话，就是为日军失败后，中国政府对日军战俘的态度定了调子，华夏民族是礼仪之邦，从不强调以杀止杀，血债要用血来偿，但面对杀人如麻的刽子手，却要用"以德报怨"相待，这真的令很多人都想不通。

汤恩伯不仅对松井待遇优厚，他对日军驻华最高指挥官冈村宁次大将，更是待若上宾，甚为保护，在冈村宁次被关押期间，汤恩伯亦向他多次透露，蒋主席有意将有关战犯全部释放回国。

汤恩伯还委托自己的秘书长龙佐良多次探望冈村宁次，并传话说：汤将军面谒总统，力陈冈村宁次、松井九太郎在停战时有力，应令松井即刻回国，冈村则需考虑舆论与国际关系，未便立刻宣布无罪，应徐图善策，以待良机。

冈村宁次在自己的日记中，也记录下自己受到优待的情形：

> 停战后，中国官员对我等日人态度，总的来看出乎意料的良好……汉口的中国军司令部在旧历九月九日重阳节时，向日军的司令部送了满满的一卡车月饼。

当时，国内对如何处理日军头目——侵华日军的总司令冈村宁次，有着截然不同的两种态度，一种是国防部战犯处理委员会一些委员坚决要处死冈村宁次，最低也要判他无期徒刑，另一种态度就是以汤恩伯等人秉承蒋介石的意愿，他们认为冈村宁次还有利用的价值，从反共的立场出发，他主张宣判其无罪。

为了创造一个释放冈村宁次的氛围，汤恩伯还在南京接连发布亲日言论，当然，这些所谓的言论，都是经过蒋介石授意的，汤恩伯这样说：

> 中日的世仇万不可解，三十年河东，三十年河西，一败一胜，古之常理，对日本万不可过火，应留一些余地，以防他日报复……日本和德国一样，是一只打不死的狼，刚刚落败，甚至落了一身毛，只要等到毛长齐了

仍然是一只狼！……"

在何应钦的支持下，汤恩伯的意见占了上风，经过蒋介石的同意，一个在"二战"结束后，极具讽刺的场景出现了，上海军事法庭竟宣判冈村宁次无罪。随后不久，蒋介石下野，李宗仁即将主持国共两党和平谈判，他为创造一个有利而健康的谈判氛围，下令重新逮捕冈村宁次。

可是汤恩伯对李宗仁的命令置若罔闻，扣而不发，并将冈村宁次秘密遣送回国，冈村宁次侥幸得活，他对汤恩伯的感谢可以说是没齿难忘。

他在日记中，这样写道：汤恩伯毕业于日本陆军士官学校，极端亲日，战争结束后，汤负责上海地区接收工作，为日本人尽心竭力，10万侨民深为体谅和感谢。

其实不管是汤恩伯、何应钦还有蒋介石都忘记了最为重要的一点，中国是战胜国，而日本是战败国，在日本签署完投降文件后，随即而来的环节就是进入到了战争的赔偿阶段，在争取利益的关键时刻，跟那些战犯们大谈"以德报怨"，是不是早了一些？等赔偿落实后，再畅谈睦邻友好、和平相处的高调，这岂不是解决中日关系的更好办法。

只可惜一场光明正大的受降、惩办战犯、索求赔款等事宜，因为偏颇的方针和政策，在执行中荒腔走板，变了模样。有评论家这样说：这一切的一切，都是恐日的观念在作怪，蒋政府的一些对日军极度恐怕的官员们，他们担心日军一旦缓过了一口元气，没准还会气势汹汹地杀来，如果现在对日本战犯们不客气，就等于断了自己的后路，只有对位高权重的冈村宁次等战犯"施以德念"他们才会心生感动，将来一旦战局再开，自己的生命安全也就能得到保障。

私心、私念和私意将受降、赔偿和惩办战犯做成了一锅夹生饭，以至于后来的外交人员，在很长的一段时间，都得去忍受这碗夹生饭所带来的恶果。

2. 惨败：孟良崮是伤心地

> 晋之失败，贿赂己耳，交游己耳——王夫之

汤恩伯在河南做过风光的中原王。手握重兵的感觉，让他知道了权力对自

己的重要性；当他靠做生意发了大财，他亦知道了金钱对自己来说是不可缺少的东西。汤恩伯在上海完成受降工作之后，便开始经营属于自己的企业，可是让他想不到的是，一个是突然、也是必然的"惨败"却在不远的路上，正虎视眈眈地等候着他。

汤恩伯对蒋介石非常"愚忠"，他甚至固执地认为，只要忠于蒋介石，不管是打了败仗，还是开买卖，乘机中饱私囊，就都不会有问题，即使出了问题，也会在蒋介石面前大事化小，小事化了。

汤恩伯在上海做接收大员，赚来的不仅是面子，更赚来了里子。当时，日本宣布无条件投降的消息传来，大上海的民众立刻沸腾了，他们纷纷敲锣打鼓，载歌载舞地涌上了街头，欢庆来之不易的胜利。日军占领上海多年，不仅穷凶极恶的日军官兵鱼肉上海的民众，那帮为虎作伥的汉奸、警察还有各种黑恶势力，全都骑在上海民众的头上作威作福。

上海民众们以为，日军投降后，欺压上海民众的邪恶势力，一定会得到铲除和清算，上海民众头顶的阴霾散去，洞见朗朗青天的日子，终于快要来临了。可是令上海各阶层感到万分失望的是，这些接收大员来到上海，他们根本就不是接收，而是在进行着一场群魔乱舞般的"劫收"。

上海的经济随着光复，刚刚露出的一丝生机，只要给予阳光雨露，那些"老树新枝"定能枝繁叶茂，生长迅速，但这些接收大员们，并没有想着要呵护上海的经济，他们一个个打定的信条就是——"三洋开泰"：捧西洋、爱东洋和要现洋。并大玩"五子登科"：票子、金子、房子、车子和女子。

号称东方小巴黎的上海，在日占期间本已经阴霾阵阵，现在被国民党接受大员搞得乌云滚滚，甚至闹到狼烟遍地的可怕境地，就连大汉奸周佛海都看不下去了，他摇头感叹："封房屋、抢汽车、逼财产、人心大坏！"

这时候，满上海大街小巷，都在传唱着一首民谣："天上来，地上来，老百姓活不来；盼中央，望中央，中央来了更遭殃！"

蒋介石也怕接收大员在接受上海之敌逆产之时，出现上下其手、中饱私囊的现象，故此，他曾下过严令：在中央未有命令之前任何人不得私自接收致干罪戾！

汤恩伯在接收伊始，也曾经下了：非军品一律移交，使用统一封条，数据如实填报，不准私相授受等8条密令，可是在金钱的诱惑下，这帮接受者的私心膨胀，出手就是敲诈勒索、巧取豪夺，一点都不客气。

举个简单的例子：上海有一个西川棉绸厂，这家纱厂本是上海一民营纺织厂，守法经营，而且效益不错，可是在日占期间，曾被日商强行劫夺。

汤恩伯的第121师开进这间纱厂后，根本不问来由，将其强行占有，公然盗卖侵吞存货物品，在社会上引起了极坏的反映。

更令人发指的是：当时接收上海敌伪的2000余幢大楼中，市府占了300幢，市属局、会、区占了600幢，只剩下不到500幢交中央。中央、地方、军队三方都在进行着利益再分配，当然谁的力量强大，谁就可以公然多占，多拿，这种"接收再接收"无疑让上海脆弱的经济雪上加霜，搞得整个上海乌烟瘴气，滋生了更多丑恶的社会现象，在上海各基层一致肃贪的呼声中，蒋介石被迫下令彻查。

以张知本为首的沪杭接收清查团，很快就开到了上海，拉开了为期50天的沪杭接收清查工作。可是面对盘根错节的军、政和中央的关系网、势力墙，张知本一经深入，这才知道了下手即被扎的厉害。

当时，他接到一份举报，说某花园洋房被人强占，他经过调查，侵占豪宅的人竟是何应钦；溧阳路协兴公司本是敌产，可是侵占者竟是汤恩伯的弟弟汤恩澄，张知本再有胆子，也不敢去招惹这些能随时让自己灰飞烟灭的高官，故此，他的肃贪，只是抓住了几个贪污的"小虾米"便草草地收场了。

这些接收大员们，非常愿意接收日伪的企业和工厂的物质、设备，因为这些东西拿到黑市，或者划归自己的名下，都可以迅速地变成大笔的金钱，他们根本没有想到，他们应该干的事儿是让这些接收的工厂和企业，尽快恢复生产，为抗战胜利后的上海，生产出源源不断的经济血液，带动上海经济的起步发展，真正造福于民，造福于社会。

事实上，这些接收机关，随意对接收的企业贴封条，随意封上几个月，令工厂停业，工人下岗，根据1945年12月20日国民党社会部上海失业工人救济委员会统计：全上海的失业工人总数近10万。甚至是上海的实业工人90%都陷入到了停顿当中，竟出现了胜利停生意，劫收饿肚皮之恶劣现象。

事后，蒋介石曾经发出了这样的感慨：我们的失败，就是失败于接收！

而当时参加接收的大员邵毓麟就这样说：照这样下去，我们虽已收复了国土，但我们将丧失民心。

抗日战争胜利后，1945年8月29日至10月10日，以毛泽东为首的中国共产党到重庆，与国民党政府代表经过43天的谈判，并于10月10日签署《政府与中共代表会谈纪要》，即《双十协定》。

可是《双十协定》签订不久，蒋介石就悍然撕毁了这份协定，并于当年11月11日至16日，在重庆召开了复原整军会议，当时，全国主要将领均赶来参加，蒋介石在这次会议上，制定出了"对共产党全盘战争"的作战计划，并作出了"3个月到半年消灭共军"的妄断。

汤恩伯作为接收大员，他这段时间，确实忙得不亦乐乎。第三方面军从广西进驻上海后，鼎泰公司也由界首迁至上海市的教堂路。汤恩伯在河南当中原王的时候，他曾在漯河开设中华烟厂，并在禹川开设了陶瓷厂及毛纺厂。后来，汤恩伯的烟厂还开到了上海，此烟厂生产的领事牌香烟（一盒20只，其中有一颗是红色）还曾经畅销过一阵子。

鼎泰公司迁到上海之后，汤恩伯借助在上海当接受大员之便，他利用手里的权利，悄悄地将位于上海陆家嘴的日军修械厂收归到自己名下，然后改了个厂名，摇身一变成了协兴铁工厂，由汤恩伯的兄弟汤克仁直接出任厂长，该厂子还留用了许多日籍的员工，专门生产丰田式的织布机，这种织布机在当时国内非常畅销，协兴铁工厂可以说是汤恩伯捡来的金娃娃，能让他日进斗金。

太湖煤业也是一家日伪的公司，这家公司被汤恩伯接收后，就转给蔡叔厚经营，协兴铁工厂和太湖煤业等一些公司，都挂名在鼎泰公司的名下，汤恩伯在很短的时间里，便让鼎泰公司成为上海的一流大公司，而鼎泰公司后面有枪杆子撑腰，在百废待兴的上海，甚至别人不敢做的生意，他也敢做，别家做不来的生意，他也能做得来。汤恩伯除了上海的生意，他还到武义县城开设同济源号，经营粮食和火腿。后来还开了专门经营火腿的鼎泰腿号等等。说他是上海滩带枪的一流大企业家，那一点都不为过了。

汤恩伯发财之后，为改变自己的负面形象，决定加强宣传的力度，他就接收了一家敌产《亚洲四季月刊》，这家月刊原本是一家标榜大和民族"高人一等"，并宣传建设"大东亚共荣圈"的反动杂志，汤恩伯将其变成了自己的出版社，而出版社的管理权，他就交给自己的同乡和亲信翁文卿、徐逸樵等人的手中。

当时有一位姓阚的作家，还编写过一册《民族之魂——中国抗日战争歌曲精选》，其中有这样一首陇南小调《十二将》中，其中第五句专唱汤恩伯——抗日点将第五名，南口血战一月零，汤恩伯军长好坚强呀，死守要塞不怕牺牲呀。

汤恩伯确实比一般的接收大员有头脑。1946年2月15日，汤恩伯获受陆军中将加上将军衔。富贵荣华尽在掌握的汤恩伯，他在当年的2月携带妻女，回过一次家乡，并主持了其父汤家彩的迁坟仪式。汤家彩的坟也从叶村迁移到了普岭店旁。

武义县的县长杨震为了迎接汤恩伯的回来，他还特意为其召开了一场欢迎会，可是在这场欢迎会上，汤恩伯并没有做国内军事形势分析，或者政治走向的报告，他发言的题目是关于"农业为立国之本"的宣讲。汤恩伯讲话时候，有些结巴，他本是一个手握枪杆子的将军，他做一场关于农业生产的报告，很显然与他的身份不和，以至于听者昏昏，影响力并不大。

但也有人这样讲，汤恩伯作为了一个将军，却抛开军事、大做农业的报告，这就说明他的心很宽，他的理想很广，他的追求绝不会被眼前的一切所限制。

但是，人的好运气是有限的，绝对不可以大肆挥霍，一旦铺张浪费，很有可能被命运"催账要钱"，汤恩伯在上海当接收大员经历就是这样，那一场"劫收"，让他弄来了一辈子都花不完的钱，这就等于，将一辈子的好运气，都任性地使尽了。接下来的1946年大多数时间，等待汤恩伯的绝对是一个个不断的灾难！

1946年3月17日，戴笠在从青岛飞赴上海的途中，不幸中途遇到空难而丧生，戴笠本来是汤恩伯最可以借力的"拜把子"兄弟，就这样"挥挥手，不带走一片云彩"地去了。4月，蒋介石任命汤恩伯为京沪卫戍司令部总司令，兼第一绥靖战区的司令。

汤恩伯一开始的时候，对卫戍司令并没有瞧上眼儿。因为卫戍司令的主要工作，是负责保卫京沪等地的安全，而不是真正的手握兵权，可以上阵拼杀，建功立业。

在唐德刚著《张学良口述历史》上，张学良曾经这样亲口说过：

那时候还没给我派职务呢，当时汪精卫的意思是，就让我当京沪卫戍司 193

令，我自己讲良心话我愿意当京沪卫戍司令，头一样就是可以到上海玩玩什么的，不想再干别的，同时我也跟蒋先生说明白了，但是蒋先生他不答应。

张学良想干京沪卫戍司令，目的是想玩，可是汤恩伯却不想在此位置上蹉跎下去。随后不久，发生的一件事儿，让他真正知道了蒋介石的苦心，同时也让他明白了，京沪卫戍司令那绝对是一等一的肥差。

1946年4月25日清晨，上海的民族资本家荣德生先生外出回家，汽车刚刚停到门口，就遭到3名持枪男子的拦截。他们先是出示"第三方面军司令部"的红色逮捕证，然后强行把荣德生先生塞进"沪警15044"号黑牌车，将其绑架了。

当时上海的很多富商，都遭到过绑架，但荣德生先生是中国最大的民族资本家之一，声名远播，他遭到绑架，确实是轰动一时的大新闻，而且绑匪出示第三方面军的逮捕证，又用"军车的车牌"，不管是不是汤恩伯手下"干"的，他都跟着牵扯不清，脱不开关系。

蒋介石面对"讹言四起，飞短流长"，"疑其与政治有关，间或有指系某军事机关与匪徒暗通声气，参与绑架"等传言，非常震怒，便于5月23日召见京沪杭警备副总司令宣铁吾之后，又于6月12日召见淞沪警备司令部稽查处处长陶一册："令速办竣。"

可是这件案子，绑匪们做事缜密，竟达到了滴水不漏的程度。宣陶二人，侦查不利、破案无方、束手无策，汤恩伯为了尽快破案，便向蒋介石推荐了毛森。

毛森在这件案子的侦破过程中，确实起到了至为关键的作用。

因为警方办案无门，无法缉捕到涉案的匪徒，故此，荣家交付了50万美元的赎金后，荣德生先生被释放了出来。毛森为了捉拿绑架案的凶手，他命令遍布上海的军、警、政府中的密探和暗线，严密注视军警宪特等一干公职人员，发现异样，立刻报告。

这日，原上海行动总队毛森的旧部黄福林来报，他发现：淞沪警备司令部中校警卫队长王晋唐近日衣袋中装有大量美钞，骤然暴富，似有疑点，毛森经过调查，最后抓获经常与王晋唐走动的刘瑞标（有绑架前科的刑满释放犯），并在他的身上，打开了突破口，随后，"荣氏绑架案"匪首骆文庆、王绍寅、袁仲书等7人相继落网。

案件告破，荣家付给绑匪的50万元美金只追回13万元，并发还荣家，在13万美元发还荣家的第二天，警备司令部就派人到申新总公司，公然索要所谓"破案赏金"，13万元返还金全被索走了不算，荣家又花费十几万美元，上下打点，当时荣尔仁非常气愤地说："绑匪只要50万美元，现在破案了，却用去了60万美元还不够，真不如不破案的好。"

毛森破案有功，职位得以迅速擢升，蒋介石为了表彰汤恩伯的举荐之功，还特意奖励给他一辆福特牌小轿车。

可以这样说，京沪卫戍司令虽然没有中原王那样的显赫军权，但捞钱却更直接一点。简单到了一句话，一台小轿车就到手了。

但汤恩伯却没有去想，当时的民国民众，正处于战争造成破坏的修复期，负重前行的跋涉期，啼饥号寒的苦难期，他开公司，坐轿车，大发财，会不会被道义责罚，会不会遭到报应？汤恩伯根本没有去想，他也没时间去想。

1946年的秋季，汤恩伯曾经回武义为父亲修墓、祭祖和拜会亲朋，他父亲汤家彩的墓道碑上，还获得了蒋介石的题词——汤公之墓，教子成仁。

汤恩伯身穿长袍马褂，在父亲的墓地发表简短的演讲，他对乡邻们的盛情，表示衷心的感谢，随后，他还为家乡捐赠田产，并送给汤村的小学一架德国产的风琴。

汤恩伯祭祖完毕，回到武义，因看到明招中学教室狭小，便致信给武义县长，请求借用当地宽敞的孔庙为校舍，解决学习场地狭仄的实际困难。在汤恩伯的关心之下，明招中学迁到了孔庙之中，汤恩伯还将汤家私产积谷300石和80亩毛竹园赠送给学校，作为校产，他为家乡的教育，亦是出资尽力，做出了自己的一份贡献。

汤恩伯出生在武义，当地有很多人，将汤恩伯和千家驹结合在一起，来理解"武义"县的县名。汤司令有武功，无武德；而千家驹不管面对何种复杂时局和人生重重压力，他始终不变自己的气节和追求信念。

1946年6月29日，汤恩伯就任陆军副总司令兼任南京警备司令，在一个多月之前，也就是5月5日，蒋介石领着党政军政府的全班人马，从重庆返回了南京，而汤恩伯荣任"返都"第一任的南京警备司令，可见蒋介石对他的信任绝对是超过了一般的将领。

蒋介石返还南京之后，在6月26日，悍然调动了一百多万的大军，向中共的解放区开始了全面的进攻。

蒋介石制定的战略指导方针是——全面进攻、速战速决。此次作战，将投入193个旅，即158万的兵力。兵分八路，其兵力部署，还有进攻作战区域如下：进攻华东解放区46.3万人；进攻晋冀鲁豫解放区24.9万人；进攻晋察冀解放区16.2万人；进攻东北解放区16.1万人；其中9.7万人进攻晋绥解放区，15.5万人进攻陕甘宁解放区，7.5万人进攻广东各游击区和海南岛解放区。

汤恩伯作为陆军副总司令，他率领5个整编师（军），15个旅，12余万人，参加了这次苏皖解放区的进攻。

苏中解放区位于整个中国解放区东南前哨，若论位置仅与蒋政府的政治中心南京，经济中心上海一江之隔，故此，这里就成了汤恩伯渡江后的首选进攻之地。

时任华中野战军司令员的粟裕，率领19个团3万多名战士，与汤恩伯的军队展开了激战，粟裕兵出奇谋，大胆穿插，敢打硬仗，善打巧仗，他连打宣泰、皋南、海安、李堡、丁堰、邵伯、如黄路等七次战斗，而且每次战斗都取得了胜利，这7次战斗，共歼敌5.3万余人，也是我军解放战争以来第一场大规模集团作战的胜利。朱德总司令曾经这样说："粟裕在苏中战役中消灭的敌人，比他自己的兵力还多。"

粟裕在他的回忆录中，曾经对苏中七战七捷的经过，还有其中的成败得失，做出了如下的回忆和总结：

苏中战役是中央军委在南下作战、外线出击转变为"先在内线打几个硬仗"的战略决策指导下进行的。苏中战役同后来华东战场的一些战役比较，其规模是比较小的，而它是解放战争初期在中原突围后的第一个战役，带有战略侦察任务，毛泽东同志亲自为军委起草的给各解放区的电报，指出苏中战役："每战集中绝对优势兵力打敌一部（例如8月26日集中10个团打敌两个团，8月27日集中15个团打敌3个团），故战无不胜，士气甚高；缴获甚多，故装备精良；凭借解放区作战，故补充便利。加上指挥正确，既灵活又勇敢，故取得伟大胜利。这一经验是很好的经验，希望各区仿照办理；并望转知所属一体注意。"

战役结束后，延安总部发言人就国民党军对苏中进攻惨败，对新华社记者发表谈话，称此战役为"七战七捷"，并指出它对今后的战局发展是有重大影响的。9月3日至8日，晋冀鲁豫野战军胜利地进行了著名的定陶战役，歼敌四个旅1.7万余人，活捉敌整编第三师师长赵锡田。延安《解放日报》于9月12日发表《蒋军必败》的社论，指出中原突围、苏中战役和定陶战役"这三个胜仗，对于整个解放区的南方战线起了扭转局面的重要作用。蒋军必败，我军必胜的局面定下来了"。

汤恩伯开始进攻苏皖解放区时，尚且信心满满，因为在当时，不仅双方的兵力之比在4∶1，而且汤部的武器、装备和后勤供应也都远远地优于粟裕的部队，可是在短短的40天内，粟裕以"每战集中绝对优势兵力打敌一部"的聚歼战术，就让汤恩伯尝到了连战连败的滋味。苏中七战七捷，不仅彻底粉碎了国民党政府占领苏中解放区的战略企图，而且狠狠地打击了蒋介石妄图速战速决的战略构想，更重要的是，苏中的大捷，不仅提高了我解放区军民必胜的信心，而且还给了各解放区兵团敢打恶战的勇气。

苏中七战七捷让蒋介石心如火焚，1947年2月28日，台湾地区也闹起了一场反对专制独裁制度的"二二八事件"，这更让他坐立不安。"二二八事件"起源于1945年之前，台湾地区曾因甲午战争割让给了日本，1945年抗日战争胜利后，国民党政府派陈仪接收台湾地区，陈仪当时就是该地区行政长官公署的主官。

蒋介石之所以派陈仪去主政台湾地区，就因他是一个比较清廉的好官，可是他带来的大陆官吏，贪污腐化，鱼肉百姓，引起了台湾地区民众的严重不满。1947年2月27日下午，台北市南京西路天马茶房，寡妇林江迈为生活所迫，摆摊贩卖香烟，可是却被台湾省专卖局缉私队员打伤，围观的市民群情激奋，缉私员傅学通为了对"暴民"进行弹压，逐向愤怒的人群开枪，当场打死无辜市民陈文溪。

随后，台湾地区的老百姓纷纷走上街头，开始与陈仪手下军警激烈对抗，这就是轰轰烈烈的"二二八事件"，蒋介石接报，经与国民党要员商量，均认定"二二八事件"是"暴乱"，为防止事态扩大，必须采取果断措施，派军队进行镇压。

国民党的军队坐船来到台湾地区，经过血腥镇压，"二二八"起义失败，台湾地区的死亡人数，据说有3万人，也有人说是3000余人。4月24日，国民党政府撤销台湾地区行政长官公署，成立台湾省政府，陈仪被撤职赋闲，魏道明被任命为台湾省政府主席。

1947年5月，陈仪离开台湾准备回上海之前，他本想让汤恩伯接手台湾省警备司令，让汤恩伯坐镇一方。可是因为国内战局吃紧，而未能如愿。

陈仪为承担"二二八事件"的责任，而被迫辞职。蒋介石为了对其安抚，便聘他为南京国民政府顾问。陈仪卜居在上海多伦路志安坊35号——汤恩伯送给他的小楼里。陈仪每日除了埋头读书，便是会一些过去的老朋友，1948年6月30日，在汤恩伯的举荐之下，蒋介石再次起用陈仪，并委以浙江省政府主席一职。

1947年初，莱芜战役结束后，蒋介石为了遏制节节败退的不利态势，便集中了约24个整编师、60个旅约45万人，开始对山东解放区展开进攻。当时汤恩伯任南线第一兵团司令。

汤恩伯在苏中战场上，因多路进兵，遭到了粟裕兵团的集中优势兵力，逐个歼灭的打击和败绩使他在这次进攻山东解放区的时候，采用了"高度警觉、采取密集平推、稳步前进、不轻易分兵"的办法，让粟裕"集中优势兵力"打歼灭战的办法，暂时失去了应有的效果。

粟裕根据中央的指示精神，又灵活采取了"向东北方向后退，诱敌深入，找准时机，对其歼灭"的作战方针。

华野诱敌深入的战略，让汤恩伯产生了错觉，他误认为粟裕部因连番苦战，已成为疲师，故此，应掌握时机，快速前进，跟踪追剿，并尽快与之决战，以求先声夺人，取得山东战场上的首个胜利，震撼同群，取得佳绩，再次让蒋介石对自己刮目相看。

汤恩伯打定主意后，当时放弃了稳扎稳打，步步为营的战法，他不顾第二和第三兵团的整体行动方案，命整编74师为主攻，整编25师、83师在左右两翼配合，以沂蒙公路上的坦埠为主要目标，向我山东解放区根据地，气势汹汹地杀了过来。

　　蒋介石的爱将张灵甫

张灵甫就是整编74师的师长。1925年，他考入黄埔军校第四期步科，在抗日战争期间，因为战功卓著，而被蒋介石授予自由勋章，整编74师全部都是美械战备，战斗力在国军的序列里属于一流，曾被誉为抗日铁军，再加上美军顾问团一个劲地赞誉："国军只有74军能打"，更是助长了张灵甫骄横跋扈，目中无人的气势。

张灵甫率军急进，因为自持实力，并没有照顾到两侧掩护的部队，而犯了孤军深入的兵家大忌。当汤恩伯在地图上，发现整编74师身处险境之时，急忙拍电报，命令张灵甫停止前进，但张灵甫以"将在外，君命有所不受"为理由予以拒绝。

张灵甫手下的整编74师总兵力约为32000人，因为贸然深入，故此，成为撞入华野部队"口袋阵"的孤军。粟裕抓住有利的战机，以5个纵队十几万人的兵力，将其围困在孟良崮地区。

张灵甫的74师号称国民党军队五大主力最强，他面对粟裕围困他的10万大军，如果在包围圈还未合拢之时，实施强行突围，凭借强大的火力，完全有可能逃脱被歼灭的命运。

但张灵甫却悍然地做出了一个直接导致覆灭的选择，他要以身作饵，据守孟良崮，牢牢地吸引住粟裕华野的十几万大军，只要他能坚持一到两天，第一、第二和第三路国民党军队，就会对孟良崮地区来一个反包围，并将粟裕的十几万大军一口吃掉。

对于张灵甫的想法，身经百战的粟裕焉有不知的道理，现在的形势是：究竟是张灵甫利用诱饵之计，吃掉粟裕；还是粟裕铁拳猛攻，干掉张灵甫，这场包围与反包围之战，歼灭与反歼灭之战，不仅要拼双方的实力和战略，也要拼双方的勇气和胆略。

当时华野的司令员陈毅在敌军压境，山东军民奋起战斗，保卫胜利果实的时候，他就在一次大会上说：为了全局的胜利，即使我们华东野战军全部牺牲，我们也会再建一个新的野战军去参加全国大反攻！

陈毅的讲话，已经为这次孟良崮歼灭战奠定了基调，那就是：奋勇杀敌、不惧牺牲、一定要取得保卫山东解放区的最后胜利。

在《粟裕回忆录》中，这样回顾了孟良崮歼灭战，双方斗智、斗勇，还有最终击毙张灵甫的战斗经过：

当敌第74师被我包围后，蒋介石认为该师战斗力强，处于易守难攻的高地，临近有强大的增援兵力，正是与我华野决战的好时机，便一面命令第74师师长张灵甫坚决固守，以吸住我军，一面急令新泰之第11师，蒙阴之第65师、桃墟之第25师、青驼寺之第83师、河阳之第7军和第48火速向第74师靠拢；又急令莱芜之第5军南下，鲁南之第64师和第20师赶向垛庄、青驼寺，楼德之第9师赶向蒙阴增援，企图内外夹击，与我军决战。张灵甫亦自恃建制完整，又处于战线中心，外有大量援军，要求空投弹药，依托山头高地固守。在蒋介石严令督促下，蒋军各路援兵，一齐向蒙阴东南急进。

这时的关键，一是围歼第74师能否迅速解决战斗；二是阻援力量能否挡住敌之援军。根据战场形势发展，陈毅同志当即发出了"歼灭74师，活捉张灵甫"的响亮口号。广大指战员立下"攻上孟良崮，活捉张灵甫""消灭74师立大功，红旗插上最高峰"的誓言。各级指挥员到第一线督战，作战形势主要转入了阵地战。

围歼战是一场剧烈的阵地攻坚战。我军于15日下午1时发起总攻，从四面八方多路展开突击。敌第74师和第83师19旅57团麇集于孟良崮、芦山及附近山地。依托巨石，居高临下，不断对我发起反冲击。从战术上来说，依托阵地的反冲击，可以给对方以相当的杀伤，何况我军为了争夺每一个山头、高地，要从下向上仰攻，每克一点，往往经过数次、十数次的冲锋，反复争夺，直到刺刀见红，其激烈程度，为解放战争以来所少见。

我军发扬英勇顽强的战斗作风，逐次粉碎敌人的顽抗，缩小了包围圈。张灵甫在我军强大攻势的重压下，组织了大规模的反击，先向南，又向西，后向东寻隙冲击，试图突出重围，均被我军击退，并遭到惨重杀伤。15日晚，敌军已被压缩于东西3公里，南北2公里的狭窄山区。该地草木极少，水源奇缺，敌人空投的粮弹和水囊又大多落到我军阵地，数万敌军已处于极端饥渴难支的狼狈困境。

16日上午，我军再次发起攻击，首先集中强大的炮兵火力，向敌军密集的山头、高地猛烈轰击。在浓烟和火光中，敌人的血肉与岩石碎片齐飞，形成一片混乱，我步兵在强大炮火掩护下猛烈冲击，越战越勇，指战员不待上级命令，哪里有敌人就向哪里冲。16日下午，攻占了所有高地，敌军官兵纷纷就擒，猖狂一时的张灵甫及副师长蔡仁杰均被击毙，我担任突击的五个纵队的英勇健儿，会师于孟良崮、芦山顶峰，欢呼声惊天动地……

这次战役，国民军阵亡3.2万余人，彻底粉碎了国民党统帅部"鲁中决战"的计划，严重挫败了国民党对山东的重点进攻，极大地震动了蒋军内部，有力地鼓舞了全国人民的胜利信心，配合了陕北及其他战场的胜利攻势。战役结束后，敌第一兵团司令汤恩伯被撤职，整编第25师师长黄百韬、第83师师长李天霞等也受到处分。蒋介石多次痛心疾首地说："孟良崮的失败，是我军'剿匪'以来最可痛心最可惋惜的一件事……"

当时，战役结束后，因为救援不利的整编83师师长李天霞被押到南京"军法会审"，而同样救援不利的25师师长黄百韬也被撤职留任，以赎前愆。

同样是救援不利，可是黄百韬和李天霞的待遇却不尽相同，究其背后，是有其深层原因的。

蒋介石得到张灵甫被击毙的死讯后，他震怒异常，当时，黄百韬觉得自己一定是难逃一死，便非常"光棍"地将救援不利，而致整编74师失败的原因，全都揽到了自己的身上。他这样做只有一个目的，那就是舍卒保车。

汤恩伯下令救援，可是黄百韬却救援不利，这就等于"摘净"汤恩伯身上的责任……黄百韬舍身"救驾"之举，让汤恩伯非常感动，故此，在随后召开的战后会议中，极力为黄百韬开脱，他这样指出，此次孟良崮的失败，败就败在张灵甫的骄傲自大之上，如果他肯听从指挥，不自作主张地当劳什子"诱饵"，也就不会连累整编74师全军覆没。

在这次会议上，顾祝同也为黄百韬辩解，故此，黄百韬就得到了一个撤职留用的处理方案。

而整编83师师长李天霞因不听从指挥，救援不力，致使整74师全军覆没，被撤职查办。而汤恩伯就不肯替他开脱说话了。

汤恩伯此次失败，他心里虽然不服，但作为第一兵团司令，自然要承担必要的责任，他就随后，主动请辞了军职，汤恩伯往后拖延了半个月，自觉蒋介石的火气消了大半，他才敢到南京去见蒋介石。

蒋介石一见汤恩伯，当即喝令他跪在地上，当着几位高级军官，先是劈面一记耳光，接下来举起手杖，就对着他的脑袋狠狠地打了下去……在场的顾祝同实在看不下去，出来打圆场，说："委座，您太累了，明天再办他吧！"

蒋介石火气未消，大喝一声："滚！"

汤恩伯被殴得满头是血，狼狈地逃出了蒋介石的办公室，他平时自视甚高，再加上极其爱面子，如今受此奇耻大辱，几次想一死了之。事后，他满腹委屈地来到上海，找到陈仪，向他哭诉："我在老蒋面前，甘为犬马多年，未曾想只为一场兵败，便受此之辱，不如一死了之，以明我志！"陈仪先是极力安慰，劝其振作，要知道，军人的枪口，永远要向着敌人，哪能冲着自己？即使像是关羽般的大英雄，都有个败走麦城的时候，只要过了坎坷，前途注定一片光明！

陈仪开导完汤恩伯，然后又利用关系，竭力帮汤恩伯进行疏通，争取让其早日官复原职。

蒋介石以爱打人而闻名，但他有一个原则，那就是非亲近人不打，一般打了多能升官，故此，陈仪为汤恩伯疏通，很快就有了效果，1947年7月，汤恩伯不仅官复原职，而且开始代理陆军总司令之职。

汤恩伯 全传

Biography of Tang Enbo

第七章

常败将军，回天无力空喟叹

识时务者，在乎俊杰——晋·陈寿《三国志·蜀书·诸葛亮传》

在中国的封建时代，当某一个王朝即将灭亡，丢失了政权的皇帝，都会发出同样一句慨叹——大势已去。这句话的意思就是：不管一个人有多么强大的能力，在形势的铁锤面前，都是一枚脆弱的鸡蛋。

顺势而为，事半功倍，逆势而动，只能是自取灭亡。汤恩伯是个聪明人，他不会不懂时务，但他被愚忠的绳索，给彻底地绑架，即使面对灭亡的悬崖，他始终也不肯从蒋家的战车上飞身跳下来。

汤恩伯面对解放军百万雄师过长江，已经顺势不可挡的局势，他竟然逆天而行，牢踞江防，垂死一战，妄图阻碍解放战争的进程。

解放军渡江战役很快就胜利结束了，失败的汤恩伯还未等品味失败的滋味，他又接受了一个让他必将收获更大失败的任务，那就是据守大上海。按照蒋介石的计划，汤恩伯只要固守上海半年，国际形势就会有变，一旦第三次世界大战打起来，那么整个国际社会的共产主义的问题，就会被一揽子解决。

汤恩伯能否完成蒋介石交给他的任务，他真的能守得住上海这座孤城吗？

1. 江战，百万雄师过大江

大厦将颠，非一木所支——隋·王通《文中子·事君》

长江绵延几千里，蒋介石欲要依靠汹涌的江水，来延续其统治，这确实是有些一厢情愿了。汤恩伯接到了守江的命令后，他就积极行动了起来，挖沟起堡，构筑工事，但令汤恩伯想不到的是，长江天堑几乎只在一夜之间，便被英勇的解放军突破了，这让奋力鼓吹"长江天险，牢不可破"的汤恩伯情何以堪。

1948年9月12日，解放东北的战役打响，东北解放军连克昌黎、滦县、兴城、绥中等地，随后，国民党军被分割在锦州、锦西、山海关地区。虽然蒋介石急派11个师，前去救援，可是救兵全被阻挡在塔山一线的阵地上。随着锦州解放，这场历时52天，共歼敌47万人的东北战役结束。

1948年11月29日，平津战役爆发，经过63天的激战后，于1949年1月31日结束。人民解放军东北野战军和华北军区部队共100万大军，以伤亡3.9万人的代价，消灭及改编了52.1万国军，解放了北平、天津等大部分华北地区。

1948年11月6日，淮海战役打响了第一枪，中国人民解放军华东野战军、中原野战军在以徐州为中心，东起海州，西至商丘，北起临城，南达淮河的广大地区与国民党军展开激战，历时57日后，于1949年1月10日结束，最后取得消灭及改编55.5万国民党军队的重大胜利。

这三大战役从1948年9月开始，到1949年1月结束，历时142天，战场横跨大半个中国。这三大战役的胜利，标志着中国人民解放军由战略防御转入战略进攻，并一步步地走向了战略决胜阶段。

在此三大战役中，我人民解放军，共争取起义、投诚、接受和平改编国民党正规军144个师，非正规军29个师，合计共154万余人。

三大战役结束后，蒋介石赖以维系政权的军队已经精锐殆尽，人民解放军解放全中国的进程，正在紧锣密鼓地展开，全国已经处在了胜利的拂晓，解放的黎明。

12月25日，中共中央和人民解放军通过新华社发表《陕北权威人士论战犯名单问题》一文，公布了国民党头等战犯的名单，这份名单一共43人，包括蒋介石、李宗仁、陈诚、何应钦、陈果夫和陈立夫等等，其中汤恩伯赫然名列在这份名单中，而且排名在第37名。汤恩伯对这件事自然是非常恼火，但同时亦是忧心忡忡。

中共中央宣布战犯不久，日有所思的汤恩伯就做了一个怪梦，他还将怪梦的内容讲给王曼芳（王瑶贞）女士：他梦见自己来到一座寺庙前，只见院内长满了猪毛，他正想走过去拉开庙内幔帘，不想被勤务员给吵醒了。

汤恩伯讲完此怪梦，他的神态很懊恼，他认为如果看清了庙内坐的是谁，就已知江山应归属于谁了。很显然，汤恩伯也在为自己的将来存有深深的担忧。

1949年1月18日，蒋介石为挽救危局，他任命汤恩伯为京沪杭警备总司令部总司令，并同时任命冷欣、周喦、刘汝明和宋思一等八人为副司令，共辖21个正规军、75个师，共计45万大军。负责长江防务。

汤恩伯负责防卫长江的范围是东起吴淞口，西至江西的湖口，绵延800公里。汤恩伯曾经率领劣势部队，在南口坚守近20日，蒋介石为了保住江南的"半壁江山"，与中共划江而治，积蓄实力，等待时局发展，再图反攻，他这次等于在汤恩伯的身上押上了重注。

1月20日，汤恩伯荣任京沪杭警备总司令后，他召开了一次师长以上的会议，蒋介石不仅亲自为汤恩伯"撑腰站台"而且发表讲话，称："听汤司令指挥，扭转局势！"

随着《陕北权威人士论战犯名单问题》一文的发表，国内以掀起了"和平谈判""惩办战争罪犯，废除伪宪法和没收官僚资本"的正义呼声，随后不久，毛泽东代表中共中央，发表了《关于时局的声明》，声明中，不仅批驳了蒋介石的元旦文告，而且还提出进行和平谈判的八项条件。

蒋介石身为民国"总统"，已经成了中共时局声明中的第一号战犯，他真的在南京待不下去了，蒋介石随后故技重施，辞去了"总统"的职务，将执政的权利，交给了代"总统"李宗仁，但他还是国民党的总裁，手里仍然暗握着党政军的指挥大权。

蒋介石"黯然"下野，按照国民党内部惯例，下野的"总统"可以"出国考察，或者出国休养"，当李宗仁询问蒋介石的下一步安排时，蒋介石"生为中国人，死为中国鬼"等理由，拒不离开国内，李宗仁只得同意蒋介石回浙江溪口老家隐居的要求。

蒋介石离开南京之前，先去中山陵告别，接下来乘飞机，在下午5点多的时候，抵达杭州。浙江省主席陈仪亲自迎"驾"，并在楼外楼设宴，为蒋介石接风。

蒋介石在下野之前，曾经召见了几位浙籍大员征询意见，陈诚、汤恩伯咬牙发誓，表示追随蒋介石，可是耿介直言的陈仪却坦言相劝，就是不说效忠蒋介石的话。蒋介石以为陈仪有了异心，所以对他已经心生芥蒂。

陈仪为一省之长，出面相邀，蒋介石纵然心里不快，也要给三分薄面，故此他还是来到了楼外楼，在席间，蒋介石满面不欢，陈仪为了活跃气氛，开口道："总裁，请尝一下西湖醋鱼，这鱼刚刚从池中捕来，十分新鲜的。"

蒋介石听到"总裁"这两个字，不由得眉头紧锁，要知道，陈仪对他的称呼一贯是"总统"，他刚刚下野，陈仪就叫他总裁，这分明是让蒋介石难堪。

陈仪接下来，又说了一句更让蒋介石觉得刺耳的话："总裁还得想开些，拿得起，放得下，方不失英雄本色——"

蒋介石听完这句话，更是勃然变色，当即掷筷道："不吃了！"

蒋介石领人拂袖而出，楼外楼中只留下惊愕的陈仪。

陈仪在淮海战役末期，曾经上书蒋介石："当今形势，敌强我弱，只可言和，不可言战。"在蒋介石看来，陈仪作为一个省长，上书言国事，已属于僭越，是战是和属于蒋介石考虑的范畴，与他一个小小的省长何干？

更让蒋介石恼火的是，陈仪在接受《东南日报》记者采访时，毫不客气地说："国事至此，要有勇气认错，要有勇气改过。"这句话很显然，是在指责蒋介石，故此，蒋介石开始认为陈仪居心叵测，跟李宗仁穿一条裤子，往严重里说，甚至有通共的嫌疑。

陈仪前些年领兵打仗，资格非常之老，现在又是一方的封疆大吏，但是他却没有学来处世的圆滑，净讲一些触犯蒋介石逆鳞的话，在蒋介石心中埋下了杀身的种子。

相对陈仪不受蒋介石待见，此时的汤恩伯，可以说又一次得到了蒋介石的重用。汤恩伯现在手中权力绝对够大，在他的800里防区内，不仅各个省政府主席听他调遣，而且在长江南岸的防区内，所有的军事安排，人员调拨，全都归他一手掌握。

蒋介石在下台前，重用汤恩伯，主要基于两点考虑，他首先最看重的是他的忠心，汤恩伯虽然连吃败仗，名声狼藉，但至少李宗仁上台当上代"总统"后，汤恩伯还会听命于自己，不会生异心，不会被李宗仁拉走。

其次，汤恩伯相比其他将领，毕竟他有一定的军事才能，将长江防线交给汤恩伯，还比交给别的将领更令他"安心"一些。要知道，长江，是中国的第一大江，它自西向东，横跨几千里，历来被兵家视为天堑。下游江面宽达2至10余公里，每年4到5月间，水位开始上涨，特别是5月汛期，风大浪高，流速甚急，意欲横渡，甚是困难。

汤恩伯对守住长江天险，表现得非常有"信心"，在1月21日召开的京沪线守备部队团以上军官会议上，汤恩伯曾经这样对参会人员说：我们一定要守住长江，才能扭转局势。长江虽然是天堑，要没有善于指挥的将领和精干的部队，还是不行的。比如说，口马善走，蒙古马性急，要是没有善于骑术的人，就不能发挥这些马的长处；长江的江面再宽，水流再急，如无精兵固守，也是枉然。今天长江对我们来说，是生与死的关键，守江各部队，绝不能麻痹大意。"共"军一贯不打阵地战，他们长于奇袭，我们天上有飞机，江上有兵舰，岸上有要塞，炮火优于"共"军，对民船偷渡不足为虑，所以守住长江，阻止"共"军渡江应该是没有问题的。

蒋介石下野后，回到了溪口，可是他继续以国民党总裁的身份，遥控指挥着全国各地一切军政实务，1月25日，蒋介石就在溪口召见何应钦、顾祝同、汤恩伯等人，对如何在长江沿岸部署军队，以阻止解放军渡江，做出了具体的部署：首先，将防守长江的115个师，分成两大战区，湖北宜昌至江西湖口之间1000多公里的战区，由华中军政长官白崇禧指挥40个师，约25万人防守；而湖口至上海间800多公里为重点防御地段，由京沪杭警备总司令汤恩伯指挥75个师，45万人负责严防死守。

蒋介石沿着长江南岸布设重兵，并派海军第2舰队及江防舰队130余艘战舰，另外还有空军280多架飞机，好似组成了"牢不可破"的长江防线，其实这都是表面的假象。

三大战役的胜利，已经彻底震慑了蒋介石，让他似乎嗅到了末日的味道，他目前已经开始做最坏的打算，准备开始经营台湾。他在未下台之前，即任命汤恩伯为京沪杭警备总司令的同时，还签发了另外两份委任，即：命陈诚任台湾省主席兼警备司令，蒋经国任台湾省党部主任。

长江江岸漫长，而解放军渡江的地点不确定，这就造成了国军漫无目的的防守，兵力分散，防守工事，破绽百出的状态，蒋介石为防长江防线失利，他还做了一份后续的作战计划，此计划是："长江防线为外围，以京沪杭三角地带为重点，以淞沪为核心"，随时放弃南京，收缩兵力，重点坚守淞沪。

当然，他这份作战计划，除了汤恩伯等几个亲信，其他人包括李宗仁和白崇禧都不知道。

李宗仁对蒋介石退位后，还继续遥控指挥国民政府的军政事务，亦是深恶痛绝，他在回忆录中，曾写过这样一件事：

为便于控制，蒋先生返溪口之后，便在其故里建立电台7座，随意指挥，参谋总长顾祝同，对一兵一卒的调动完全听命于蒋先生。2月16日，我在总统府宴请留京高级军政人员阎锡山、于右任、居正、顾祝同等。众人方入席，侍从人员便来报告说，溪口蒋先生有电话给顾参谋总长。顾祝同只得放下碗箸去接电话……是晚我们一席未终，顾祝同先后接了三次溪口的电话。由此可见蒋先生对各项军政大事控制得严密，实与退休之前无异。

李宗仁因为不知道蒋介石的底牌，故此，他成为代总统后，将防御的重点便设在了南京，而国防部第四厅厅长蔡文治等人，也极力推崇李宗仁固守南京的计划。

可是汤恩伯却对李宗仁提出的长江防守方案，不以为然，甚至根本无视李代总统的存在。李宗仁为此，深感恼火，为此，他还召开了一次江防紧急会议：

当"共"军已逐渐迫近长江北岸时，国防部召开江防紧急会议，事前并由该部作战厅厅长蔡文治中将拟就守江计划，开会时提出讨论。此次会议由参谋总长顾祝同主持，出席者有各级将领蔡文治、汤恩伯等人。我与何应钦也应邀列席。

首由蔡文治提出江防计划。大意是说，我江防军主力应自南京向上下游延伸。因为这一段长江江面较狭，北岸支流甚多，"共"军所征集预备渡江的民船多藏于这些河湾之内。至于江阴以下之长江江面极宽，江北又无支河，"共"军不易偷渡，可以不必用重兵防守。此一方案，何应钦、顾祝同和我都认为十分妥洽。

但是汤恩伯却大不以为然，声言这方案大违总裁意旨。他因而另提一套方案，大体是把我江防军主力集中于江阴以下，以上海为据点，集中防守。至于南京上下游，只留少数部队以为应付，简而言之，便是守上海而不守长江。

蔡文治认为这是自杀政策，在战略及战术上均属下策。无奈汤恩伯是掌有实权的江防总司令，他的防地上自湖口，下至上海，大军40余万人都在他一人节制之下。汤坚持他的守据点的计划，并说："这是总裁的方案，我必须执行！"

蔡文治说："就战略、战术来看，我想不论中外军事家都不会认为放弃长江而守上海是正确的。现在代总统、何院长、顾参谋总长都同意我们作战厅的方案，为什么你独持异议？"

汤说："我不管别人，总裁吩咐怎么做便怎么做！"

蔡说："总裁已经下野了，你还拿大帽子来压人，违抗参谋总长的作战计划，如果敌人过江，你能守得住上海吗？"

汤恩伯至此已血脉喷张，完全失去常态，顿然把桌子一拍，大声嘶吼道："你蔡文治是什么东西？什么守江不守江，我枪毙你再说，我枪毙你再说……"说着，把文件一推便冲出会场，扬长而去。

蔡文治也气呼呼地把文件收起来，连说："这还能干下去？这还能干下去？我辞职了！"

李宗仁望着何应钦、顾祝同二人说："这局面如何收拾？"

何、顾二人也苦笑着说："老总不答应，那又有什么办法，只有让他垮呵！"他们所谓"老总"就是指蒋介石。

汤恩伯一例遵照蒋介石的命令布置长江防务，他将南京周围江防要塞的江防火炮，秘密地拆运到上海，而且手中始终秘密控制着两百辆美式大卡车，有了这些运输工具，一旦南京有变，他可以立刻将孝陵卫的京沪杭警备司令部，全部撤到上海去。

李宗仁对于手握重兵，不听他调遣的汤恩伯早就心怀忌惮，为了统一行动、掌握兵权，他亦有撤换汤恩伯的打算，可是他找到参谋总长顾祝同、国防部长何应钦，这两个人都是蒋介石的嫡系，他们怎么会答应李宗仁"临阵换将"的提议。

李宗仁这样无奈地写道："要阻止敌人渡江，首先要把汤恩伯撤职，但是汤氏手握重兵，何应钦、顾祝同又不敢'哼'一声，我当然也无法撤换他，只好眼睁睁看他胡来。"

李宗仁孤掌难鸣，撤换汤恩伯的动议，只能搁浅不前了。汤恩伯在中共发布了43人的战犯名单后，他为了让那些高级将领们心无二念，他还不止一次地说："我们都被列为战犯，大家除了坚决死战之外，已没有别的出路。"

可是汤恩伯让别人死守的同时，他却并没有多少取胜的信心，他在背地里，不止一次地说："从湖口到上海的防守阵地上，只有18个军，这点人马哪能守得住如此长的防线？如果不打徐蚌会战，守长江的兵力要雄厚得多，可见战略上决策的错误，影响太大了。"

1949年1月，代总统李宗仁表示愿意和共产党进行和平谈判，和谈的目的是要划江而治。中共中央为民众之福祉、国家之长久和平，周恩来率领中共代表团来至北平，同张治中为首的国民政府代表团举行了和平谈判，双方达成《国内和平协定》最后修正案。张群携带着这份修正案，直奔溪口，让蒋介石最后定夺，可是蒋介石却立刻否定了这份得之不易的和平协定。

蒋介石并非要真正的和谈，他只是利用和谈来争取修建江防工事、训练新兵和调配战略物资的时间，在蒋介石的操纵之下，国民党政府拒绝在和平协定上签字，其假和谈、真内战的骗局被彻底揭穿。

谈判破裂后，蒋介石给汤恩伯传下手谕：命汤恩伯好好打，一定守住长江天堑！

汤恩伯征战多年，对于蒋政府所面临的危局，他恐怕比外人还要更清楚一些。蒋介石在江防战役的背后，制定了更为详细的防守上海的计划，这就很能说明问题：蒋介石也不相信一道长江，就能挡住解放军的千军万马。长江防线一旦被突破，而上海就是汤恩伯最后坚守的核心据点。

但上海只是一座靠海的孤城，大半个中国，蒋政府都已经失去，凭汤恩伯一己之力，真的能守住上海吗？恐怕正确的答案只有一个，那就是——不可能。

陈仪和汤恩伯关系非比寻常，汤恩伯对于老师加义父的陈仪，马首是瞻、非常尊敬。陈仪在汤恩伯面前说的每一句话，那都被后者视为金玉，语若泰山。

蒋介石下野，陈仪在楼外楼和蒋介石闹得并不愉快。北京的傅作义通电全国，宣布和平解放，当时全国各省的省主席虽有不少心向和平，但他们怕受牵连，故此都选择了沉默，唯有陈仪一人，秘密地通过邮局，给傅作义发了一份"×电敬悉"的电报，陈仪的这份胆气，确实是其他省政府主席们所不能比拟的。

陈仪是一个相对廉洁的浙江省政府主席，他主政浙江后，不仅改壤修塘，促进本省的农业发展；对教育亦是兴利除弊，大肆匡举人才；陈仪还不怕得罪军统，抬手就释放了10多名被毛森拘捕的爱国人士。

陈仪对蒋介石的独裁统治早就已经嗤之以鼻了，他对中共为民众谋福利的主张，对延安政府的清正廉洁，早就心生向往。陈仪准备为自己，也为汤恩伯找到一条光明之路，他就提笔写信给自己的旧部，中共地下党胡允恭，邀请他到浙江省政府工作。

中共有关部门随后通过胡允恭，展开了对陈仪的策反工作。胡允恭对陈仪的策反工作，进行得非常顺利，但陈仪却表示，自己只是一个文吏，即使起义，除了壮壮中共统战部门的声势，实无甚大用，他提出了一个非常惊人的建议，那就是策反手握重兵的汤恩伯。

汤恩伯可是蒋介石手下的嫡系，一旦将其策反，不仅能全线动摇蒋政府的专制统治，而且还会大大加速全国解放的进程。但胡允恭的头脑毕竟是清醒的，他慎重地说："如果能够策反汤恩伯，那实在是太好了，可是您有十足的把握吗？"

陈仪呵呵一笑，一拍胸脯说："放心，策反汤恩伯的任务，包在我身上！"

可以这样说，最了解汤恩伯的人，就是陈仪。汤恩伯走过的路，就是陈仪指给他、并帮他规划的。汤恩伯甘为蒋介石所驱使，但却被蒋介石三次撤职，特别是兵败孟良崮，汤恩伯甚至被蒋举仗痛殴，让极具自尊心的汤恩伯几乎拔枪自杀，陈仪觉得，汤恩伯的心里一定恼恨蒋介石……更何况，现在蒋政府即将"崩盘"，如果陈仪能指出了一条光明的大道，难道作为学生，作为义子的汤恩伯还有不听的道理吗？

陈仪一番话，听得胡允恭连连点头，认为汤恩伯确实能够被策反，最多只是时间长短的问题。可是陈仪却想错了，汤恩伯明知道蒋政府已经遭到了人民的唾弃，可是他还要守在这条漏船上不下来，即使遭受灭顶，亦在所不惜。

很快，陈仪派自己的外甥丁名楠，去上海先行联系汤恩伯，当面知会策反之事，丁名楠还送上了陈仪亲笔开出的条件：（1）释放政治犯。（2）停止修筑工事。（3）保护一切属公财物，不得破坏。乙：（1）按照民主主义原则，改编所属部队。（2）取消×××（按指战犯名义），给予相当职位。

丁名楠携带陈仪的亲笔信和开出的五项条件去上海，并将其面呈汤恩伯，他还口头传达了一项重要的内容："开放长江若干渡口，迎接解放军过江。"

可是汤恩伯却以自己身边军统的耳目众多，起义条件尚不成熟，做了柔性的推辞。

陈仪在焦虑中等了一个星期，也不见汤恩伯前来，他再命丁名楠去上海，并让胡允恭去见汤恩伯，还写下了下面这封亲笔信：

> 恩伯弟台如晤：兹丁名楠来沪，面陈一切，请予洽谈。再旧属胡邦宪，拟来晋谒，请予延见。至胡君经历，嘱由名楠奉告，并希台洽为荷。顺颂
>
> 　　　　　　　　　　刻安
>
> 　　　　仪手启二月×日（日期失记）
>
> 再为办事顺利计，请由弟处予丁名楠以秘书名义。

当时，汤恩伯面对是否起义，也确实犹豫过。要知道，他面临的形势是，一旦上海守不住，他就只能溃至台湾地区，目前，陈诚已经成为了台湾省政府主席，在中原大战失败后，陈诚故意给汤恩伯难堪，曾让他当众连做三天检讨，而且陈诚和汤恩伯素日也不和睦。汤恩伯一旦败去台湾地区，不用想，陈诚绝对不会有什么好果子给他吃。

陈仪对汤恩伯许诺，只要他起义，中共就会将他在战犯的名单中剔除，然后给他安排合适的职位，这里面可信的成分有多少？汤恩伯刚刚想到了起义两个字，他就出了一身的冷汗，他在"剿匪"期间，曾经将用机枪扫射过红军战士，还挖坑活埋过无辜群众，一桩桩、一件件血淋淋的往事，怎不让汤恩伯心思踌躇，犹豫彷徨！

汤恩伯看着办公室外面的警卫、参谋和各级军政人员，他的心里更是一个劲地打鼓，他真的分不清这些人里面，谁是真正的军统特务，陈仪策反他的消息，有没有泄露，要知道一旦消息不密，他可就有大麻烦了。

李宗仁成为代总统之后，他就撤了毛人凤国防部保密局局长的职务，毛人凤现在上海法租界的家中闲居（蒋介石暗中让他继续负责保密局的工作），汤恩伯找到了毛人凤，请他去浙江奉化的溪口一趟，代自己向蒋介石陈情陈仪通共，并拉自己下水之详情。

汤恩伯这样说："务请毛先生代向总统求情，请总统念及我与陈仪师生一场，情同父子，定要保全他的性命，准其颐养天年，我定当肝脑涂地，与'共'军战斗到底，为总统尽忠，为党国成仁……"

毛人凤携带着陈仪策反汤恩伯的信件原件，直奔浙江奉化，而同时，这份原件，也被拍成了照片，送到了何应钦的案头。蒋介石看罢陈仪拉汤恩伯"谋反"的铁证，只气得脸色铁青，当即下午闭门谢客，经过紧急研究，做出如下部署：免去陈仪浙江省主席一职，并伺机将其逮捕关押，又命周嵒出任浙江省警备司令。

周嵒是陈仪的晚辈，由他出任浙江省警备司令，可以对陈仪起到监视和麻痹的作用。蒋介石接到汤恩伯密报之后，当即命蒋经国飞赴上海，蒋经国此次上海一行，不仅带来了蒋介石对汤恩伯"忠心"的嘉许，更带来巨大的物质奖励，剩在上海的20万两黄金，还有价值30亿金圆券的物质统一归汤恩伯调拨管理。

陈仪随后被军统特务软禁，他真的没有想到，自己精明一世，竟然被最近和最亲的人汤恩伯出卖了。

1949年4月，陈仪被押往台湾，首先幽禁在基隆要塞司令部……

汤恩伯有条件地（保全陈仪的性命）出卖陈仪，首先换来了两笔偌大的财富，更让汤恩伯觉得欣慰的是，他应该取得了蒋介石的进一步的信任。只可惜，汤恩伯的财富和蒋介石的信任，随着上海被解放军收复，一下子全都归零了，陈仪的性命也变得岌岌可危起来……

1949年4月21日，毛泽东主席和朱德总司令发布了《向全国进军的命令》：奋勇前进，坚决、彻底、干净、全部地歼灭中国境内一切敢于抵抗的国民党反动派，解放全国人民，保卫中国领土主权的独立和完整。

1949年4月20日晚和21日，人民解放军第二、三野战军集中7个军、30万人的人马，遵照中央军委的命令和总前委的《京沪杭战役实施纲要》，分成三个突击集团，东路突击集团由粟裕、第三野战军参谋长张震率领，由三江营（扬中以北）至张黄港（靖江以东）段实施渡江。

中路突击集团，由谭震林指挥，在裕溪口（芜湖以北）至枞阳段渡江；而西路突击集团，由刘伯承和第二野战军副政治委员张际春、参谋长李达指挥，由枞阳至望江段实施渡江。

渡江战役展开后，我解放军战士驾驶数千只木帆船，在数百里宽的江面上，开始升帆扬桨，击水中游，强渡长江……

粟裕在他回忆录中，曾用重点的篇幅，描写了解放军横渡长江，打响江防战役时的情景：

　　4月20日晚，国民党政府最后拒绝在国内和平协定上签字。当晚20时，我中集团，在枞阳至裕溪口段，首先发起突击。第一梯队4个军（第7兵团之第21军、第24军，第9兵团之第25军、第27军）在我强大炮火掩护下，21时许，攻占了黑沙洲、鲫鱼洲、闻新洲、紫沙洲等江心洲，并逼近南岸，突破敌人长江防线，建立了滩头阵地，继续向纵深发展。敌人在一片混乱中仓皇南逃。21日我军攻占了铜陵、顺安、繁昌等城镇。我中集团突破江防后，汤恩伯即派机动部队第99军前往增援，增援部队甫抵宣城，敌江防部队已放弃阵地，第99军即向杭州逃窜。22日中午，中集团突入敌人防御纵深已达50公里。23日，中集团第二梯队的各军也全部渡到南岸。

　　21日夜晚，东集团在三江营至张黄港段，西集团在枞阳至望江段，同时发起了强大的突击。我第10兵团第一梯队之第23、第28、第29军首先在天生港、王师塘、长山等地突破敌人江防阵地，登上南岸，连续打退了敌人多次反击之后，于21日中午进抵百丈慎、南闸镇、秦皇山、香山之线。建立了正面宽50公里，纵深10公里的滩头阵地，并继续向纵深进击。当日，江阴要塞守敌在我秘密党员内应下宣布起义，我第29军占领要塞，控制了所有的炮台。我特纵炮兵封锁了长江，断绝了敌舰东逃的航道。22日，占领常州，丹阳等城，切断了京沪铁路。

我第8兵团之第20军，在龙窝口至永安洲段向扬中岛发起突击。22日占领扬中岛，23日渡过夹江，登上南岸，并乘胜向纵深发展。该兵团位于南京，镇江正面的第34、第35军两军，于23日晨占领镇江和浦口、浦镇。当晚占领了国民党政府的首都——南京。国民党留在南京的部分政府机构，在李宗仁率领下，已仓皇撤向广州。

西集团（第二野战军），由马当至贵池段强渡成功，占领了贵池、彭泽等地，主力直趋浙赣线，迅速割裂敌汤恩伯、白崇禧两集团的联系。

国民党的海军除第二舰队在南京附近江面起义外，一部分在镇江附近江面向我投降，另一部分逃往上海。

汤恩伯为了"守住"长江天险，曾经做了很多的指示和布置，他不仅要求守江的部队组织侦查小组，乘船到江中探明水深多少，水流速度，沙滩分布，并依此判断解放军渡江的方位，然后进行重点布放。

他还命令各部队在构筑工事的同时，一定要做好解放军渡江成功，如何夺回滩头阵地的预演，而在江防战役打响之后，汤恩伯还乘飞机至芜湖前线，亲自督战，但令他没有想到的是，只在短短的两天之中，解放军便横渡长江成功，让他一切的努力化作泡影。

蒋介石、汤恩伯所谓的"长江天堑、无法飞渡"的预言被打破。人民解放军仅以伤亡8000余人的代价，便迅猛地突破长江天险，随后在4月23日剑指南京，随着南京城解放，飘在南京总统府的青天白日旗，被五星红旗所取代，这也标志着蒋政权的彻底灭亡之日，已经指日可待了。

南京城外战火纷飞之际，李宗仁尚在南京，他在回忆录中描述了当时的纷乱情形：

4月22日傍晚，我从杭州返抵南京时，四郊机枪之声不绝，首都已一片凄凉……入夜，南京四郊炮声隆隆，机枪声尤密，我知道"共"军正在加紧进攻城外据点，我军亦在掩护撤退。遂解衣而卧，一夜辗转反侧，未能入寐。4月23日清晨，汤恩伯又来电话，催促起飞。盥洗既毕，略进早餐，乃招呼总统府侍卫长李宇清备车往明故宫飞机场。总统府随员30余人亦乘吉普车随行，渠等多通宵未睡，面色惺忪而紧张。

车抵机场时，汤恩伯和首都卫戍司令张耀明已在机前迎候，专机马达亦已发动。我与汤、张略谈，便进入座机。飞机旋即升空，在南京上空盘旋两周。斯时东方已白，长江如练，南京城郊，炮火方浓。驾驶员特入机舱请示飞航目标。我说，先飞桂林。飞机随即转翼向西南飞去。从此，南京就不堪回首了。

汤恩伯一见江防阵地失守的命运，已经不可挽回，他急忙收缩兵力，开始固守大上海。当解放军欢庆攻占南京的时候，国民党参谋总部和国防部正在上海举行了一次高级军事会议。

在这次会议之上，兵败江防的汤恩伯成了众矢之的，蔡文治依然带头发难，并攻击汤恩伯的指挥出了问题，并质问他，该在这场战役中负什么责任。

汤恩伯面对责难，他拍着桌子吼道："我集结主力，退守上海是总裁的命令！"

汤恩伯讲完话，他掏出蒋介石的手令，当场开始大声宣读："上海存有价值3亿元的黄金和白银，命令吴国桢请假，改由陈良以上海市政府秘书长代理市长，负责利用轮船将全部金银抢运台湾。在未运完之前，汤恩伯应集中全部兵力，死守上海。直到金银运完后，准汤率部向舟山群岛撤退，并阻止×匪海上追击。如该项金银不能安全运到台湾，则唯汤恩伯、陈良是问！"

参会的高官们，听汤恩伯读罢蒋介石的手令，一个个都变得哑口无言，众人这才明白，蒋介石看重的是上海的金银美钞、战备物质，江防和南京相较之下，显得并不重要，事已至此，夫复何言？众人散会，蒋介石手令的内容，被与会者上报给了李宗仁，李宗仁曾发出了这样的怒责："蒋先生最不可恕的干预，便是他破坏了政府的江防计划……此次守江，虽已属下策，但是我们就有强大的空军和数十艘军舰为"共"军所无，若善加利用，"共"军亦未必可以飞渡长江。无奈蒋先生无意守江，却要守上海一所死城。执行他这错误战略的，便是他最宠信而实际最脓包的汤恩伯。"

汤恩伯现在要做的就是死守上海这座孤城，至于能不能办到，那就只有天知地知了！

2．困守，螳臂当车岂可为

一个人、一座城、一生心疼——张爱玲《小团圆》

上海这座城市，号称"东方小巴黎"。它不仅是当时中国最大的工业城市，更是全国的财富中心。甚至可以这样这样说，只要占据了上海，就等于扼住了中国经济的咽喉。

可是目前，上海这座城市，已经满身疮痍，民生凋零，步履蹒跚，九死一生了。

1948年8月，蒋介石曾以"明知山有虎偏向虎山行"的决心，派蒋经国来到上海打虎，并发行金圆券，一霎时，上海市巨商、市民的财富，在小蒋手中狂舞的"权棒"高压下，汇聚成黄金、白银和美元的洪流，都纷纷流进了国民政府的"钱袋子"，仅宁波帮大佬刘鸿生一人，就被蒋经国"劝"出了800根金条和250万美元。"打虎"行动持续到了10月份，上海共收兑黄金114万两，美金3452万元，港币1100万元，银子96万两，合计价值超过2亿美元。

打虎行动之后，金圆券迅速贬值，最后变成了一堆不值钱的废纸，蒋政府以军队、法院和警察等暴力机关为后盾，他们用血腥、恐怖和死亡为手段，劫持了上海人民两亿美元的财富，蒋经国还手拿密电，通过中央银行行长俞鸿钧将银行中储备的黄金等物全都移存到了台湾地区。

1949年2月18日黄昏，一艘外表破旧的"海星号"军舰，在海军司令桂永清的直接调配下，先后共分3批，运去台湾地区的黄金共277.5万市两，银圆1520万元。共价值约5亿美元左右。

国民党溃守台湾地区后，这批黄金对台湾地区的社会稳定和经济发展起到了至关重要的作用。但原本千疮百孔的上海经济，被如此"切肌割肉"后，基本上就等于一个沉疴严重、奄奄待毙的病人了。

1949年5月初，蒋介石乘船来到上海的复兴岛，他为了给汤恩伯打气，曾经

汤恩伯公馆位于上海，欧式风格，红墙白瓦。这座公馆正面看是门字型，东西分别有两个小门。正门是四根巨柱，门廊上面就是阳台，现在已经封闭，阳台是凸出的弧形。汤公馆是典型的现代主义风格的花园别墅。这座公馆的主人是广州的李氏兄弟，抗战期间被日军当成了军官宿舍，抗战胜利后被汤恩伯占领，后来孝敬给了他的上司。

连续三批，召集团长以上军官讲话。他说："共产党问题是国际问题，不是我们一国所能解决的，要解决必须依靠整个国际力量。但目前盟国关照要求我们给他一个准备时间，这个时间也不会太长，只希望我们在远东战场打一年。因此我要求你们在上海打6个月，就算你们完成了任务……"

很显然，蒋介石的意思是，只要坚守上海6个月，第三次世界大战就会爆发，依靠国际社会的力量，就可以完全"解决"共产党的问题，中国的问题也就可以一起"解决"了。

蒋介石在做这番"慷慨激昂"讲话的时候，很多军官当时真的信了，他们认为，上海坚守半年，这不难做到吧？到时候国际形势一旦有变，西方世界的军队，击溃了赤色的洪流，民国还是蒋家天下，那时自己升官发财，将是一个多么激动人心的场面……

当时丁名楠作为陈仪派出的特使，曾经在上海的汤公馆中，见到了汤恩伯，汤公馆中，一片凌乱。汤亲口告诉丁名楠，他的家眷迁台，而且正在搬家。汤恩伯的孩子，都已经办好了出国留学的手续，而且汤恩伯的汽车和房产，皆已经卖掉，并换成了美元，从这几件事儿上，完全可以看得出来，一定要守住上海，只是某些政客为达个人目的，而不切实际的"臆想"、张口的胡乱"忽悠"、不负责的乱轰"嘴炮"罢了。

汤恩伯为了守住上海，做了这样几件事情。

首先是将上海搬空：除"海星号"军舰运去台湾地区的金银货币之外，他还奉蒋介石之命，暗中将上海中纺公司的纱布、央行所存的德孚染料、物资局的紫铜锭和一大批药品等重要的物资，全部急运台湾地区。

当时旧上海市代市长陈良，也曾经紧随汤恩伯之后，拟定了一份急运台湾地区的重要物资种类名单，除了上述所列，还有如下一些物资：

中信局之敌伪珠宝及中央银行寄存该局之日本赔偿铜圆；中央造币厂铜块及日本赔偿铜圆；交通部之通信器材及铁道器材；美援花纱布联营处之纱布；卫生药200吨及吉普车；社会部国际儿童奖金救济物资500余吨，布10万匹及卡车20辆等等。这些重要的物质，被列为甲等的输运种类，属于最急于启运的对象。

往台湾地区运送贵重物质伊始，蒋介石就有将南京五大工厂，全部拆迁到台湾地区的打算，可是李宗仁以拆迁工厂会影响政局稳定为由，拒绝了蒋介石的这份命令。

国民党溃守台湾地区后，这批黄金和物资对台湾地区的社会稳定和经济发展起到了重要作用。台湾地区学者李敖据此事，还做出了这样一个评判：就因为这笔全中国的黄金被用在台湾（地区），所以蒋介石对得起台湾地区同胞，但对不起大陆同胞。

汤恩伯接下来要做的是稳定上海局势：

毛森是军统头子戴笠手下著名的大特务"三根毛"之一（毛人凤、毛万里与毛森），这三人既是戴笠的心腹，也是他浙江的同乡。"三根毛"中，毛森以心黑手辣见长，他的发迹，绝对和汤恩伯的提携是分不开的，故此，在汤恩伯困守上海期间，毛森为帮汤恩伯"防共防谍"，可以说制造了大量的血腥和恐怖。

毛森在当警察局长的三个月里，共抓捕了3000多名中共地下党员和进步人士，其中有300多人，被秘密杀害，一时间，偌大的上海，滔滔的血雨不断，浩浩的腥风不绝。

蒋介石为了振奋军心，提高士气，他命汤恩伯在上海开办了一个"高级人员作战训练班"，此训练班由汤自兼主任，以上海市政府秘书长（不久就成为代市长）陈良兼副主任。

训练班走入正轨后，不仅汤恩伯、陈大庆和石觉等人，分别给学员授课，而且周至柔、桂永清、邵伯昌、蒋纬国等"大腕"也纷纷前来捧场，并分别讲授政治、军事和作战等课程，当然，被称之为"打气工厂"的训练班，其宗旨甚为反动，目的是鼓励这只孤军的精神，昂然其斗志，为死守上海不惜洒血出力。

汤恩伯还在4月24日颁布了十杀令，让军营中一时间充满了恐怖的味道：

一、违抗命令、临阵退缩者杀；二、意志不坚、通敌卖国者杀；三、未经许可、擅离职守者杀；四、放弃阵地、不能收复者杀；五、造谣惑众、扰乱军心者杀；六、不重保密、泄漏军机者杀一七、坐观成败、不相救援者杀；八、贻误通讯、致失联络者杀；九、不爱惜武器弹药及克扣军饷者杀；十、破坏军纪及懈怠疏忽者杀。

汤恩伯的十杀令出台的同时，还重颁了"官兵连坐法""士兵联保切结办法""保密法""防谍法"等，总之一句话，在此非常时期，一经发现问题，无需调查和审判，直接可以用杀人来迅速解决。

汤恩伯还将总部高级参谋多人分驻各军、师等部门，充当监军；毛森也派大批特务人员以政工名义打入防守上海的各路军队，充当耳目；汤恩伯还建了一只可以先斩后奏的督战部队，一经发现临敌畏战、避战者，可以当场枪毙，毫不客气。

汤恩伯为守住上海，他还在军中搞起了"英雄馆"、"军妓营"、"黑官晋实"等"邪"法，这些非常手段，所能达到目的只有一个，那就是让手下的官兵在即将到来的大战中，乐于流血牺牲，敢于杀身成仁。

最后，汤恩伯做得是修建"攻不破"的阵地。

汤恩伯为了使上海的内外战线，全都变成坚不可摧的"钢铁阵地"，他派工兵指挥官柳际明乘坐飞机，到太原进行实地考察，并以阎锡山在太原保卫战中，所构筑的工事为蓝本，取长补短，对上海之防守阵地进行了科学化、实用化和立体化之设计。

汤恩伯依照以往的作战经验判断，解放军进攻上海，一定是在西、南、东三面先行包围市区，并沿着京沪铁路推进，接下来猛攻吴淞地区，一旦重点突破外围阵地后，解放军的主力部队才会全线发起总攻。

汤恩伯根据解放军的进攻路线，还有主要进攻的重点地区，他分别在上海外围和市区修筑了四千余座钢筋混凝土碉堡，还有纵横交错的立体防御阵地。

上海整个防御阵地由主阵地带、外围阵地及市区核心阵地三部分构成。这些阵地是这样分布的：

防守主阵地：浦西方面，北起狮子林，向南经罗店、洛阳桥、北新泾、虹桥、龙华镇至黄浦江边；浦东方面，北起高桥向南经高行、庆宁寺、洋径镇、塘桥镇、杨思镇至黄浦江边。主阵地带前沿一般距市区3公里至6公里，在纵深内部密布子母碉堡群，每碉至少半个班或一个班，有的为永久性的，有的为半永久性的，各主要碉堡群之间有交通壕连接。另外，主阵地带纵深内所有车站、飞机场、学校、工厂等重要处所及坚固建筑物，均构成抵抗据点。

外围阵地：浦西方面为浏河、嘉定、南翔、华曹镇、七堡镇、华径镇之线；浦东方面为川沙、北蔡镇之线。

市区核心阵地：是利用高大坚固建筑结合街道碉堡工事分别构成抵抗据点，当时选定的有苏州河南的国际饭店、汇丰银行、海关大楼、永安公司、大新公司、梅白克路天主教堂、巴克公寓、兰心大戏院、大陆银行、四行仓库和提篮桥监狱等32处，并以国际饭店和百老汇分别作为苏州河南北两个指挥中心。

军队配置方案：将整个淞沪地区划分为沪西北（黄浦江以西、京沪路以北）、沪西南（黄浦江以西、京沪路以南）及浦东3个守备区，各以1个军为基干担任守备，以沪西北作为重点守备区，以有力部队控制大场、江湾、真如地区，直接支援沪西北守备区之作战。另外，势必要增设1个市区守备兵团，守备核心阵地。

汤恩伯制定的作战计划是：利用坚固有利之地形，借助碉堡工事，进行以团、营和连的逐级固守抵抗中心，然后结合空军、炮兵和装甲兵的优势，阻碍和迟缓解放军之攻击形势，并借机集中优势兵力出击，消耗和摧毁敌之主力，如果前沿和外围阵地被突破，则退回市中心据点，继续抵抗，争取最后的胜利。

为配合汤恩伯的步兵作战，蒋介石还为其配备了独立炮兵团还有军师炮兵，这些炮兵共火炮500门，每门火炮配备炮弹300发，负责在解放军攻击上海时，提供火力压制；海军第一舰队在黄埔江河海面上为停泊据点，负责在为吴淞、高桥两岸地面部队提供火力支援，并保证吴淞口外海上运输线之通畅，为长期固守上海创造必要的条件。

空军共有4个大队，可出动飞机130到140架，除必要的侦查和空投之外，可实行射击、投弹还有其他的必要支援任务。

蒋介石在溪口隐居的时候，阎锡山曾经由上海去溪口探望蒋介石，他当面直陈，凭借着上海外围那些钢筋铁骨的防卫阵地，还有城市内，借助高楼大厦，街角的碉堡组成的核心工事，汤恩伯绝对可以在上海坚守一年。

汤恩伯经过这一番经营，他扬言"要让上海成为一次大战中的凡尔登、二次大战中的斯大林格勒！如果上海守不住，就要把它搬空、打烂、炸完！"

汤恩伯经过一番"疯狂"的准备，终于完成了上海的防务部署，他觉得现在凭借着固若金汤的工事，完全可以和解放军一决雌雄了，可是进攻上海的解放军的指挥官粟裕，在紧锣密鼓地做好进攻上海的同时，他却有另外一番的打算。

粟裕在自己的回忆录中，这样记叙了为不打烂城市，解放一个完整的上海，而制定出的详细的作战方案。

五月初，总前委移驻京沪线上的丹阳城，我和张震同志率领第三野机关自常州东移苏州，指挥上海战役。

中央军委和总前委考虑，由于接管上海的准备工作尚未完成，要求我第二野战军暂不要进攻上海，而且也不要靠近上海，不要惊动敌人，不使其过早地退出上海，以免仓促进去，陷于混乱，同时令第二野战军主力集结于浙赣线休整，随时准备支援我三野作战，并准备应付美帝国主义可能的武装干涉。

这时敌军退守上海的部队，有8个军，25个师，加上军舰30余艘，飞机120余架，共约20万人。

困守上海的敌军妄图采取陆海空联合作战，实行固守防御……敌军将上海划分为沪西北、沪西南、浦东三个守备区……而市区和沪西南则是敌人防御的薄弱部分。

我们打上海的指导思想是：既要打一场城市攻坚战，而又不能把城市打烂了，要争取把上海基本上完整地接管过来。我们的一切作战部署及战法，都是围绕这一指导思想的。

从当时的情况看，打上海有三种方法可选择：第一，围困战法。解放战争后期，我军对内地的若干城市采用了此种战法。但是上海情况特殊，上海有600万居民，生活资料依靠外地运入，尤其是粮食和煤，所需数量很大，长期围困，人民不仅没有吃的，由于没有煤，不但机器不能运转，连自来水都没得喝，人民的生活将陷入绝境，而敌军因有海上通道，我们围不死。而且我军渡江以后，应力争迅速解放全中国，所以，长期围困的战法不可取。第二，选择敌人防御薄弱的苏州河以南实施突击。这一战法，虽避开了敌人设防的重点吴淞，伤亡也可能减少，但主战场在市区，城市会被打烂。所以，这一战法也不可取。第三，把攻击重点放在吴淞，钳击吴淞，暂不攻击市区。这样可以封锁敌人海上退路，并迅速切断敌人抢运上海物资的通道。如果敌人要坚守下去，必将为保护其唯一的海上退路而集中兵力在吴淞周围与我军决战，如出现这一情况，就可避免在市区进行大规模的战斗，使城市少受破坏，达到完整接管的目的。吴淞周围是敌军防御的强点，因此，这种战法，将是硬碰硬的一场艰巨的攻坚战，一场激烈的拉锯战，我军要付出较大的代价。但我们是人民的军队，为了保存城市的完整，保护上海人民的生命财产，付出一定的代价是必要的、值得的。为此，此方案是我设想的最佳方案。

为了不打烂城市，当时我们还规定进入市区作战，应尽可能不使用重炮轰击……我们于5月7日巳时上报了作战方案：以第29军并配属两个炮兵团攻占吴淞、宝山；以第28军主力控制太仓、嘉定，以第30军攻占嘉兴、嘉善、平湖、乍浦、金山一线；为防敌向南汇、川沙撤退，以第30、第31军进入浦东截敌退路。并预定12日、13日发起攻击。5月8日，军委给我和张震同志的复电说："（一）同意7日巳时电部署，请即照此执行；（二）在攻占吴淞、嘉兴等处之同时，派足够兵力占领川沙、南汇、奉贤，将敌一切退路封闭是很必要的。"军委此电同时发给了总前委。

根据军委指示，解放军指挥部于5月10日下达了淞沪战役作战命令。战役预定分为两个阶段：第一阶段，从12日起，钳击吴淞，断敌海上通路；第二阶段，待接管上海工作就绪后，向市区发起总攻，解放全上海。兵力部署是：以第9、第10两个兵团指挥8个军（以后又增调第23、第25军配属给第9、第10兵团）及特纵炮兵一部，从上海两翼迂回，钳击吴淞；第10兵团之第28、第29两个军攻占宝山、吴淞；第26军攻占昆山、安亭，第33军集结常熟地区，为兵团预备队。该兵团的后续任务是待命由上海西北地区协同第9兵团围攻上海。第9兵团之第20军攻占平湖、金山卫，打开向浦东前进的通路。第30军、第31军向浦东挺进，协同第10兵团钳击吴淞；第27军集结嘉善地区，该兵团的后续任务是待命由东、南、西三面协同第10兵团围攻上海。

1945年5月12日，战斗的命令发出，对于这场解放上海的战役，陈毅司令员曾经有一个风趣的比喻：进上海，是瓷器店里捉老鼠，又要抓住老鼠，又不要撞坏一件瓷器。

上海是中国最重要的工业城市，这里聚集着大量的工厂、银行、企业和商帮店铺，解放上海，并不是将上海打烂砸碎，而是为了完整地将其接收到手中，让生产财富、创造繁荣的"引擎"城市，快速地运转起来，并为新中国的经济不断地供应新鲜的经济血液。

在这场解放上海的战役中，解放军的攻坚部队，首先不允许使用重炮，不可以使用炸药包，一旦进入市区，尽可能用轻武器解决战斗。中共的地下党，为了保护上海这座城市的完整，也在暗中积极行动，对那些富有爱国之心的国军将士们，做着危险万分的策反和起义的工作。

刘昌义原是淞沪警备副司令兼51军军长，他祖籍河北，在抗战期间，曾组织过抗日义勇军，并取得歼灭日伪军600余人的战果，从而名噪一时。刘昌义从表面上看来，虽然是堂堂的军长，但属于杂牌军，并非蒋介石的嫡系部队，可以说受尽了排挤，以至于报国无门，他对蒋介石的独裁政府，非常痛恨。

刘昌义领兵来到上海之后，他找到了原黄埔军校副校长，中国国民党革命委员会主要创始人李济深，他本想追随其去香港，李济深告诉他，在上海掌握一些军队，伺机起义，比跟着他去香港还要管用。

李济深去香港之后，随后派民革委员刘云昭与刘昌义取得了联系，双方达成了"相机起义，迎接解放"的共识。

从5月12日开始，解放军对上海的外围阵地展开了攻击，面对着剥洋葱似的危急形势——上海的外围阵地，在解放军勇猛的攻势之下，一层层地丢失。蒋经国奉蒋介石之命，前来上海询问战况，并传达了蒋介石"在月浦先搞一次联合作战，一定要守住月浦的命令！"

因为解放军在解放上海的战役中，没有使用重炮，故此，面对上海市区坚固的钢筋混凝土工事，攻击暂时受挫，汤恩伯心中略有安慰，他为鼓舞士气，还举办了一次"祝捷会"，并发表了"一定可以守住上海"的讲话。

汤恩伯手下的部队，虽凭借坚固的工事，可以暂时负隅顽抗，但面对三面被包围，即将被"一勺烩"的不利局面，5月18日，汤恩伯本想学蒋介石炸开花园口的伎俩，爆炸浦东的海堤，制造浦东海水泛滥区，可是这项贻害深远的计划还未等实施，浦东就被解放军占领，成了新中国的解放区。

从5月12日到24日，短短的十多日之间，汤恩伯苦心经营的上海外围阵地，皆被解放军占领。从24日夜晚开始，解放军的主力部队，随即展开了对上海市区的攻坚任务。

汤恩伯面对异常严峻的形势，他赶忙将自己的指挥所，迁到了吴淞要塞……蒋介石闻报后，他在定海飞台之前，急命汤恩伯调整军事部署，一定要顶住解放军的进攻。收复失去的阵地，保住上海，保住上海市区。

5月23日，汤恩伯为贯彻蒋介石的命令，他组织95师的一部兵力，向解放军魏陆家宅的阵地猛扑，并在夜间，组织了一次对我解放军占领阵地的全面进攻的战斗。

汤恩伯手下的军队在这次战斗中，还是取得了一些战绩，汤恩伯为了稳定人心，炫耀战果，他在24日，组织一些人在市区敲锣打鼓，举行了一次浦东大捷的游行。

可是严峻的战争形势，很快给"粉饰胜利"的汤恩伯以"劈面一掌"的响亮一击——在解放军进攻上海的战役中，面对国民党军队节节败退，刘昌义于25日，在苏州河北岸率领手下51军、123军21军共43000人毅然起义，当刘昌义起义的消息传来，汤恩伯正在喝水，他的手一哆嗦，只听"当啷"一声，悲催的搪瓷缸子掉落地下，被摔得一路滚翻，几乎跳到了门外，汤恩伯咬牙切齿地道："刘昌义误我，完了，完了，一切都完了！"

果然，随着失败的第一块多米诺骨牌倒下，汤恩波自认为"固若金汤"的战线，立刻受到了致命的一击，再也回天乏术了……

1949年5月28日清晨，在上海城里城外曾经密集的枪炮声，终于停歇下来，有些胆大的市民，一早醒来，他们悄悄地打开窗子和房门，发现在屋外笼罩着蒙蒙细雨，在湿漉漉的马路上，竟躺满了和衣而卧的解放军官兵，看到这一幕，当时被"赤化"宣传吓破了胆子的上海市民，这才清醒了过来，原来，他们被蒋政府反动的宣传欺骗了。

解放军才真正是穷苦底层老百姓的队伍。当时美国合众社是这样报道的："中共军队军纪优良，行止有节，礼貌周到……虽然有许多大厦是大开着，可以用来做军营，而中共军队仍睡在人行道上。"

解放军露宿马路的消息传开后，蒋政府对解放军丑化的宣传立刻土崩瓦解，大上海沸腾了，人们纷纷走上街头，载歌载舞地欢迎解放军，可是很多人不知道，为了保全大上海，中国人民解放军付出了巨大的牺牲，伤24000余人，7784名官兵为大上海的新生，献出了他们年轻而又宝贵的生命。

上海失守，中国最大的城市被解放军占领，汤恩伯真的不知道该如何向蒋介石交代了，但刘昌义的阵前起义，让汤恩伯终于捡到了一块"免死金牌"，上海失利的一切责任，都可以推到他的身上了。

1949年5月27日凌晨1时许，汤恩伯电令部队开始撤退。虽然从上海撤出的部队有11万人，可是至28日，撤出舟山的官兵只剩下8万人，这一路上，竟有3万的官兵开了小差。

汤恩伯看着这些丢盔弃甲，狼狈不堪的部下，真有一种欲哭无泪的感觉。大厦将倾，独木难支，直到今日，他对着这句话，才有了深刻彻骨的体会。

汤恩伯手握重兵，一言可以决定上海未来命运的时候，陈仪劝他起义，可是却被他拒绝，如今陈仪已经被他出卖，成为蒋介石的囚徒，卖师的罪名坐定，他真的怀疑，自己是否还有未来。汤恩伯兵败上海，他现在即使想起义，也没有讨价还价的本钱了，而且起义之路，也被自己"愚忠"牌的混凝土彻底封死了。

5月28日，汤恩伯在定海港的太湖号兵舰之上，强打精神，召集师长以上的手下继续开"打气"会议，现在汤恩伯已经不是京沪杭警备总司令，因为现在京沪杭的地盘全都丢了……他奉蒋介石之命，改任厦门绥靖公署主任，并将率领撤自上海的官兵，立刻开赴厦门，准备下一场的战斗。

汤恩伯 全传

·Biography of Tang Enbo

第八章

坐困孤岛，凄凄惨惨空悲叹

哀莫大于心死——《庄子·田子方》

汤恩伯随后兵败厦门。他只能领着残兵撤往金门，金门只是一个弹丸之地，这时的汤恩伯接到了蒋介石的命令，命他一定要守住金门岛，如果金门再失，汤恩伯除了跳海，真的没有任何退路了。

汤恩伯开始费尽心力地经营金门岛，挖战壕、修碉堡，在海边埋地雷，布设鹿砦，磨刀霍霍，严阵以待。

中国人民解放军于1949年7月上旬入闽，由三野第十兵团司令叶飞负责指挥，三野以摧枯拉巧之势，先后收复福州、平潭岛、漳州和厦门之后，10月24日晚，叶飞经过请示上级，决定展开金门战役。三野的人民解放军乘船渡海，开始进攻金门岛，结果登岛作战的人民解放军，因算错潮汐时间，以至于登陆的渡船，全部被困滩头，进攻金门岛的三野官兵，在孤立无源、弹尽粮绝之下，在岛上苦战三昼夜，以至于全军覆没。

金门战役等于给溃守台湾地区的蒋政府打了一针强心剂，令蒋介石将漫天的晚霞当成了明媚的晨曦……

1950年5月，蒋介石以彻查"匪谍"案为由，指示台湾地区军事法庭判处陈仪死刑。同年6月18日清晨5时许，陈仪于台北市马场町刑场被杀害。

陈仪被蒋介石杀害后，汤恩伯情绪悲伤，痛苦不堪，随后不久，他因患十二指肠溃疡病，病情加重。汤恩伯准备去日本治病，可是蒋介石能否批准他离开台北呢？

1. 金门，落日余晖已黯然

尔勿恃强，转眼夕阳——清·张维屏

对于震惊中外的解放战争，金门之战的失利，只是整个国内解放战争的余波而已，是胜是负，都已经无法改变整个战争的走向；同时，金门之战对汤恩伯来说，同样也改变不了他被蒋介石抛弃的命运……

上海之战的失败，如果抛开蒋介石刚愎自用、任人唯亲、胡乱指挥不谈，而单说汤恩伯做过的三件事，就已经能够说明历史选择中共胜利的正确性。

第一件事，汤恩伯拿了不该拿的：抗战胜利后，汤恩伯作为接收大员来到灯红酒绿的上海。当时，无锡南门外有一个鼎昌丝厂，老板名叫钱凤高，他不仅当过惠民公司的买办，而且还做过伪政权无锡市的城区副董事（相当于副市长），他就是一个不折不扣的汉奸。

他名下的鼎昌丝厂绝对属于逆产，不被充公没收简直就没有天理。但钱凤高是一个极其狡诈的商人，他觉得汤恩伯就是一棵大树，只要靠上了他，一定可以得到很好的庇护。

钱凤高出手大方，他不仅送给雷震姨太太一座漂亮的别墅，而且通过雷震的姨太太，将自己18岁的女儿嫁给了汤恩伯做了如夫人。

当钱凤高"逆产案"旧事重提，钱家的"女婿"汤恩伯终于开始大展"虎威"，他首先声明，钱凤高的身份是汤部的参议，身为军人，地方法院没有管钱凤高的权利，随后，想办钱凤高案子的三名中统人员，反被汤恩伯以贪污的罪名抓了起来。中统很牛，但遇到了汤恩伯这个"牛魔王"，当时就哑巴熄火，甘拜下风，最后钱凤高逍遥法外，汤恩伯为了兜里有金钱，怀里抱美女，日子逍遥快活，不惜成为"汉奸"的女婿。

第二件事，汤恩伯干了不该干的：1949年5月6日，汤恩伯为了给自己留条后路，他命手下，从军费中提出50万美元，汇款至美国一个朋友的账户上，然后由这名朋友，将这笔钱转给住在日本的王文成和龙佐良。

王、龙二人出面，帮汤恩伯在日本东京的近郊，买下了一栋有22间房子的豪宅，这件本来极其隐秘的事儿，却被路透社的记者们知道了，他们在东京发出了这样一条消息："蒋介石透过一个中国高层官员在日本东京近郊购豪宅。"

蒋介石看到这则消息，心中万分恼火。蒋介石找来黄少谷，命令他速查此谣言从何而来。

黄少谷立刻赴日找到王文成，王文成的正式身份是汤恩伯通过蒋介石，公派到日本担任驻日代表团编外顾问，既然这购买豪宅一事已经捅到了天上，很显然王文成凭自己的力量，已经无法压住了，他当即向黄少谷承认，此豪宅是购给汤恩伯的。

此豪宅不管是不是蒋介石所购，即使是他手下的高官所购，那些善于联想的外国记者，都会将这笔账，算到蒋介石的头上。

可以说汤恩伯购买豪宅事件，影响极坏，往小了说，等于动摇了蒋介石"坚守"台湾地区的决心，瓦解了蒋介石"执政"的基石，如果往严重里说，汤恩伯此举，等同于将蒋介石政府失败的总根源大白于天下，这个才是蒋介石最为忌讳的。

蒋介石当时这样大骂道："混账！怪不得上海和东南沿海败得那么快，原来他（汤恩伯）早做了逃往日本的准备！"

汤恩伯明着在前线英勇奋战，可是暗中却铺好了逃跑后路，这叫什么事儿？说汤恩伯什么过头的话他都得接着。

第三件事：汤恩伯得罪了上海的老百姓，这让他彻底失去了民心的支持：柳际明的工兵指挥部与上海市政府及淞沪警备司令部等机关，共同成立了"上海工事构筑委员会"，他们在用钢筋和混凝土，构筑完堡垒和工事之后，便开始扫清阵地前五华里的射界，射界中的所有房子，全部被拆除，庄稼全部毁掉，坟墓亦被夷平，甚至有一些老妇，不肯离开祖屋，自己投身火中，主动被烧惨死的情况，亦时有耳闻。

汤恩伯却在"作战训练班"讲话时，毫不在意，甚至大言不惭地说："为国所需，一切合法，为战所用，一切合理，你们放胆去做，有我负责！"

如果将汤恩伯的失败，归结于一句话，就是他被上海市民用人心向背的巨大力量给淘汰了。现在成为败军之将的汤恩伯，真的有些惶惶不可终日了，因为他怕蒋介石追究他丢失上海的责任，并让他对未完成军令的过错负责。

汤恩伯即使负责，他能用什么负责？上海战役失败了，但他的命只有一条，蒋介石要是取了他的性命，接下来的厦门守卫战，还有金门防御战，让谁去指挥？汤恩伯是败军之将不假，但细数国民党军队中，比汤恩伯军事指挥才能高的将领不少，但要是比起对蒋介石的忠心，能超过汤恩伯的却没有几个。

蒋介石经过考虑和权衡，觉得汤恩伯虽然打输了上海战役，没有完成固守半年的作战任务，但也算完成了将上海的重要物质，基本撤往台湾地区的任务，蒋介石也就暂时原谅了汤恩伯，并及时调整了原有的指挥系统，令汤恩伯接任福建省主席兼东南军政长官公署厦门分署主任，统一指挥三个兵团，即刘汝明、胡琏和李良荣的8、12和22兵团。

这三个兵团重点防御的地区为漳州、潮汕、厦门和金门等地区。蒋介石的意思很明显，只要守住了这些地方，那么台湾地区就是安全的，即使守不住这些战略要地，也可以迟缓解放军攻台的速度，为蒋介石"匆忙"布置台湾地区的防务，赢得了一段"喘息"的时间。

汤恩伯这次重点防御的地区是厦门，而与汤恩伯对阵的就是叶飞率领的解放军第10兵团。

第10兵团最初的名字是华野苏北兵团，司令员叶飞，参谋长陈庆先，政治部主任刘培善，下辖三个军，第28军师长韦国清、第29军军长胡炳云、第31军军长周志坚。

叶飞即将入闽之前，就已开始为将来渡海作战——解放厦门和金门岛的战

汤恩伯将军于1949年8月19日退守福州时在海军永胜军舰上亲笔写给黄埔三期李天霞将军的第一道作战手谕

233

役，做了前期的准备工作。他行动之初，便命令第28军的两个师，从海上坐船而来，直接攻取大练岛和平潭岛，他这样做的目的就是练兵，因为不管是攻占厦门还是金门，都需要渡海作战，而渡海作战和渡江作战的性质绝对不一样，渡江作战，10分钟或者20分钟，就能到达对面的江岸，而渡海可不一样，一望无边的海水，无风亦有三尺浪，解放军的战士们，很多都是"旱鸭子"，他们在陆地上生龙活虎，可是一到了随浪颠簸的木船上，一个个头晕眼花，吐得昏天黑地，别说战斗，站起来都困难。

当时第28军的很多战士，都是头一遭见到大海。一个团长竟这样说："谁在海里放了这么多盐，那么咸！"

这些晕船的解放军战士们，经过一段时间在海水中坐船的颠簸，随着风浪起伏的锻炼，便逐渐克服了不懂海战的毛病，他们曾经一鼓作气，先后攻下了大练岛、平潭岛和大小痒岛，湄洲岛、南日岛等岛屿也随后被解放。

厦门外围的岛屿阵地，尽皆被解放军扫清，南北长13.7公里，东西宽12.5公里，面积约132.5平方公里的厦门岛，就完全暴露在了解放军的枪口之下。

汤恩伯率领部队来到了厦门后，他看着那些日伪时期，还有当时国民党驻军修建的坚固的碉堡和阵地，他才算稍稍地放下了心来，有这些纵横交错的阵地，至少也可以坚守几个月，能给他一段挽回脸面的时间。

厦门在远古时，传说为白鹭栖息之地，故又称"鹭岛"。直到洪武二十年（1387年）始筑厦门城——意寓国家大厦之门。

厦门岛的西、南、北三面，皆被大陆环抱，东面隔海与金门相望。西北两岸距大陆较近，岸滩虽然可守，一旦发生登陆战，很有可能被短时间攻破；东南两岸滩窄水深，绝对不便于登陆，如果解放军的官兵选择在此登陆，金门的国民党军队可以开炮，对厦门进行炮火支援，而厦门外的鼓浪屿，岛小岸陡，易守难攻，是厦门西南面最好的屏障。

汤恩伯随后召开了一次军事会议，研究厦门的布防问题。现在防守厦门的兵力，一共3万人，而北半岛将是此战的防御重点，汤恩伯对手下的3万人马，做了如下调配：派74师防守西北部的东渡至钟宅一带；181师布防于东北部的坂美至何厝一线；以29师和要塞守备总队防守鼓浪屿和厦门市区；将166师和68军残部派到东南部之石胄头、胡里地区。厦门岛的沿岸防守以永备工事为骨干，与野战工事和障碍物相结合，汤恩伯还命人在防御阵地前，布设了雷区、铁丝网和鹿砦，为了固守厦门，汤恩伯还从蒋介石那里，获得了大口径火炮、坦克和海空军火力支援。

厦门的防御体系，是非常先进的环形立体化防御阵地。蒋介石为了让汤恩伯打好这一战，他于1949年10月8日抵厦门巡视，看着那些日军先行修建、国军后来补修的坚固、科学而且非常隐蔽的碉堡和阵地，蒋介石满意得连连点头，他鼓励汤恩伯一定要发扬"舍身成仁"的精神，借助厦门坚固的阵地"守上三五年没有问题"。

汤恩伯经营厦门，企图打一个翻身仗的同时，1949年9月26日，叶飞对第10兵团的指战员，也下达了准备攻取金门和厦门的作战预令。10兵团的战士们，在石码、同安和南安一带，征集了630条木船，并制作了大量的海战救生器材，冒着敌机轰炸和厦门岛敌人炮兵开炮的危险，在海边苦练海战技术。

1949年10月9日夜，解放厦门的战斗终于打响，251团的2营和87师259团首先打响了第一枪，他们攻占了金门北面的大嶝岛，11日夜，又乘胜攻占小嶝岛，又在15日攻占了角屿岛。

1949年10月15日，解放军对厦门发起了总攻。厦门并非是一座大岛，可以寻找到各路守敌防御阵地的薄弱位置，然后予以穿插切割，分化包围，聚而歼之。厦门只是一座小岛，汤恩伯的兵力部署密集，根本就没有防御的间隙，可以让叶部有机可乘。叶飞为了减少不必要的伤亡，他命一个加强团，担任佯攻鼓浪屿的任务，接着，以29军85师、86师和31军92师，在我军炮火的掩护下，从西、北和东北部登船，对厦门展开多路的进攻。

为防止金门之地对厦门增援，叶飞还派28军防守在大小嶝岛、莲河等的沿海阵地，一旦金门的敌军有异动，将毫不客气地给予其迎头痛击。

佯攻鼓浪屿的解放军部队因为逆风的缘故，很多木船都没有抢滩登陆成功，只有一部分乘船的解放军战士，登上了鼓浪屿，解放军战士开始与驻守鼓浪屿的敌军交火后，汤恩伯立刻产生了错觉，他误认为攻打鼓浪屿的部队，是解放军的主力，他们实施的是先占鼓浪屿，然后切断汤部从厦门到金门的退路的包围作战计划。

不管是汤恩伯，还是守在厦门岛上的3万汤部溃兵，他们最怕的就是退路切断，无法退回到金门岛。很显然，叶飞善于用兵，他佯攻鼓浪屿，绝对是攻敌之所以必救，汤恩伯听着从鼓浪屿方向传来的激烈的枪炮声，他急命一个师的预备队，登船直奔鼓浪屿，对解放军的"主攻"部队，发起攻击，解鼓浪屿之围。

汤恩伯一个师的人马被调走后，解放军攻击厦门阵地的突击队压力减轻，攻击任务进行得很是顺利，16日拂晓前，就突破了汤恩伯部队防守的20多里的一线阵地。

汤恩伯在战斗中，发现中了叶飞的调虎离山之计后，急忙将支援鼓浪屿的一个师调了回来，可是复被调回的一个师人马还没等在厦门站稳脚跟，就被解放军的登岛部队一个冲锋给杀散了。

汤恩伯虽然组织手下的军队，欲将丢失的阵地夺回来，可是几次努力，几次失败，他看到阵地一块块地丢失，手中的军队越来越少，觉得这场仗真的没法再打下去了，汤恩伯在16日黄昏，退到海边，命部署用报话机连连对金门守军呼叫，命他们速派救援的船只进行接应，直到一个小时后，一条救援他的小艇才姗姗来到，汤恩伯惊魂落定，坐了上小艇，匆匆地离开了被称为"铜墙铁壁"不可被攻克的厦门。

漳厦战役一共进行了一个整月，共歼敌5.1万余人，这场战役不仅锻炼了解放军海战的能力，而且也开辟了我军夺岛之战的先河。更是为接下来的金门之战，开辟了预演的舞台。

汤恩伯乘坐小艇离开厦门岛时，当时的厦门的争夺战并未结束，不管谁来判定，汤恩伯的行为，都已经犯了兵家的大忌，要知道：战斗进行中，而指挥战斗的主将远离自己的指挥所，这事儿说得好听一点就是擅离职守，如果说得难听一些就是怕死逃亡。

如果按照常理，汤恩伯兵败江防战役，兵败上海战役，接着又兵败漳厦战役，每一次战役的失败，等待他的都应该是撤职坐牢或者是枪毙杀头的命运。

可是汤恩伯虽然屡败屡战，"撤职和杀头"的利剑却没有降临到他的身上，这就很让人怀疑，汤恩伯和蒋介石之间是否有过什么秘密的承诺。如果蒋介石对汤恩伯没有"失败后，一定要设法保全性命，以图东山再起"的约定，汤恩伯是否敢如此任性地在前线部队尚在战斗之时，乘坐小艇退到了金门岛？

汤恩伯来到金门岛后，随即给蒋介石拍发电报，请求放弃沿海诸岛，并将部队撤回台湾地区，进行必要的修整和补充。

10月22日，蒋介石给汤恩伯发来电报，电报上语气严厉：金门不能再失，必须就地督战负责尽职，不能请辞易将！

很显然，蒋介石的这份措施严厉的电报，等于断了汤恩伯的退路，让他不许离开金门，一旦解放军来攻，必须与金门共存亡。汤恩伯一路从长江退到上海，从上海又退到厦门，从厦门又退到了金门，他退到金门后，这里就将是他能退的最后一站了。

金门古称浯洲、仙洲，是由金门岛、小金门岛（烈屿）、大担岛等12个岛屿组成。金门面积150平方公里，而金门本岛面积为134平方公里。金门岛的岛型好像哑铃，东西长约20公里，南北最长处约15.5公里，中部狭窄处仅3

1949年的蒋中正和汤恩伯及其他高级将领

公里，岛内最高的战略要地为东部的太武山，海拔253公尺。金门环岛多港湾口岸，可停泊船艇者计30余处，潮高水深，海流甚急。最让汤恩伯担忧的是，这里仅仅距离厦门才10公里。如果不是有涛涛的海水阻隔，骑上快马，也就是区区十分钟的路程。

胡琏曾经写过《古宁头作战经过》一文，在这篇文章中，罗列了金门岛上蒋军的兵力部署：

　　我戍守小金门者为第五军李运成部，辖200师（仅1900人）166师（由厦门退来不足千人）。戍金门者为第25军沈向奎部，辖40师（主力损失于大登，仅余108团）45师（五六千人）及临时配属之201师（两团，601团雷开瑄和602团傅伊仁）40师及45师为空军警卫旅所编成，获得福建保安团队补充，其战力可以想象。201师乃青年军，本辖于在台南之80军，已在前节述及。又由汕头12兵团派来增员之18军高魁元，辖11师、118师及43师、11师、118师及18军之主力，43师初由交通警察改编而成，其实力（作者加：作战的能力真是没法提）与历史，详下文所述之12兵团章中。上述之第5、25军，均归22兵团李良荣将军指挥。18军则归当时负责厦门金门防务之最高指挥官汤恩伯将军直辖。

叶飞后来在回忆录中，他这样说：

> 因为轻视了金门，认为金门没有什么工事，金门守敌名义上是一个兵
> 团，即李良荣兵团，实际只有两万多人，而且都是残兵败将。

不管是在胡琏还是在叶飞的眼中，厦门都是一个大市，而金门充其量只是一个小县，而且小岛上多是起伏坚硬的花岗岩，仓促之间，汤恩伯根本无法修建出永久性的工事和阵地。

汤恩伯手拿蒋介石的电令，几经掂量，觉得已经再无退路，他为了守住金门，便紧急召开了一次关于金门防御的会议，在这次会议上，他对阵地修筑、兵力分配还有具体的防卫计划，都做了详细的部署：

当时蒋军201师和45师的官兵们在金门最容易攻击的海岸线上，不分昼夜地修筑阵地，他们不仅在阵地前布设了大量的障碍物，而且埋下了7000余枚地雷和800余枚水雷。

修建阵地需要大量的材料，汤恩伯又开始故技重施，他命手下拆祠堂、毁寺庙，金门当地老百姓的很多民房的砖瓦梁檩，都被运到了阵地上，拆到最后，双鲤湖上的一座大桥，也被汤恩伯的手下拆掉修了工事。

最让人感到气愤的是，为了修筑阵地，汤恩伯的手下竟将死人的墓碑都一块块地垒砌起来，做成了工事和掩体。后来，201师师长郑果回忆说：动死人的墓碑修工事，此举很缺德，但不得不为。

金门乡民李天平后来气愤地回忆：

> 当时为了建简易碉堡，因此大肆拆缴门板，我们家的门板被拆光光，
> 半扇门板也没留，壮丁的公差更是叫个不停，只要被军队遇见，立即被捉
> 去做工。整天做个不停，而且不许回家。

驻扎金门602团2连1班班长的李志鹏后来回忆说：

我们每一个班筑一个碉堡，碉堡周围再筑散兵坑及交通壕以保护碉堡。以我们第2营而言，在安岐村前线的碉堡，就有五六十个之多，是采纵深配备方式，每一个碉堡都是独立作战的单位。

汤恩伯不放心工事的构筑情况，经常进行检查，一旦发现问题，当场解决，绝不延误，在修建阵地的同时，他还命令守岛部队与坦克营联合进行反登陆演习情况。汤恩伯领军溃退到金门后，解放军不时地用岸炮对金门打几炮，很显然是在矫正炮位，汤恩伯已经清醒地意识到，解放军进攻金门的时间，已经迫在眉睫了。

汤恩伯经过收编残军，金门岛守军的兵力已达4万余人。汤恩伯真的没有信心，凭着这些基本上已经失去斗志的队伍，他是否能够守得住金门岛。要知道就在距离不到十公里的厦门海岸上，便驻有解放军的10万雄兵。

汤恩伯怀着深深的担忧，以至于寝食不安，茶饭难下，可是与之对比鲜明的却是叶飞，在泉州召开的兵团作战会议上，叶飞意气风发地对参会的同志说了四个字：此役必胜！

10万雄兵对4万残兵，这场仗的胜负根本就没有悬念。后来，叶飞在老虎洞宴请厦门地方领导，他用筷子指着菜盘，说："金门就是这盘中的一块肉，想什么时候夹就什么时候夹，跑不了。"

当时，不仅叶飞身上有一股傲气，解放厦门的解放军官兵身上，也都被这股傲气感染了。在解放军第10兵团剑锋所指，敌尽披靡的形势之下，如果谁要不小心地说了"骄兵必败"这句话，一定会被人嘲笑为杞人忧天，但正是这种骄傲的情绪，让这场看似必胜的一仗，产生了胜负易手的大逆转。

叶飞在回忆录中，曾经用沉重的笔调，记录下了这场战争失败的全经过：

> 当时在沿海登陆作战，关键在于船只，没有船只，部队根本就无法渡海登陆作战……
>
> 厦门战役结束后，因为船只不够，我决定将31军的船只拨交28军使用，集中船只先攻取大金门，并将攻击时间延迟至10月20日。后因船只仍不够用，再延迟至23日。为了做好准备工作，又推迟了1天时间改于24日夜发起战斗。

当时我们已经知道胡12兵团已乘船撤出潮汕，去向不明，我查问胡兵团是否已到达金门？参谋人员回答说，胡兵团在海上徘徊，尚未到达金门。就在这时，机要人员送来一份情报，是胡向老蒋请求撤回台湾。可惜这份情报是昨天的！蒋的回电是严令胡按照命令执行。但是蒋的这份回电，我们当时没有截到。我分析胡兵团的行动有两个可能，一是增援金门，一是撤回台湾，可能是老蒋命令胡增援金门，胡不干。所以打电报要求撤回台湾，因而在海上徘徊。趁胡尚未达到金门之时，发起登陆，攻取金门是最后的一个战机，如再延误，金门的情况可能发生变化。我经过反复考虑，最后批准了28军开始攻击金门的战斗。

当天黄昏，28军发起战斗，28军得到29军一个主力师的加强，攻击兵力是足够的，但是到这时搜集到的船只仍然不够使用，一次只能运载3个团。28军先头登陆部队两个团和29军一个团于25日2时前后，在约10公里的正面，顺利登陆，夺取了古宁头滩头阵地。我接到登陆成功的报告，也就放心了，谁知登陆后就发生了问题！

28军1个团于兰厝至龙口段登陆，另一个团于湖尾登陆，29军1个团于古宁头及其以东登陆，但是没有一名师的指挥员随同登陆指挥。登陆部队也没有按照我事前交代的行动。没有先巩固探头阵地，就分两路向敌纵深猛插，把纵深敌人李兵团击溃，一直向料罗湾方向追击。

这时胡在蒋的严令之下已经进到了料罗湾，并且已有2个团在料罗湾登陆，其余部队正下船向料罗湾集中。我登陆部队脱离古宁头滩头阵地已达10多里路。胡看到这情况，不能不拼命了，他下死命令将18军投入战斗，来了个反包围。又派迂回部队占领了我军古宁头滩头阵地，切断了我军后路。我登陆部队使用的船只因潮水退落，在古宁头海滩上搁浅，被敌人全部击毁。25日晨敌201、45师和18军等部在飞机和军舰火力支援，还有坦克伴随下，向我登陆部队施行连续反击。我各部同敌人激战终日，伤亡很大。

28军手里还有4个团，靠得很近，但没有船，过不了海。无法增援。我29、31两军也没有船，无法增援真是痛心疾首。原来预计当夜第一次运送1梯队3个团登陆，船只返回再运送2梯队。但是因为船只全部损失而无法返航，致使2梯队无法增援。

我登陆部队英勇苦战，26日仍在双乳山、乳山激战。

解放军金门之战，之所以开局不顺，打成了胶着战，完全是多方面原因造成的，首先：解放军攻岛的计划是在金门岛的最狭窄处，将敌方阵地拦腰切断，然后夺取太武山，占领制高点，等待第2梯队以至于第3梯队的到来，然后实施攻占金门全岛的计划。

可是战斗打响，那些靠人力行驶的渔船行到金门岛附近时，突然起风，渔船被一路刮到了古宁头的海滩。虽然宁古头海滩也是汤恩伯部队的防守薄弱之处，但却与叶飞"拦腰一刀，断岛为二，然后占领制高点"的作战计划相差了十万八千里。

解放军攻岛部队在古宁头抢滩登陆后，就与岛上汤部守军发生了激战，这时候，海水退潮，还未来得及撤退的渔船，竟被密布海滩的"防登陆樁"阻住，然后全部搁浅，随后，汤恩伯的部队炸毁了搁浅的渔船，让叶飞的第2、第3梯队无法实施登岛作战。

叶飞虽然又用征集的渔船，运到金门岛上4个连的人马，可是这些人马，并不能从根本上逆转大局。

这时，最让人担心的就是胡琏率领的援军赶到了。解放军是越打人越少，而汤恩伯的部队却越打人越多，此消彼长之下，登陆攻占金门的解放军战士就陷入了困境。

在《国民党战史》中，这样写道："25日夜间，'共'军获得休整及增援，战力又告恢复。若非12兵团增援，金门原有守军，势难达成其任务。"

在胡琏的《古宁头作战经过》中，他这样写道：

> 26日晨船航金门湾，11时到水头村，汤恩伯将军尽歼来犯之x，残余即可肃清，一片乐观气氛……迨至金门西北角之湖南高地，但见安岐附近x我争夺至烈，并有军师长等齐集于湖南高地。即向高军长询问我军部署……
>
> 部署完毕，即严督猛攻，毋得却顾。各部队均频年随琏作战至久，上下信心至坚，闻琏已到前线，乃一鼓奋起，冲锋而前……直至夕阳西下，新月初升时，我352团及353团由战车领导，已使古宁头三面孤立，而354团正逐屋攻击古宁头村庄中困斗之x矣。
>
> 25日黎明，x之船团在高潮顺风情况下，分由莲河澳头向我龙口迄古宁头间滩头进发。首先突破我201师602团、601团之阵地，迅即扑入虎尾山

与观音亭山。不久其前锋即进至安岐浦头，止于132高地，傅伊仁扼守龙口以南，x势至猛，而我之状况至乱。

我预置于上下堡附近之118师，首以353团杨书田部迎头扑上，354团则沿湖南高地而北，杨书田部以一营钻入安岐海滩x后，猛击x之船团，使其混乱……高军长又以14师之42团（亦适才下船）由132高地攻击林厝，希望解除雷开瑄部尚在古宁头南山守备中之一部之侧背威胁。激战至晚，我孙竹筠部曾攻入西一点红，并完全烧毁x之船只，掳获其船夫。118师攻占安岐，x只在古宁头及林厝等处顽抗……

26日午夜12时前后，古宁头村庄内之x，被攻猬集于一二坚固房屋中。拂晓以前，李师长树兰在林厝以沉重而得意之河北口音向琏报告：古宁头村落内完全肃清……

金门一战的失利，让解放军攻克台湾地区的脚步被迫放缓，虽然中央军委和华东军区并没有给这场战役的指挥者叶飞处分，但叶飞的心情异常沉重，这沉重的心情中，不仅有战友牺牲的痛苦，更有对自己的自责，当叶飞准备再次进攻金门的时候，1950年，朝鲜战争爆发，中央和毛主席来电，解除福建前线再攻金门的任务，集中全力剿匪，限期肃清福建境内一切土匪。叶飞的10军团，也就失去了跃马金门、一战雪耻的机会。

当时，厦门海岸上数万解放军，因为缺少渡海工具，眼看着战友牺牲，而无计可施。官兵将士齐冲到海滩上，放声大哭，他们手中的各种兵器，一起向天空开火，那情形，完全是恨不得将天空打出一个大窟窿来……

2. 孤寞，终被抛弃独凄凉

物是人非事事休，欲语泪先流——《武陵春》李清照

汤恩伯领兵在金门打了胜仗，因为他打了太多败仗的缘故，故此，这胜利的消息根本没有人相信，蒋经国乘坐飞机来到金门后，最终确定了胜仗的消息，蒋介石竟欢喜地流下了眼泪。

但汤恩伯从金门回到台湾地区后，却被打入了冷宫，随着陈仪被蒋介石处死，汤恩伯忽然感觉到，自己人生的冰点终于来临了……

1949年10月27日，金门战役获胜的消息传到台北，当蒋经国手拿汤恩伯亲拟的电报，门都未敲，就直接冲进"总统"府蒋介石的餐厅，蒋介石当时正在用早餐，他看着一脸喜色，略显莽撞的蒋经国，放下了手中的筷子，然后用餐巾擦了一下嘴角，用父辈固有的威严口气谴责道："你是中年人了，喜怒还挂在脸上，今天带来了什么消息？"

蒋经国双手递过了金门的电报，兴奋地说："金门来电，此役大捷！"

蒋介石听蒋经国讲完这八个字，微一错愕，随后他迫不及待地接过蒋经国递过来的电报，当他读完电报，口里连声说道："这一仗我们胜了，台湾安全了，好，好，真的很好！"

蒋介石讲完这句话，他的眼泪竟流淌了下来。

要知道，金门的位置非常重要，它位于大陆边缘，北与马祖毗连，是台湾地区的桥头堡。当年郑成功、施琅攻取台湾，都以金、厦为出发地。如果用蒋介石的话说："无金门便无台、澎！"

蒋介石擦去了眼泪，随后对蒋经国说道："你立刻去金门一趟，如果所报属实，一定要重重地对有功将士进行嘉奖！"

蒋介石深知自己手下军队的陋习，打了败仗，推卸责任，打了胜仗，虚夸战功，汤恩伯从长江一路败到了金门，在他嘴里的大胜仗，究竟大到了什么程度，确实需要甄别与核实。

蒋经国领命，直奔机场，他乘上飞机，直奔金门飞去。蒋经国名义上是飞往金门慰劳将士，实则是探查金门战役之真实情况。

汤恩伯接到蒋经国乘飞机即将来到金门的消息后，他急忙领着亲信来到了机场列队迎接。

蒋经国走下飞机的悬梯，汤恩伯还未等举手敬礼，蒋经国快走几步上前，一把握住了汤恩伯的手，说："辛苦了，真的辛苦你了！"

汤恩伯因为战事吃紧，已经几天都没有洗脸了，他当时满脸灰色，胡须满脸，眼睛里布满了红血丝，他沙哑着嗓子说："为'总统'效劳，为党国尽忠，应该的，不辛苦！"

蒋经国来到金门的时候，古宁头的战斗尚未结束，听着时紧时疏的枪声，看着遍地的伤兵，嗅着空气中呛得人连连咳嗽的硝烟味，蒋经国终于意识到，汤恩伯这次没有谎报军情，他确实是打了一次胜仗。

蒋经国曾经在日记中，这样写下了他到金门"慰军"的真实情况：

> 我于本日奉命11时半到达金门上空，俯瞰全岛，触目凄凉。降落后，乘吉普车迳赴汤恩伯总司令部，沿途都是伤兵、俘虏和搬运东西的士兵。
>
> 复至最前线，在炮火中慰问官兵，遍地尸体，血肉模糊。看他们在极艰苦的环境中英勇作战，极受感动。离开前线时，我军正肃清最后一股"残×"。下午4时，飞离金门，但脑中已留下极深刻的战场印象。到达台北，已万家灯火矣……

金门战役规模并不大，只是师级规模，但其深远的影响，绝非一场普通战役可比。金门战役过后，人民解放军渡海作战受挫，攻势暂缓，现在蒋家父子终于能喘上一口气，仔细思考一下，下一步该怎么做，做什么了。

金门战役结束后，战斗在金门第一线的201师回台湾整补，汤恩伯和李良荣亦奉命调回台湾地区。

李良荣回到台湾地区后，曾当选台湾省第三届临时议会议员、第一届台湾省议员、"光复大陆设计研究委员会"委员。

12月1日，胡琏第12兵团则奉命留驻金门，胡琏亦成为首任"金门防卫司令部"司令官，后来又成为了金门王。并兼福建省"主席"，后升任"陆军副总司令"。

第18军军长高魁元因为金门之战，从此官运亨通，一直做到"陆军总司令""参谋总长"和"国防部长"。

汤恩伯作为金门之战的总指挥，他回到台湾地区的境遇实在是悲凄了一些，首先，如何安排这样一个打了一串败仗，而在最后，又打了一个令蒋介石都激动流泪的胜仗的汤恩伯？

当时，关于如何安排汤恩伯有两种截然不同的说法，一种说法是，汤恩伯回到台见到蒋介石后，蒋介石曾对他大加赞赏，称其为"反共英雄，台湾岛的拯救者"。

另一种说法是，蒋介石曾经当着陈诚的面说："汤恩伯于危难之中曾经主退，殊失我望，他是嫡系，是我学生，辜负了我多年对他的宠信！"当陈诚询问如何安排汤恩伯时，蒋介石只是摇头不语。

如果按汤恩伯回到台湾地区遭受的一连串的冷遇来看后一种说法比较真实，也比较符合当时的情境，还有蒋介石对汤恩伯的心态。

以至于很多年后，前空军总司令周至柔回忆前尘往事时，曾说："人多遗忘当时守卫金门的指挥官是汤恩伯！"

汤恩伯本想着回台后，即使得不到重用，也不会坐冷板凳，谁承想，他回到台湾地区不久，便感觉到自己面前的路，是直通"冷宫"的死胡同。他迈向冷宫的第一步，就是一场针对他的"批判会"。

蒋介石在台北的"介寿馆"中，召开了一次各部师级以上的"东南区军政会议"，大会一开始，陈诚和谷正纲等先后发言，汤恩伯对他们比较中肯的批评，表示接受，他对于上海撤退的责任表示一人承担，至于撤退的原因有三点：保住上海，对将来"反攻大陆"成功后的经济建设有绝大的好处；接下来就是保存兵力，为接下来的厦门和金门战役做准备；最后一个就是为党国保存精英种子，为台岛的建设打好基础。

可是会议开了一半，原守卫上海的第37军的军长罗哲闻竟突然对汤恩伯"开炮"，当时，汤恩伯在上海率部撤退时，唯独不通知罗哲闻的第37军撤退，很显然，汤恩伯是让罗哲闻打掩护，并将他当成了弃子。

罗哲闻全军覆没后，一个人潜逃出上海，经由香港，辗转来台，他这是找汤恩伯报上海的"弃子"之仇来了。既然有人向汤恩伯开炮，接下来发言的国民党军队高官们也就不再遮掩，他们为了在蒋介石面前表现自己的英勇，还有"反攻大陆的决心"，对一个得不到重用的败军之将也不用客气，墙倒众人推的事毕竟是常有的。

汤恩伯在金门取得的胜利，相比败长江、丢南京、败淞沪、丢上海、败漳厦、丢厦门的大三战役，简直就是九牛一毛，不管汤恩伯如何辩解，毕竟那三大败仗，都是摆在那里的事实。

众口铄金，汤恩伯开完这次会议，他才真真正正地体会到了千夫所指，无病自死的可怕。蒋介石给了汤恩伯一个"总统府顾问"的闲职，现在他手里无兵无将，离开金门，就等于离开了军界，汤恩伯除了满面羞怒地低头回家，口里一个劲地埋怨待遇不公，他还能做什么？他想反抗，可是怎么反抗？

枪杆子没有了，他如今只能躲在家里，只能关起门来，偷偷地怨天尤人……

更让汤恩伯恼火的是，罗哲闿等人对他不依不饶，竟一纸诉状，将他告到了军事法庭，一定要追究汤恩伯断送整个第37军之罪，幸亏石觉和陈大庆等人替他说了公道话——汤恩伯之败，是败在了形势，长江、淞沪和漳厦战役不管换了谁打，谁都得失败，汤恩伯只不过替我们背了黑锅而已，石觉和陈大庆有一句话没有说——如果这三场战役的指挥官，换成你罗哲闿，你就能保证不失败吗？

汤恩伯在"东南区军政会议"上，曾一拍胸脯，将这三场战役的失败之责，全部揽在身上，让最该检讨、最该承担责任的蒋介石置身事外，故此，蒋介石也不好再深究汤恩伯连败的责任，随后，蒋介石派陈诚出面，劝阻了罗哲闿，弹劾和状告汤恩伯之事，就这样大事化小，小事化无了。

汤恩伯本想消停地过上几天太平日子，可是树欲静而风不息，1950年3月1日，蒋介石在台湾地区再度连任"总统"，蒋介石新官上任，决定烧上三把火，除了经济之火，党改、土改和政改之火，蒋介石还下令，将一批对其不忠的高级将领，提交军事法庭进行审判，这第三把就是清洗之火。

这些高级将领排名最前的就是陈仪。蒋介石想在台湾地区当"总统"，他就绕不过陈仪这道坎，陈仪不仅是台湾地区"二二八事件"的执行人，而且在大陆带头反对蒋介石，剪除陈仪，就等于蒋介石和"二二八事件"做了切割，并彻底震撼了那些心怀二意的国民党高官。

陈仪被捕后，昔日的好友张群、顾祝同等人先后为其求情，汤恩伯也想让蒋介石放过陈仪，蒋介石没有办法，只得这样说：只要陈仪肯写悔过书，谴责在北平起义的傅作义将军等人就可免于一死，并可获得自由。

陈仪冷笑一声："我无错可认。"

林蔚奉命来找陈仪写悔过书，他哀求道："总得让蒋先生下得了台吧？"

陈仪回答得更坚定："下不下台是他的事。"

汤恩伯当初出卖陈仪时，曾经和蒋介石有个约定，那就是我跟你走，死也不回头，但却不能伤害陈仪的性命，允许他在台湾地区养老。

陈仪从杭州押到台湾地区后，就被蒋介石当局软禁了起来。蒋介石自以为对得起陈仪，还曾当面质问他为何背叛，陈仪很平静地回答了一句："我们做了这么多年没做好，换别人来试试。"

蒋介石本来就是一个睚眦必报的人，陈仪让他下不来台，他决定一有机会，就让陈仪彻底知道自己的厉害。

汤恩伯来台之后，他对陈仪还是念念不忘的，他曾派陈大庆代替自己携带日用品去向陈仪请安，陈仪虽然被蒋介石幽禁，但每天吃喝甚优，还可以晒晒太阳，在院子里四处走走，故此，汤恩伯觉得陈仪晚年如果能如此安静地渡过，也算对得起他对自己的栽培之恩了。

可是现在蒋介石根本置当初的承诺于不顾，竟要处死陈仪，这绝对是汤恩伯想不到、也不敢想象的事情。

蒋介石为了促使汤恩伯与陈仪彻底反目，同时也是让那些对"党国前途"丧失信心的"摇摆分子"彻底警醒，在他的安排下，台湾"国防部高等军事法庭"对陈仪进行开庭审判，汤恩伯在蒋介石的逼迫之下，作为陈仪一案的证人出庭。

在军事法庭开庭之时，陈仪身穿西装，扎着领带，镇定地走进法庭，汤恩伯见到陈仪，急忙走上前来，举手敬礼，可是陈仪却昂然而过，视若不见。

法庭的审判长是顾祝同，顾祝同开始就陈仪"叛国、投敌"等罪名进行审问，可是陈仪却对其指控，逐条进行反驳。

当顾祝同要汤恩伯作证人，当面指责陈仪时候，汤恩伯站在法庭上，一边抽搐着嘴唇，一边结结巴巴地说："我对犯人陈仪，确实是受恩深重，正图报不暇，何以会举报他？只因我忠党爱国情深，不敢因私废公……"

陈仪避而不谈他与汤恩伯个人之间的恩怨，而是义正词严地对汤恩伯的指控进行逐条反驳。陈仪这样说："我劝你放下武器，让上海和平解放，只是想让民众免受战火蹂躏，远离死亡的摧残，你们说我叛国，请问你们极力标榜这个国家是人民的，请问我叛了谁的国？你们视中共为敌人，说我投敌，请问我投敌的实际作为在哪里？没有实际行动，焉能随便将罪名诬陷于人！"

汤恩伯联想到自己在台湾地区的遭遇，又面对陈仪劈头盖脸的驳斥，汤恩伯汗如雨下，在证人席上，几近虚脱。

如果陈仪没命，汤恩伯有"底线"地出卖恩师和义父陈仪，就会变成无底线地"卖师求荣"，他所标榜的"仁义道德"，都将被扫落到最肮脏的垃圾堆，不仅历史学家们可以随意地书写他，市井百姓都会无情地鄙视他，甚至街边的顽童，都会将他编进儿歌嘲笑他，他下半辈子都将生活在阿鼻地狱之中，甚至连见阳光的机会都没有了。

在陈仪首次开庭审判陈仪后，汤恩伯担心蒋介石会对陈仪下杀手，他为了营救陈仪，前往台北晋见蒋介石，可是蒋介石却避而不见，汤恩伯为了救陈仪的性命，他急忙提起笔来，给蒋介石写了一封信：前浙江省主席陈仪思想错误一案，职为党国前途与当时责任，已申大义于先，唯职与其有师生之谊，揆诸我国传统道德，应尽私情于后，伏恳钧座，念其七十暮年，曲予矜全，从轻处分，以终残生，于国家法纪无亏，在职得公私两全。

蒋介石只是提起笔来，在汤恩伯信函上批"阅"字，就是不愿见汤恩伯，求情，更是想都别想。

汤恩伯没有办法，只得去求"政学系"的首领张群，张群对陈情甚切、意当怜的汤恩伯亦有恻隐之心，他就提起笔来，给蒋介石写了一封求情信，信是这样写的：

> 窃查陈仪身膺疆寄，而叛国通匪，即处极刑亦非过当。中央军事干部佥以陈愚庚乖常，罪无可逭，然追随革命亦有微劳，而年近七十，已将就木，如必须判处死刑，亦冀犹豫执行，仁施法外。特为汤恩伯同志与陈公私情谊均重，前此迫于大义，毅然举发，然顾念恩私，曾有曲全其生命之请，最近请见钧座未得，内心之摧痛尤深，拟恳于本案核定之前准汤恩伯觐谒面陈，俾得一申其私衷，灭其疚痛，伏祈鉴裁，谨请钧安。

可是张群的求情信交上去之后，蒋介石装聋作哑，并没有答复。汤恩伯继续四处活动，他找到谷正纲、雷震还有原上海代市长陈良等人，希望他们能代替自己向蒋介石求情，并极力想面见蒋介石，希冀老蒋碍于情面而开恩，放陈仪一条活路。

蒋介石闻询大怒，道："陈仪身有重罪，汤恩伯心里不清楚吗？求情就可以免罪，这将置党国的法律于何地？汤恩伯堕落了，他要替陈仪开罪，我不见他！"

汤恩伯病急乱投医，只得去求毛人凤去游说蒋介石。毛人凤来到台湾地区后，深得蒋介石宠信。令汤恩伯没想到的是，毛人凤非常痛快地答应帮汤恩伯的忙，并说："我一定竭尽全力为你办好这件事。"

令汤恩伯想不到的是，毛人凤阳奉阴违，他不仅没有帮忙，而且落井下石，他晋见蒋介石，面呈《诛陈（仪）十利留陈（仪）十弊》手书，并极力主张除掉陈仪。

蒋介石欲杀陈仪，一半是"匪谍"案的因素，另外一半是，蒋介石要用陈仪的"血"，来收买台湾地区本地人的人心，目的是让国民党施政方针和"二二八事件"做了切割，换句话来说，蒋介石准备用陈仪的血，来祭台蒋新政的"旗帜"。

毛人凤做事手段阴毒，他为了自己的前途，揣测蒋介石的意思办事，让陈仪的血，染红了自己的顶戴，而罪名却让蒋介石来背。

毛森知道了毛人凤的所作所为之后，他埋怨道："你做事没有肩胛，当时汤讲好的，唯一的要求是要'保全陈仪一命'，蒋既曾允诺，你应据理力争才是！"

毛人凤冷笑道："你难道忘了吗，陈仪曾经杀过军统福建负责人张超，我还会放过他吗？"

1950年5月19日，台湾高等军事法庭以陈仪煽惑军人叛逃，处死刑，褫夺公权终身，除留其家属必需生活费外，全部财产没收。

死刑执行当日，蒋鼎文领着宪兵，开车将陈仪送至马场町刑场，陈仪穿着一身西装，慨然赴刑，他认为如果自己身穿军装，会有辱军人形象，他面对行刑宪兵举起的黑洞洞的枪口说："向我的头部开枪！"并挺胸抬头，大呼："人死，精神不死。"

1950年5月19日，台湾军事法庭判决陈仪死刑。

据台湾地区《传记文学》载文称：陈仪"伏法"后，汤恩伯：

> 在其三峡乡寓中，如丧考妣，终宵绕室彷徨，痛苦不堪，复在私宅堂屋设灵堂，一连自书挽幛多幅。

陈仪被蒋介石杀害后，汤恩伯情绪忧郁，悲痛异常，仿佛人生突然止步，前途黑暗，生活已经没有了任何意义。马场町刑场宪兵行刑的枪声，射杀陈仪的同时，也断送了汤恩伯的人格、品格甚至生命！

6月20日，原本对汤恩伯避而不见的蒋介石忽然召见他，不过这次见面绝对不是嘉许，蒋介石狠狠地对汤恩伯批评道："陈仪依法处置，已经死有余辜，你还哭什么，听说你还在家中私设灵堂，回去以后赶快撤掉！"

蒋介石认为，既然汤恩伯在陈仪与他之间，选择了一个，那么就不应该再和陈仪藕断丝连，换句话说，想要升官发财，只能找蒋介石讨要，还拉着一个死人的手不放，绝对没有意义。

汤恩伯亦非草木，怎能无情，他虽然选择了蒋介石，但他却不想对陈仪放手，他回到家里，只得强忍悲痛，遵照蒋介石的命令，拆掉了陈仪的灵堂，可是傍晚无人的时候，他脑袋上蒙着了被子，还是号啕大哭不止。

汤恩伯的哭声中，一定有悲痛的成分在里面，因为他的恩师加义父，已经被蒋介石处决了，汤恩伯虽未杀伯仁，伯仁却因他而死；汤恩伯的哭声中，亦应该有懊恼的成分，他从1920年21岁从军入伍，到1950年51岁成为了一个在台湾地区，处处不受待见的人，他在枪林弹雨中，努力30年的成果归零，这怎不让他懊恼万分？

汤恩伯的哭声中，是否有后悔的成分，这就不好确定了，因为这世界上，本来就没有什么后悔药！

汤恩伯 全传

·Biography of Tang Enbo

第九章
惨兮落幕，离开这片"伤心地"

我们总是在开始时无所谓，在结束时痛彻心扉——《匆匆那年》九夜茴

天地君亲师，这是供奉在龛位中，拿来膜拜和尊敬的，而绝对不是拿来出卖的，即使有条件地出卖也不可以。只可惜汤恩伯倒行逆施，最后弄巧成拙，成了一个出卖"天地君亲师"的坏榜样、恶典型。

汤恩伯写过一幅条幅，上面大书岳武穆的《满江红》，当时，汤恩伯写这幅字的时候，是否体会到了岳飞矢志不渝、平息外患的责任？他是否懂得了岳飞抛洒热血，为国舍命的精神？他是否理解了岳飞在风波亭中，所受奇冤时亦坦然心情？这就真的没人知道了。

王充在《论衡》中这样说：入山见木，长短无所不知；入野见草，大小无所不识。然而不能伐木以作室屋，采草以和方药，此知草木所（易）不能用也。

岳飞是岳飞，汤恩伯是汤恩伯。汤恩伯没有岳飞的精神，担当不了岳飞的责任，更没有岳飞的境界，故此他上升不到岳飞的高度，因为这两个名字中间，始终隔着一条道义的河流。

汤恩伯在陈仪被处决之后，他在精神和经济的双重压力之下，以至于不太健康的身体，也变得一天比一天糟糕，可是他想去日本治病的报告，却被蒋介石一次次地驳回。

当医生查出他的腹内生有肿瘤，他再次提出了要去日本开刀的报告，这一次终于得到了批准，可是谁也没有想到，因为一场医疗事故，汤恩伯在庆应大医院中溘然去世……

1. 治病，亡于庆应大医院

旅程的终了，将是我们生命的结束——梅特林克

一个人不可以选择生命的开始，但大多数人都会选择强留生命，让生命晚些结束。躺在日本庆应医院病床上的汤恩伯，他不再是一个指挥千军万马的将军，他只是一个想极力挽留自己生命的普通病人，可是岁月如风，生命易逝，汤恩伯真的没有想到，自己的一生，竟会在这片异国的土地画上句号……

陈仪因汤恩伯不得善终，王竟白亦觉得无法原谅自己的丈夫，在怨恨之下，王竟白除将四女汤国丽留在台湾地区外，她与其余三女一子前往美国定居。

1950年3月，汤恩伯自觉在台湾地区受到排挤，已经没有了前途，他就做出了另外一件更让蒋介石忌讳的事儿，他以赴日本招募日籍志愿军，"反攻大陆"为由，买了一张机票，坐上飞机，准备离开台湾地区。

可是飞机验票人员，要汤恩伯出示赴日证件，汤恩伯哪里有什么证件，他只是一个劲地强调自己是受政府委托，到日本有特殊任务，机场的工作人员请他下飞机，可是汤恩伯却坚决不肯，双方发生激烈的争吵，致使航班延误，最后这件事被上报到蒋介石的"总统"府，蒋介石当即断定汤恩伯是要逃亡日本，便命军警，将他强行从飞机上架了下来。

汤恩伯已经有过一次在日本购买豪宅的"不光彩"历史，而汤恩伯在"国家危难"时行为如此不端，让蒋介石对他很厌恶，很快，蒋介石就指示有关人员，制定出了对"出国"官员的管制方法，3月23日，国民党中常会又做出更严厉的决议，对"党员"离台也将予以管制。

汤恩伯面对日益严格的"党员和高官"的"出国"管制，他已经感觉到，自己去日本的路子基本已经断掉。

汤恩伯生活苦闷，落落寡合，更兼形单影只，他为了生活上有人照顾，便又娶了一位名叫钱婉华的女子，成为自己的妻子。

1950年7月5日，台湾当局为了应对困顿的经济形势，宣布开始压缩并调低文武公职人员的待遇，除定量配给生活必需品之外，甚至还加上了一条，除此之外，不得有其他的收入。

这条规定，无疑是给汤恩伯戴上了"紧箍咒"，让他的日子过得更紧巴了。

汤恩伯的日子窘迫，不仅是经济收入入不抵出（汤恩伯曾有大笔的钱财，因为战争、王竟白移民美国等缘故，基本已经散尽）的原因，最主要的原因，还是汤恩伯有一个"优点"，他只要认为此人有价值，出手还是蛮大方的，比如汤恩伯曾经欲选制宪国民大会代表，一位美国顾问慕名想跟他结交，他对汤恩伯在南京三步桥的别墅赞不绝口，生性豪爽的汤恩伯当即将住宅送给这位美国顾问。

还有人说汤恩伯将"香烟、汽车、战马"视为自己的三件宝贝，任何人不能染指，除此之外，他均不吝惜。这样的评价，并非空穴来风，想当年，汤恩伯在日本开餐馆时，就是因为豪爽，一个好好的餐馆，竟被朋友们吃黄了。

胜利有一百个干爹，而失败却只有一个孤儿。如今的汤恩伯"替"蒋介石顶着失败将军的罪名，虽然没有落魄到"一分钱掰成两半花"的地步，但他再想豪爽，也没有财力，让他一掷千金了。

1950年10月25日，朝鲜战争爆发，中国人民解放军入朝参战，这时候的汤恩伯为了节省开支，他从台北搬到中部的三峡乡开始深居简出起来。

汤恩伯为了省钱，他只留下了一男一女两名仆人，而其他的人员，都被他安排到别处去了。他给一名友人的信中，透漏出，每月的支出，不能超过两千元，可见汤恩伯生活之拮据，确实快到了捉襟见肘的地步。

汤恩伯在经济上窘迫，政治上也陷入了泥塘。1951年元旦，他接受了几名老部下老朋友的拜访后，10点出门，因为没有军装，无法去参加在今寿堂举行的团拜会，他就先到何应钦、张群和顾祝同三人家中去一一拜望，拜望过三人，他又去拜望蒋经国，并请小蒋向蒋介石代为"叩节"。

汤恩伯昔日是蒋介石最为倚重的"股肱"，如今竟沦落到了不能去见蒋介石面的程度，境遇之惨，真是可叹可悲。

汤恩伯征战多年，野外行军，就地宿营，因为吃饭和休息不及时，以至于肠胃、胆囊、鼻腔和神经系统都出现了毛病。

汤恩伯在失势闲居的一段日子里，因为心态压抑，神情苦闷，故此，身体的毛病集中显现，汤恩伯本来身体强壮，五十一二岁正是人生最好的"黄金"阶段，可是他却先后患了上颚窦炎、皮肤瘤，又因胆囊发炎而做了割胆等手术。

汤恩伯有一个在陆士毕业的同学，名叫徐复观，有一次徐复观到三峡镇去看汤恩伯，汤恩伯正在该镇的小医院里割盲肠，问及为何不到台北大医院动手术，汤恩伯看着惊诧的徐复观，苦笑道："这里便宜！"

汤恩伯在1951年3月21日的日记中，这样写道：我与一班老同事，过去专致力军务，一心为国，向来不曾为本身之生活打算。至台后闲居一年，目前均感生活困难。我此次迁乡居住，本拟节省开支，不料修理房舍又超越预算，反增许多开支。不知住定后，能节省否。服务党国数十年，至今生活感受威胁，殊为苦闷。自信我能吃苦，谅可随遇而安的。

1953年1月，54岁的汤恩伯蛰伏几年后，重新被蒋介石起用，老蒋起用他，是考虑到他和日本人的关系比较亲密的缘故，因此，汤恩伯被派驻为日军事代表团的团长。汤恩伯在担任团长期间，确实干了一些实事儿，比如帮助台商高某谈成了与日本柴油机技术的合作项目等等，日方对汤恩伯也是非常热情，并为之召开了高规格的招待会，在会上，汤恩伯还做了《世界危机在远东》的发言，最后这篇发言稿，刊登在了《香港时报》之上。可是汤恩伯在此团长的位置上，只干了短短的4个月，5月份的时候，他就被蒋介石给免职了。

免职的原因，虽然没有可查的历史记述，但事必有因，有因必有果，汤恩伯被免职可以从另外一件事儿上，找到一些祸起的端倪。

汤恩伯在三峡乡闲居无聊，他就利用读书做消遣，并在家中设立了一个小型的读书会，与旧部一起学习，他还邀请一些学者，到三峡乡的寓所讲学，讲学的题目很宽泛，涉及政治、经济和史学等等。

学习之余，为了填补生活，抒发感悟，汤恩伯就拿起笔来，撰写了《从军事观点分析韩战》《对未来世界大战之我见》《现代战争与我们当前任务》等文章，发表在我国台湾地区、我国香港地区和日本等地的报纸上，有一次，汤恩伯去见雷震，当时雷震曾经资助一本名叫《自由中国》的刊物，雷震听说汤恩伯在写东西，便跟他约定，可以写一些文章，拿给他看，如果能用，当助其发表。并说：如果能专门写作，不但比求官更自由，而且还不用看任何人脸色。

汤恩伯不久之后，就写出了一篇文章，此文讲述的是海峡两岸的问题，汤恩伯的意思：想要重振"中华民国"，必须借助日本的力量，台湾地区应该帮助日本尽快复兴，只有台日联起手来，才能最终解决远东的问题。

《自由中国》刊物只是一份杂志，作者写什么，刊物发表什么，这都有一定的自由度，雷震当时觉得，汤恩伯这篇文章，虽然有些荒谬，但毕竟代表着一家之言，故此，他经过斟酌，便联系编辑，将这篇文章刊登了出去。

汤恩伯的文章发表之后，立刻引起了很多读者的激烈反对，作为一个曾经的抗日名将，为达某种目的，竟要借助日军的力量，这不是引狼入室又是什么？

汤恩伯的文章，不仅引起了读者的强烈反对，而且还引起了许多知名学者的抗议，甚至国际著名学者张君劢也写信给雷震，批评他在这份读者中很有美誉度的杂志上，发表汤恩伯的文章，简直是一种"佛头着粪"般的耻辱。

雷震也没有想到，《自由中国》刊物只发表了这样一篇文章，便引发了读者和学者激烈的反映。汤恩伯心中也是觉得万分冤枉，因为蒋介石经常有一句话挂在嘴边：称共产党问题是国际的问题，要依靠整个国际的力量来解决——他只不过将这句话具体和引申了一下，就成了引狼入室的罪人，这确实是他没有想到的。

汤恩伯当过一阵子撰稿人，小赚过几笔稿费，可是后来，竟出现了多家报纸不敢再发他稿子的现象，汤恩伯知道了事情的经过后，他为了让自己败军之将的名声，不连累报界的朋友，也就再也不提当自由撰稿人，那些分析时政的文章他就弃之不写了。

汤恩伯憋气带窝火，身体频频亮起红灯，可是其他的病都是小毛病，他身体最大的毛病，就是因为吃东西不定时，而落下了胃溃疡的病根，他有一阵子，自感胃内很不适，经台北中心医院的外科权威张先林医师检诊后，发现他除胃部溃疡外，还有十二指肠肿瘤。

汤恩伯得病的消息传出，他在美国的妻子王竟白，立刻电邀他来美国治疗，可是汤恩伯的现任妻子钱婉华却坚持要汤恩伯去日本医治。

汤恩伯几经考虑，最终还是选择了日本，去日本治疗胃病，绝对是有原因的。首先，到美国路途遥远。费用高昂，而去日本，路途较近，而且费用较低，只要七八千元就够用了。

接下来还有一个更重要的原因：汤恩伯在抗战胜利后，遵照蒋介石"以德报怨"的指示，曾对冈村宁次等日本战犯进行包庇，使其躲过了东京审判，此次汤恩伯去日本治病，按照投桃报李的铁律，应该能够得到日本那些"老朋友"的关照。

汤恩伯因身体确实有病，故此，他这次递上去的出国手术的报告，很快就得到了蒋介石的批准。

1954年5月27日，汤恩伯在董显光的陪同之下，来到了机场，以周至柔为首的几百名军界旧同僚都来到机场，为汤恩伯送行，汤恩伯和众人一一握手，他在珍重之声中，踏上飞机，直奔日本而去。

民航飞机公司，本来为董显光准备好了卧铺，可是董显光非要请汤恩伯使用，汤恩伯摆手拒绝了董的好意，董显光在回忆文章中，这样写道："就此一点观之，汤先生确是一位诚恳朴实而谦逊有礼的君子。"

汤恩伯去日本治病，飞机上并没有给他准备优等的卧铺位子，董显光让铺于他，出于私人的交情，这是董显光对他的尊重，本无可厚非，但汤恩伯也曾位高权重，也曾做过一方的"诸侯"，不受嗟来之食的硬气，他还是有一点的。

病榻中的汤恩伯

汤恩伯来到东京，他果然得到了冈村宁次等人投桃报李的盛情款待。在冈村宁次等日本高官的关心之下，汤恩伯在日本东京庆应大学附属医院，接受了三次手术，不仅割去了十二指肠上的肿瘤，而且割去了病胃的三分之二。

汤恩伯第一次接受手术后，身体恢复得非常不错，谷正纲和胡健两个人因公干路过日本时，曾经到医院看望汤恩伯，汤恩伯当时正处在手术后的康复期，异国他乡，有老友来探望，他自然非常兴奋，当时还滔滔不绝地跟两个人讲了不少话，谷正纲和胡健都对汤恩伯康复有望，表示祝贺，并勉励他将来出院，一定还可以勇挑重担，迎来事业的第二春，汤恩伯虽然知道这两个人说的是客气话，但心里亦很受用，脸上露出少见的喜色。

汤恩伯带到日本的医疗费很快就要用完了，他倒在病床上，曾经给胡宗南写了一封信，请求转交蒋介石，给他调拨一些医疗费，供自己使用，同时，他也做好了7月份出院的准备。可是1954年6月29日下午，汤恩伯胃部突然疼痛难忍，他再一次接受手术的时候，却意外病故于手术台上。

一时间舆论哗然，很多人都愿意相信汤恩伯之死就是一桩谋杀案。关于杀害汤恩伯的凶手，坊间有三种说法：

1. 汤恩伯的主治医生是岛田信胜博士，他的哥哥曾参加过豫中大战，在双方交战中，曾被汤恩伯的部下打死，故此，汤恩伯手术事故的元凶就是这位主刀医生。还有言之凿凿的记载，汤恩伯去世当晚，有一名护士给他注射药水，竟将空药水瓶也一起收走（按照医院惯例是不收走的，目的是让患者家属知道所注射药剂的名字。）

2. 怀疑是蒋介石方面派人所杀。（最不靠谱的一个推断，蒋介石怨汤恩伯不争气，竟给他打败仗，但还不至于派人到日本去杀他，蒋介石要办汤恩伯，在台湾有的是法子。）

3. 被部下罗泽闿买通日本医生所杀。（汤恩伯曾命37军军长罗泽闿坚守上海，汤恩伯则逃回了台湾，故此，两个人有仇隙，但罗泽闿估计没有那么大的能力，去到日本买通医生，要了汤恩伯的性命）其实这三个疑似汤恩伯被谋杀的死因，皆不靠谱。而在一些文学作品中，还有更恐怖的情节：据目击者说，汤死前痛苦不堪，虽然上了麻药，似乎无效，他在手术台上哀嚎不止，拼死挣扎。医生用手按住，直至力竭而亡。

汤恩伯死亡前挣扎的痛苦状态，倒很符合急性胃穿孔的病症，胃穿孔是溃疡病患者最严重的并发症之一，它的严重之处在于穿孔之后大量胃肠液流入腹腔，引起化学性或细菌性腹膜炎还有中毒性休克等，如不及时抢救可危及生命。急性胃穿孔的症状为突发性腹痛，疼痛剧烈，多在上腹部和右上腹部，渐波及全腹。

汤恩伯去世后，日方曾举行过隆重的追悼会，有目击者说，其规格至高，不亚于一国元首。

当时出席追悼会的日本高官有：日本皇室高松宫、日本内阁总理大臣吉田茂、内阁副总理副大臣绪方竹虎、防卫厅长官木村笃太郎还有冈村宁次等政要和各界人士……汤恩伯对冈村宁次有活命之恩，故此，在汤恩伯治疗期间，他一再叮嘱院方和医生，一定要对汤恩伯精心治疗。

汤恩伯在日本，有如此强硬的后台，试问哪个医生和护士敢对他下毒手？倒是蒋介石派出的特使陈良将军，去日本医院调查后带回的报告，较为真实地反映了汤恩伯的死因。汤恩伯一入庆应医院，许多日本朝野友人就去关照医师，说他是中国现代名将，要加倍细心治疗。因此，岛田信胜格外用心诊治，其他医护人员对之也特别客气，遇事予以通融，不完全依照医院规则行事。

正因为如此，铸成了一些错误：照理，割胃要放橡皮管，以便瘀血流出，但医师怕他有痛苦，就略而不用；动大手术后一两月内不应洗澡，但汤恩伯在首次手术半个月后，医师居然同意他洗澡的要求；动大手术后要绝对安静休养，一周内绝不准许接见客人，家属也不例外，医院却例外准许其家属在病房照料，小孩进去也不禁止；手术后未能进食，口中乏味，很想吃些日本咸酱菜，医师也未阻拦。诸多善意相待，其实都不利于治疗和康复。汤恩伯接受了三次手术后，身体已经极度虚弱，他的胃因为胃溃疡，已经切去了一大半，而剩下的一小半，恐怕也只能勉强地吃些稀粥度日而已，可是汤恩伯却要吃胃溃疡最为忌讳、最不应该吃的——咸酱菜。

汤恩伯吃的咸酱菜，造成了他急性胃穿孔，追魂索命的"咸菜疙瘩"就成了压垮他生命的最后一根稻草。汤恩伯强悍、愚忠，也是一个很有心计的人，他不接受陈仪的劝降，为中共所不喜；他身为败军之将，未杀身成仁，被蒋介石所抛弃。以至于很多的人，都不喜欢他正常死亡，都盼望他被敌人杀死，只有这顶"死于非命"的帽子，才最适合他这个褒贬不一、黑白共存的落魄将军。

如果当年，汤恩伯没有"以德报怨"地对冈村宁次等战犯进行优待照顾，也许日本的医生就会严厉限制汤恩伯的起居饮食，也许汤恩伯不食用那块追魂取命的——咸酱菜，他的胃就不至于急性穿孔，他也许就不会死于日本的医院里。

陈良将军说：汤恩伯死于日本医生的不负责任。此判断有一定道理。但最最真实的结论也许就是：汤恩伯是死于自己的手中。试问，如果他不出卖恩师陈仪，他就不会神情郁闷，是糟糕的心情引发了老胃疾。如果他不是当初纵容冈村宁次等战犯，让这些战犯心存感激，日本医生也不会在日本"战犯"高官的压力下，纵容汤恩伯的任性（手术后很快洗澡、休息不好、吃咸酱菜等等）。兰因絮果，种豆非瓜，一切的一切，皆有定数。

2. 去世，是非功过任评说

彼亦一是非，此亦一是非——战国·庄周《庄子·齐物论》

在《红楼梦》中，有一个跛足道人，他曾经唱过一首《好了歌》：世人都晓神仙好，唯有功名忘不了！古今将相在何方？荒冢一堆草没了；世人都晓神仙好，只有金银忘不了！终朝只恨聚无多，及到多时眼闭了……功名利禄，如花美眷，金银财宝，这一切的一切对一个人来说，都是有尽头的，如果非得挑明这个尽头，就是在生命完结的时候。

1945年6月29日，汤恩伯在东京庆英大医院去世，日本举行公祭后，7月3日，蒋介石派汤恩伯的长子汤建元乘坐军舰，前往日本护送其父遗体回台。

汤恩伯客死异乡，其遗物只留下了一块金表，一支派克金笔，还有相片若干。随后，著名记者曹聚仁发了一个通信稿《汤恩伯病逝东京》。在这篇通信稿中，他这样写道：

> 昨天，东京电讯传来：汤恩伯将军以割治胃溃疡动大手术病逝于庆应大学医院中了。这位代表着黄埔军校时代的风云人物也就这么过去了。有一位

汤恩伯女儿为父亲哭灵

朋友看了电讯问我："这一位声名狼藉的军人，到底打过胜仗没有？"

　　我倒呆了一下，抗战初期，南口的艰苦战斗，和台儿庄的迂回歼灭战，该是立过功勋的人；然而，以往的轰轰烈烈的事迹，就给后期在上海的胜利接收、上海之战的劣迹淹没掉了；一般人已用上了"声名狼藉"的考语，又叫我怎么说才是呢？……（曹聚仁回忆了他和汤恩伯相识的经过，汤恩伯为抗日，不眠不休，用漱口杯吃粥，并与士兵同甘共苦的事迹。）

　　自古名将如佳人。曹聚仁这样写道：战场上的英雄，也和闺中的佳人一样，容易衰老的。汤恩伯的职位，鲁南战役后，便越来越高，所指挥的部队也越来越多了，由军团长而总司令，而司令官"中将汤"变成"上将汤"了，他的部队，从鲁南突围到豫西，整训了一些日子，便调到赣西湘北一带待命。那正是武汉会战的前期，中枢把100师配给他的部队（100师是机械化部队）。（前）苏联的军事顾问团也调配在他的军团中工作。他所属的89军第4师，推为考核成绩第一的全国最优秀的部队，不过，就拿第4师来说，我们已经看到了军风军纪不十分好的黑暗面，我已经知道国民党军队的战斗力与士气，正在普遍低落，就连汤恩伯本人也转入暮境，非复当年的英气勃勃了……这几年，在台湾（地区）过着半养病半隐居的生活，虽有雄心，也徒呼奈何了！

汤恩伯故居

7月13日下午，载有汤恩伯的遗体的军舰抵达基隆港台湾地区，台湾地区的一干要员们，首先在台北举行了一个迎灵的仪式，14日下午举行家祭；1945年7月15日，台北极乐殡仪馆对汤恩伯举行了公祭，公祭的规格非常之高，由台湾"考试院"院长贾景德主持，"行政院"副院长黄少谷、"总统府"国策顾问谷正纲任介宾；陆军总司令黄杰率领陆军总司令部成员、各院部、汤恩伯旧部等参加了公祭仪式。蒋介石不仅亲自参加了追悼会，而且亲题挽额"功在旌常"四个字，高挂在了灵堂之上。还发布命令：追赠汤恩伯为陆军上将。

1954年7月15日，汤恩伯灵柩自殡仪馆送往下葬，何应钦、陈良、胡宗南、蒋经国等为其执绋

台湾地区的军政大员对汤恩伯一生评价极高，国民党"监察院"院长于右任挽联曰："南口余威思大将，东方再造失长城。"国民党"行政院"长何应钦挽联曰："国失干城。"陈诚写有这样一副挽联："振甲胄以卫帮家，战垒勋高出塞早传三箭定；闻鼓鼙而思将帅，慈闱亲在倚闾不见一帆归。"

汤恩伯虽然留下了不少的照片，还有"杀身成仁，效仿圣贤"等的墨书题字，但却并没有留下什么回忆录似的文章，汤恩伯因身为宿将，戎马生涯，故以铜棺为他殓葬，汤恩伯的墓地，被选定在台湾台北县木栅乡的壶山上，这块墓地是当地一位姓张的先生主动捐献，蒋经国还亲自抬棺移灵至墓地。

汤恩伯作为蒋介石曾经倚重的一位重要属下，他可谓生荣死哀，曲折坎坷

从于右任和何应钦为汤的病逝所写的文字，可以看出汤恩伯的地位十分重要。

地走完了自己人生的旅途，可是最后，却无法为自己的生命画上一个圆一些的句号。

后来，汤恩伯的大儿媳刘云霞，曾经说出过这样一番话："如果我父亲不死，蒋介石要委任他做参谋总长。"

此小道消息是否属实，是否有极大的水分，应该从蒋介石参加汤恩伯的葬礼的态度看出一点端倪，蒋介石参加葬礼，表现各有不同，比如他在参加朱培德的葬礼时，就曾经号啕大哭，他的下属苦劝都劝不住。可是在汤恩伯的葬礼上，记者们曾为蒋介石留下了一张照片，看他照片上的眼神，平常、冷静，他眼睛里的表情，甚至有一种参观博物馆，看一些普通的文物，而露出的那种非常随便与不屑的眼神。

蒋介石在汤恩伯去世不久后，曾经阳明山主持参加"革命实践研究院"，

蒋介石参加汤恩伯的追悼会

263

在这次党政军高级干部会议上，蒋介石这样说："这几日来，由于汤恩伯同志病逝于日本，使我更加感觉革命哲学的重要。本来汤恩伯在我们同志中，是一位极忠诚、极勇敢的同志，今日我对他只有想念、感慨，而无追论置评的意思。我之所以要对大家说我的感想，亦只是要提醒大家，对生死成败这一关，总要看得透，也要看得破才行。汤同志之死距离他指挥的上海保卫战的时候，只有五年的光景。这五年时间，还不到2000天，照我个人看法，假使汤同志当时能在他指挥的上海保卫战最后一个决战阶段，牺牲殉国的话，那对他个人将是如何的悲壮，对革命历史将是如何的光耀！我想他弥留的时候，回忆前尘，内心之感慨、懊丧和抱恨终天的心情，一定是非常难过，所以是值得我们检讨痛惜和警惕的。"

从蒋介石的这段话中，可以看出，他认为汤恩伯死在上海保卫战中，绝对比死在东京的手术台上，要有价值的多。或许这才是蒋介石心中，对汤恩伯的最真实的想法。

黄杰曾经为汤恩伯写过这样一首挽诗：鼓角当初绝戟门，戈回落日梦难温。最伶墓草青还在，风雨年年怆客魂！

1964年6月，黄国书、谷正纲和陈良等14人组成了"汤故上将逝世十周年纪念筹备委员会"，并举行了隆重的纪念活动，会后还编印了《汤恩伯先生纪念集》，书名为于右任题写，而陈诚为之作序。

1994年7月，汤恩伯的家属将其遗骸迁葬于台北五指山国军示范公墓特勋区，其墓道之碑上刻着"陆军二级上将汤恩伯之墓"。

汤恩伯亦很有文化素养，有书法家这样称赞他的书法，其笔力遒劲、笔锋跌宕奔放，以为收藏佳品。

当年，三一军剧社演《卧薪尝胆》这出戏时，汤恩伯还曾经提笔写诗，即席占谢：

> 吴宫花草已成蹊，今日氍毹又重提。
> 大国中兴原不远，虾夷回首夕阳低。

由此可见，汤恩伯的文化素养绝对不低。这首诗被收录在《山关小集》一书之中。

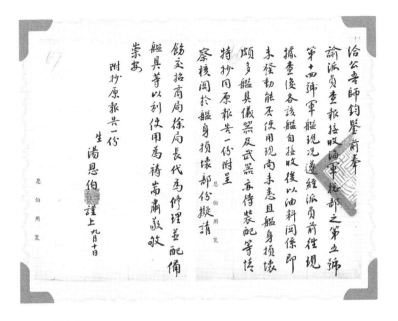

汤恩伯书信

汤恩伯与马阿谦生有一子名汤建元。第二任妻子是陈仪的义女王竞白，两人育有长女汤国梅、次女汤国兰、三女汤国芳、四女汤国丽和幼子汤建平。因为汤恩伯喜欢梅兰芳之京剧，为此将三个女儿起名为梅、兰、芳，以示对京剧艺术大师梅兰芳的崇拜和仰慕之情。

萨苏先生在《国破山河在》一书中的"黑白汤恩伯"一文中，曾经这样写汤恩伯：

（汤恩伯）受过相当完备的军事教育，而且在作战中颇有章法，并非纸上谈兵之辈……若说特点就是有一点"慈不掌兵"的狠辣。这在军中并非是缺点，平时的爱兵如子无疑非常重要，一旦上阵，缺乏"慈不掌兵"的威严，也难以取得作战的胜利……

汤能够脱颖而出，应该说并不全在其军事才干，他的浙江人身份使他较早进入蒋介石的亲信圈子。他又善于写手本，得到蒋介石的欣赏，认为他是军政全才，以后把四省边区都交给汤未尝不是考虑到他的才能。实际上汤的手本基本是心血来潮，纸上谈兵，他的政务能力还不及军事，在河南弄到"水旱蝗汤，河南四荒"的地步。这一点上，同样军事才能平平的陈诚就比他好得多，在恩施建立六战区，残破的鄂西被他经营得宛如铜墙铁壁。东北吃了败仗到台湾，台湾人叫他陈诚伯伯，这和"水旱蝗汤"能比吗？汤还有一条特色是永远军容整齐，一脸剽悍。蒋介石偏爱外形出色的将领，所以对他自然青眼有加，反过来，陈明仁那样不修边幅的，再能打老蒋也看不上……

于右任就曾经说过：曲笔天诛，直笔人戮，汤恩伯将军的一生，是努力的一生，也是坎坷的一生，是戎马生涯的一生，更是饱受争议的一生。如何评价他的功过，这本是一件超级难的事情，正所谓：金无足赤，人无完人，人非圣贤，谁能无过？更为重要的是：人为主观的评价、必具偏颇，只有经过历史大浪的淘洗，才叫公正。

如果勉力分析之，可用这句俗语作为开头：人生好比三节草，一节一节活到老。汤恩伯出生在1900年（清光绪二十六年）的武义县汤村，可以说是一个地道的农村娃，汤恩伯发蒙受教，有不少贪玩逃学、刀刺先生、殴毙坐骑大白马的劣行，汤恩伯本想野蛮生长，但却没有获得野蛮生长的空间。他在父辈的安排下，虽说很不情愿，但还是勉强地读完了小学、中学、浙江体育专门学校和援闽浙军讲武堂。

汤恩伯走出校门，他干了一阵子"唬人"的警察所巡官，还有浙江陆军第一师"微末"的班、排长之后，他这才意识到，一个没背景、没学历、没金钱、没路子、没人提携的"五无"农村娃，想要实现自己的人生理想，真的是难比登天。

汤恩伯三节草般的第一段人生，只是一段在荒草蔓芜，崎岖泥泞中挣扎的成长过程。

1921年，从22岁的汤恩伯护送童维梓赴日留学开始，到1942年入主中原，汤恩伯成为中原王结束，虽然这21年的时间里，汤恩伯也曾领兵，参与"围剿"红军根据地的战斗，但随着南口战役、台儿庄会战、枣宜会战和豫南会战的爆发，汤恩伯的部队，因为杀敌勇敢、抗战有功，他亦被称为"抗日铁汉"，汤恩伯这段三节草般的中间的一段，基本是熠熠生辉、掷地有声的金色人生。

汤恩伯在这段彪炳的人生中，他为国家、为民族，不惜抛头颅、洒热血，抵抗外敌侵入，他做了一个铁骨铮铮的军人，做了保家卫国应该做的事情。如果没有第三段灰色调的人生，汤恩伯的声誉，甚至可以和古今很多名将相媲美。

从1942年开始，成为中原王的汤恩伯为了积蓄力量，他开始大量征兵，即使是地痞流氓，土匪的武装也被他一口吃下。为了筹措军费，汤恩伯开始利用手中的枪杆子，大做各种垄断的生意，在滚滚的钱流中间，人很容易迷失方向，汤恩伯变了，他变得爱权，贪钱，他从一个军人，变成了一个追名逐利的政客，汤恩伯可以当一名好军人，但凭他堪堪能把枪杆子耍圆的本事，是无法成为一个好政客的。

随后，汤恩伯与日军作战，他招募的那些"滥竽充数"的军队，与日军一触即溃，中原会战以惨败收场……虽然汤恩伯在对日作战的这段人生中，也曾经取得了豫西鄂北会战的大捷，也打赢了芷江会战，甚至还让解放军攻占金门的战斗失利，但这些微小的胜利，根本无法改变汤恩伯失败将军的形象。

汤恩伯与解放军作战，长江战役失败、上海战役失败、漳夏战役亦失败，汤恩伯几乎成了失败将军的代名词。更可怕的是，他在国民党军队的同僚中，缺少人缘，甚至陈诚和何应钦的话他都不听，他只听一个人的话，此人就是蒋介石。以至于他失势下野后，很多过去的仇人，都对他有落井下石的想法。

汤恩伯作为褒贬不一将军，他最后的归处，理应在炮火硝烟处，可是他却因医疗事故，意外地亡于日本东京。盘点他的一生，人生的句号，画得实在是太匆忙。

汤恩伯做过不想读书的"逃学郎"，他为了留学日本，曾低头游走于权门，最后成为陆士毕业的"洋学生"；汤恩伯为求显达，娶了很有背景的王竟白，他不惜抛弃发妻，做过"陈世美"；汤恩伯憎恨贪腐，曾在一天中就枪毙了一个上校团长和一个少将高参（见陈宝琦《铁岭文史资料》之《抗战岁月回顾》），这时候的汤恩伯就是"包青天"。可是他因为横征暴敛，成为了河南老百姓人人切齿的"刮地皮"；汤恩伯在台儿庄、枣宜和桂林打过不少胜仗，他被人敬称为"上将汤"，而在和解放军对阵中，却败得一塌糊涂，被李宗仁贬为"最脓包"。

汤恩伯对蒋介石愚忠透顶，可比连累十族被屠的方孝孺；汤恩伯害陈仪血溅马场町刑场，他就是出卖恩师袁粲的狄灵庆。

参考书目

《汤恩伯年谱》上海人民出版社 2009 年 1 月第一版　作者：王文政

《我所知道的汤恩伯·民国高层内幕大揭秘》中国文史出版社 2004 年 1 月第一版　主编：文思

《汤恩伯史料专辑》中国文联出版社 2000 年 12 月第一版

《粟裕回忆录》解放军出版社　2007 年 8 月版　作者：粟裕

《军碑·1942》京华出版社　2009 年 6 月　作者：王楚英

《冈村宁次回忆录》中华书局 1981 年版　作者：冈村宁次

《徐向前回忆录》中国人民解放军出版社 2007 年 8 月第一版　作者：徐向前

《上海：1949 年大崩溃》解放军出版社 1993 年　作者：于劲

《武义县志》卷三清朝嘉庆九年（1804 年）版

《八年抗战敌我优劣之检讨》作者：李宗仁

《我从事革命斗争的略述》作者：方志敏

《五任省主席见闻杂记》作者：恒一

《长蛇岭半月战斗记》作者：饶启尧

《株洲文史》第十一辑《抗日时期的雪峰山会战》　作者：陆承裕

《1945：上海受降》作者：陈祖恩

《蒋介石的文臣武将》王维礼主编

《张学良口述历史》作者：唐德刚

《古宁头作战经过》作者：胡琏

《吴国桢口述回忆录》作者：吴国桢

《怀来回忆》《察南退出记》《大公报》记者范长江随军采访

《南口抗战》《大公报》记者方大曾

《南口迂回线上》《大公报》随军记者孟秋江

《黄埔》杂志 2013 年第 2 期《喋血拼杀十六天》　作者：张美

《汤恩伯病逝东京》曹聚仁通信稿

《韩梅林回忆》作者：韩梅林（原 52 军 25 师少将参谋长，后率部起义）

《扫荡报》前线报道文章　记者胡定芬

《民国研究》杂志《汤恩伯军团与台儿庄战役》作者：韩信夫

《鏖兵台儿庄》作者：韩信夫